全本全注全译丛书

中华经典名著

方向东◎译注

新 书

中华书局

图书在版编目(CIP)数据

新书/方向东译注. —北京:中华书局,2012.10 (2025.1 重印)
(中华经典名著全本全注全译丛书)
ISBN 978-7-101-08828-1

Ⅰ.新… Ⅱ.方… Ⅲ.①政书-中国-西汉时代
②《新书》-注释③《新书》-译文 Ⅳ.①D691.5②234.21

中国版本图书馆 CIP 数据核字(2012)第 169763 号

书　名	新　书
译 注 者	方向东
丛 书 名	中华经典名著全本全注全译丛书
责任编辑	张彩梅
装帧设计	毛　淳
责任印制	陈丽娜
出版发行	中华书局
	(北京市丰台区太平桥西里 38 号　100073)
	http://www.zhbc.com.cn
	E-mail:zhbc@zhbc.com.cn
印　刷	北京中科印刷有限公司
版　次	2012 年 10 月第 1 版
	2025 年 1 月第 10 次印刷
规　格	开本/880×1230 毫米　1/32
	印张 12¼　字数 250 千字
印　数	32001-35000 册
国际书号	ISBN 978-7-101-08828-1
定　价	36.00 元

目 录

前　言

一、贾谊传略

贾谊,洛阳(今河南洛阳)人,生于汉高帝七年(前 200),卒于汉文帝十二年(前 168),汉初著名的大儒。他在为官期间,为西汉王朝的长治久安,提出了许多治国方案,具有远见卓识。在思想方面,他继承了先秦诸子的思想,并加以发展,完成了向汉代中期董仲舒新儒学的过渡。在文学方面,他的散文,对后代散文的发展有很大影响;他的骚体赋,开了汉代散文赋的先河。因此,将贾谊誉为汉初著名的政治家、思想家、文学家,实不为过。

贾谊出生时,战国时期封建割据局面已经结束,中国历史上第一个封建专制王朝——秦王朝,在全国农民起义的大风暴中崩溃了。大一统的西汉王朝,需要一种加强对人民全面控制的思想体系。秦始皇焚书坑儒的文化毁灭暴行,汉高祖不事诗书、以儒冠为溺器的文盲统治,已不能适应历史前进的潮流。注重休养生息的黄老"无为而治"思想应运而生。这种思想,为社会生产的恢复创造了条件,促使人民生活比较安定,也促使了封建统治秩序渐行巩固。文化上的专制也放松了,"孝惠之世,除挟书之律"。这样的政治背景和文化氛围,为贾谊登上政治舞台开拓了良好的环境。十八岁的贾谊就以诵读儒家诗书和长于属文闻名于当地,先后受学于李斯的学生吴公及荀况的学生张苍。二十二岁时,已"颇通诸家之书"。在文帝荐举贤良方正的政策下,他经吴公的推荐,被文帝召为博士。博士是备皇帝顾问的官员,他因此有了机会参与朝政。他年少博学多才,许多先生不能回答的问题,他都代为应对。文帝很赏识他的才能,一年内就破格提升为太中大夫,秩比千石。贾谊受到重用,便利用机会提出了许多改革制度、更定法令的建议,"以为汉兴二十余年,天下和洽,宜当改正朔、易服色制度、定官名、兴礼乐。乃草具其仪法,色上黄,数用五,为官名,悉更奏之"。文帝见他年轻有为,曾想把他提到公卿的位置,却遭到权贵保守派绛侯周勃、丞相灌婴、东阳侯张相如、御史大夫冯敬等人的嫉忌、排斥与诽谤,说他"年少初学,专欲擅能,纷乱诸事"。文帝因此疏远了他,不采用他的奏议,派他做长沙王太傅。从秩禄说,由太中大夫的比千石到长沙王太傅的二千石,是升官,实际是明升暗降。一离开朝廷,他就失去了施展自己政治才华的机会,标志着仕途走下坡路。于是过湘水,作《吊屈原赋》以自喻;任长沙傅三年,作《鹏鸟赋》以自广。

文帝没有忘记贾生的才华,又惑于鬼神之事,文帝前元七年(前173),在未央宫的宣室召见贾谊,问鬼神之本。贾谊一一道其所以然,以至夜半,文帝前席,但又不委他重任,只是派他任小儿子梁怀王的太傅。唐代李商隐作《贾生》诗慨叹说:"宣室求贤访逐臣,贾生才调更无伦;可怜夜半虚前席,不问苍生问鬼神。"

文帝用贾谊,是因为重其才;而不重用,固然因为朝廷保守势力的排挤,更与文帝实行"无为而治"的治国指导思想有关。随着汉政权的逐步巩固,新的矛盾和危机开始出现:同姓王的"分封",潜伏着割据分裂的危机,王国势力凌驾朝廷;"和亲"不能从根本上消除匈奴的骚扰,匈奴对汉无尽止地嫚侮侵掠;"轻徭薄赋"、"约法省禁"的政策,使商人豪强日甚一日地兼并农民;"无为而治"已不再适应经济、政治的需要。贾谊看出了这些矛盾和危机,大声疾呼变"无为"为"有为"。这是文帝与他治国指导思想的根本分歧所在,是他不被重用的根本原因。

梁怀王是文帝宠爱的小儿子,地位比长沙王高得多;国都在中原,离长安不远。比起长沙来,贾谊的处境大为改善了。在任梁怀王太傅期间,贾谊针对当时"匈奴强,侵边;天下初定,制度疏阔;诸侯王僭儗,地过古制"的形势,"数上疏陈政事,多欲有所匡建"。今传《陈政事疏》(或称《治安策》)的大部分,就是这个时期写的。

文帝前元十一年(前169),梁怀王不幸坠马死。《史记》、《汉书》本传都说贾谊哀伤自己做太傅不称职,常哭泣,一年后亦死。梁怀王死后,贾谊上《请封建子弟疏》,他根据梁怀王死后当时诸侯力量对比关系做了一个有利于国家统一的调整方案,被文帝采用。从这些事实,看不出贾谊有悲观、怨望的情绪。梁怀王坠马死,是偶然失足。贾谊的伤心哭泣,恐怕不仅是因为对不起文帝的重任,或是相信鵩鸟入舍之说,更是因为他的教育思想的破灭。因为他认为:"天下之命,县于太子;太子之善,在于蚤谕教与选左右……教得而左右正,则太子正矣,太子正而天下定矣。"(《保傅》)梁怀王一死,他恐怕再没有被重用的机会,远大的政治抱负,更难以实现了。

贾谊短暂的一生,却给我们留下不少作品:赋有《吊屈原赋》、《鵩鸟赋》、《旱云赋》、《簴赋》(残)、《惜誓》(或云屈原原作);疏有《陈政事疏》(或云《治安策》)、《论定制度与礼乐疏》、《论积贮疏》、《陈铸钱疏》、《上都输疏》、《谏立淮南诸子疏》、《请封建子弟疏》;政论文有《过秦论》等。今传《新书》十卷,是后人据他的疏文等整理而成的。

刘歆说:"汉朝之儒,唯贾生而已。"(《汉书·楚元王传》)刘向说:"贾谊言三代与秦治乱之意,其论甚美,通达国体,虽古之伊、管未能远过也。"鲁迅说,贾谊的作品"与晁错之《贤良对策》、《言兵事疏》、《守边劝农疏》皆为西汉鸿文,沾溉后人,其泽甚远"(鲁迅《汉文学史纲要》)。这些都是对贾谊的正确评价。

二、《新书》的内容与贾谊的思想

　　《新书》的书名和卷数，历代著录不一。《汉书·艺文志》云《贾谊》五十八篇，未提卷数。《隋书·经籍志》云《贾子》十卷，《旧唐书·经籍志》云《贾子》九卷，《崇文总目》云《贾子》十九卷，《直斋书录解题》云《贾子新书》十卷，南宋《中兴馆阁书目》和晁公武《郡斋读书志》云《新书》十卷。孙诒让说："《新书》者，盖刘向奏书时所题，凡未校者为故书，已校定者为新书。"（《札迻》卷七）汪中亦云："称《新书》者，刘向校录所加。荀卿子称《荀卿新书》，见于杨倞之序，是其证也。"

　　关于篇数，《汉书·艺文志》提五十八篇，北宋王尧臣《崇文总目》"本七十二篇，刘向删定为五十八篇"。这可能是根据刘向《别录》（已佚）的材料，已无从详考。南宋王应麟《玉海》记载的《新书》目录，与今本《新书》相比，除《过秦论》只分上下两篇，《连语》作《昭纪·连语》，《谕诚》作《谕诚》，《退让》作《退逊》外，余则相同。明何孟春《贾太傅新书订注》和周中义《子汇》本有《审取舍》一篇，乃《汉书·贾谊传》中自"凡人之智，能见已然，不能见将然"至"人主胡不引周秦事以观之也"一段文字。孙钦善《〈过秦论〉分篇考》认为只分上下两篇（见《文史》第三辑）。

　　《新书》五十八篇，亡佚《问孝》、《礼容语上》两篇，今存五十六篇，分十卷。卷一至卷四（《过秦上》至《铸钱》）为"事势"类，皆为文帝陈政事。卷五至卷八（《傅职》至《道德说》）为"连语"类。卷九（《大政上》至《修政语下》）四篇不标目（《玉海》标"杂事"）。卷十（《礼容语上》至《立后义》）为"杂事"类。"连语"、"杂事"两类或为太傅时所用的教材和笔记，或释经传古义，或草创仪法，与"事势"类陈政事不同。

　　《新书》反映了贾谊丰富的政治、经济、教育、哲学思想，而政治思想最为突出。

　　贾谊的政治思想，既不同于孔子的"从周"、"好古"，也不同于商鞅的反对"法古"。贾谊在《过秦论》里说："君子为国，观之上古，验之当世,参之人事,察盛衰之理,审权势之宜,去就有序,变化因时。"这就是他的政治主导思想。

鉴于秦朝速亡的教训,洞察现实生活的矛盾,贾谊在《新书》里构造了一个理想的治国框架:即以仁义为经,以礼节为纬,以法为辅,建立一个天地与人世万物和谐统一的国家:诸侯附亲轨道,致忠而信上;兵革不动,民长保首领;匈奴四荒,乡风慕义,乐为臣子;天下富足,资财有余,民素朴顺而乐从令;官事甚约,狱讼盗贼鲜有;天下顺治,海内之气清和咸理,万生遂茂(《数宁》)。这是他的理想王国的生动描绘。

《数宁》篇表明,这个治国框架是要"建久安之势,成长治之业"。何以为之? 必须以"仁义"为根本进行治理。这种思想,是在分析总结秦王朝的兴衰盛亡的基础上得出的。他接受了陆贾"逆取"、"顺守"的主张,认为秦之速亡是由于"仁义不施"的结果。《过秦中》写道:"秦王怀贪鄙之心,行自奋之智,不信功臣,不亲士民,废王道而立私爱,焚文书而酷刑法,先诈力而后仁义,以暴虐为天下始……孤独而有之,故其亡可立而待也。"不仅秦王不行仁义,二世也是如此。二世"重以无道,坏宗庙与民,更始作阿房之宫;繁刑严诛,吏治刻深;赏罚不当,赋敛无度。天下多事,吏不能纪;百姓困穷,而主不收恤"(《过秦中》)。并为二世和子婴作了一些治国设想,可是"三主之惑,终身不悟",因此亡国是必然的。

孔子说:仁者爱人。施仁义的对象是广大人民。民安才能治国,所以说牧民之道"务在安之而已"(《过秦中》);也只有民安了,才能讲礼义,"安民可与为义,而危民易与为非";可见仁义治国,必须爱民,以民为本。《新书》中的民本思想十分突出,除《过秦》上、中、下三篇外,更突出地表现在《大政》上、下两篇中。《大政上》指出:"闻之于政也,民无不为本也。国以为本,君以为本,吏以为本。故国以民为安危,君以民为威侮,吏以民为贵贱。此之谓民无不为本也。"并且从国家的安危、存亡、兴盛、功业四个方面都取决于人民,论证了"民为国本"的道理。指出民心的向背,民力的重要,统治者不可不察。不仅秦王朝的兴衰史证明这一点,春秋时许多国家的兴亡也证明这一点(见《春秋篇》)。民本思想,起源很早,《尚书》里就有表现。《虞书·皋陶谟》:"天聪明,自我民聪明;天明畏,自我民明畏。"已指出天之所行,皆通过民来表达,民已成为天意之代表。《周书·酒诰》:"人无于水监,当于民监。"也是以人民为国家根本之意。孔子的政治主张,首先在爱民。樊迟问仁,子曰爱民(《论语·颜渊》)。这种爱人即为仁的思想,发展到后来,孟子直接提出"民为贵,社稷次之,君为轻"的民本主义(《孟子·尽心》)。荀子把君比作舟,把民比作水,水可载舟,亦可覆舟(《荀子·王制》),也是民本思想的继续发展。贾谊吸取了他们的思想,但不论是在对人民力量的认识上,还是在安定人民的办法上,都比前人更为深刻,更为全面具体。他进而提出了以是否爱民作为衡量国家政治的标准,直接治理人民的是吏,那么吏治如何,可见民治如何,亦可见君治如何。《大政下》说:"有不能治民之吏,而无不可治之民。故君明而吏贤矣,吏贤而民治矣。故见其民而知其吏,见其吏而知其君矣。故君功见于选吏,吏功见于治民。"又说:"民之治乱在于吏,国之安危在于政。"并主张人民参加对吏的选举:"明上选吏焉,必使民与焉。故士民誉之,则明上察之,见归而举之;故士民苦之,则明上察之,见非而去之。故王者取吏不妄,必使民唱,然后和之。"以人民的好恶作为取吏的标准。政府官吏应"以富乐民为功,以贫苦民为罪"(《大政上》)。他劝告君主,只有把广大人民的生活安顿好,无衣食之虞,统治才能稳固。否则,"饥寒切于民之肌肤,欲其无为奸邪盗贼,不可得也"(《蕶产子》)。在《忧民》、《无蓄》两篇,提出"蓄积"政策,也是从人民生活的角度,来表现他的民本思想的。

理想的国政,必须靠理想的君主来执掌。贾谊主张建立的国政,是定于一尊的皇权专制。为了使皇帝有绝对统治的能力,贾谊提出"阶级"的观念,以巩固并神化皇帝的地位。《阶级》篇里说:"天子如堂,君臣如陛,众庶如地,此其辟也。故堂之上,廉远地则堂高,近地则堂卑。

高者难攀，卑者易陵，理势然也。故古者圣王制为列等，内有公、卿、大夫、士，外有公、侯、伯、子、男，然后有官师、小吏，施及庶人，等级分明，而天子加焉，故其尊不可及也……君之宠臣虽或有过，刑戮不加其身，尊君之势也。"在先秦，孔、孟主张建立等级制度，荀子主张用礼来维持贵贱等级，韩非则主张用法与刑。贾谊接受了他们的主张，但阐述得更为细致、具体。《等齐》篇说："所持以别贵贱、明尊卑者，等级、势力、衣服、号令也。"《服疑》篇主张"奇服文章，以等上下而差贵贱"。只有"等级既设"，才能"各处其检，人循其度"。"卑尊已著，上下已分，则人伦法矣。于是主之与臣，若日之与星。臣不几可以疑主，贱不几可以冒贵。下不凌等，则上位尊；臣不逾级，则主位安。谨守伦纪，则乱无由生。"《瑰玮》篇也说："使车舆有度，衣服器械各有制数。制数已定，故君臣绝尤而上下分明矣。"可见他主张设立等级制度，是为了别贵贱、明尊卑，达到不乱的目的。贾谊的尊君，与法家不同，法家的君主除了法不受任何人的制约，而法的最高权力，都操在皇帝手中，尊君是为控制臣下和百姓，使之强迫服从。贾谊主张建立的等级制度，在处理君民关系上，比前人更胜一筹。他从秦王朝的教训中，找到了解决君民关系的合理方法，就是建立一种和谐的君民关系。这种"和谐"，是在君臣上下必须遵守礼义的基础上统一起来，纳入大一统的政治轨道。皇帝的地位虽尊，但权力的行使，即是出于集体的意志和能力，而不是出于皇帝的个人意志。《官人》篇提出王者官人有六等：师、友、大臣、左右、侍御、厮役。这六等，不是爵位上的等级，而是随才能品格而来的所能尽的责任上的等级。"与师为国者帝，与友为国者王，与大臣为国者伯，与左右为国者强"，实际是主张人君集天下贤人的共同统治。《辅佐》篇把朝廷的政治结构分为上中下三等：大相为"上执正职"，大拂为"中执政职"，大辅为"下执事职"，还有道行、调谇、典方、奉常、桃师等，都有辅佐君主共同治政的责任。这更是从官制上对皇帝进行的一种制约，以免皇帝像秦始皇那样，"怀贪鄙之心，行自奋之智"（《过秦中》）。

贾谊根据当时国内的形势,分析了存在的社会矛盾,并提出解决的方案。贾谊以敏锐的目光,透过"政宽人和"、"天下富贵"的太平景象,看出了深刻的社会危机。针对那些至愚无知的谀者所说的"天下已安已治",他针锋相对地反驳说"未安未治",痛斥他们为"皆非事实知治乱之体者"(《数宁》)。

刘邦铲除异姓王,分封同姓王,成了文帝时治安的梗阻。当时诸侯王僭拟,地过古制,淮南、济北王皆为逆。故贾谊在《宗首》、《藩强》、《大都》、《益壤》、《权重》、《五美》、《制不定》、《淮难》诸篇中,分析了诸侯王为乱的原因,在于他们权足以徼幸,力足以行逆,而汉大国制度疏阔、地制不定,从而提出"众建诸侯而少其力"(《藩强》)的策略,这实际是一种分散诸侯力量的政策。让"宗室子孙虑莫不王"(《五美》),从而达到"力少则易使以义,国小则无邪心"的结果。以屠牛为喻,他指出"仁义恩厚,此人主之芒刃也;权势法制,此人主之斤斧也"(《制不定》)。在用仁义不能解决时,要用权势法制。他认为"法者禁于已然之后",而"礼者禁于将然之前";"以礼义治之者,积礼义;以刑罚治之者,积刑罚。刑罚积而民怨背,礼义积而民和亲"(《治安策》)。可见他主张用权势法制,乃是出于不得已,与法家重用刑法有本质区别,倒是与孔子的"道之以政,齐之以刑"的观点同出一辙。

贾谊的"削藩"主张,对汉代中央集权发生了重大的作用。贾谊死后四年,文帝把齐国一分为七,把淮南国一分为三,削弱了诸侯的力量。景帝采用晁错的"削藩策",先是削除了诸侯王的两个郡和六个县,"七国之乱"后,又把吴、越等王国分成若干小王国,汉武帝颁布"推恩令",进一步缩小了诸王的领地,分散了他们的力量,又借故削夺了一百零六个列侯的爵位,基本上解决了诸侯强大难制的问题。这些基本是采用了贾谊的主张。

汉高祖时,匈奴就是北方一个强盛的民族,拥兵三十余万,经常骚扰边境。刘邦采用"和亲"政策,并每年奉送大量的金絮缯彩,才得以苟安无事。文帝时匈奴又不断派兵侵扰,给中原人民造成很大灾难。贾谊认为匈奴是蛮夷,是天下之足(《威不信》),反对向匈奴屈膝求和,但又不主张兴兵讨伐,而是提出"三表五饵",主张以德怀服。"三表"的具体内容是:用事势树立汉朝天子的信誉,使匈奴大众相信汉朝天子;用事势说明汉朝天子友爱匈奴人,使匈奴大众"自以为见爱于天子也,犹弱子之遭慈母也";用事势说明汉朝天子爱好技术,使匈奴大众明白,只要有一技之长,"一可以当天子之意"。"五饵"的具体内容是:对匈奴使者及官吏之来降者,不但不歧视,反而给予优厚的待遇和宠幸,所谓"牵其手,牵其目,牵其口,牵其腹,四者已牵,又引其心"(《匈奴》)。"三表"、"五饵"的空想成份很大,但通过它,可以争取匈奴大众和一部分官吏同汉亲善,对阻止或减少匈奴贵族的入侵,起到了一定的作用。用仁义来处理民族关系,也是贾谊政治思想的一个组成部分。

治国以仁义为经,还必须以礼节为纬。贾谊认为"汉兴二十余年,宜定制度,兴礼乐"(《汉书·贾谊传》)。等级制度靠什么来维持,君臣上下的关系靠什么来协调? 靠礼。实现理想的国政,必须建立上下共同遵循的规范,以形成共同的精神纽带,这便是礼。在《礼篇》里,他详细地阐述了礼的作用:"礼者,所以固国家,定社稷,使君无失其民者也,主主臣臣,礼之正也;威德在君,礼之分也;尊卑大小,强弱有位,礼之数也……故礼者,所以守尊卑之经、强弱之称者也。""礼云礼云者,贵绝恶于未萌,而起教于微眇,使民日迁善远罪而不自知也。"(《治安策》)可见礼可以维护等级制度,是实行仁义的保证。礼,可以使上位尊,主位安,可以使民日迁善远罪。这些都是继承了先秦儒家的主张。

礼的外部表现形式是"容"。为此,贾谊作了《容经》篇,详细规定了"志色之经"、"容经"、"视经"、"言经"以及"立容"、"坐容"、"行容"等各种生活礼仪;在《礼容语下》引用春秋时的故事,说明容合于礼的重要性。贾谊这些关于礼容的阐述,是从外部来约束人们遵守礼,这是先秦论礼的儒家没有具体谈及的。

贾谊面对汉俗日败的现实,主张推行礼乐使社会风气得以改变,即"移风易俗,使天下移心而向道"(《俗激》)。在《俗激》、《时变》、《孽产子》等篇揭露了世俗败坏的情况:"今世以侈靡相竞,而上无制度,弃礼仪,捐廉丑,日甚,可谓月异而岁不同矣。逐利乎否耳,虑非顾行也。今其甚者,到大父矣、贼大母矣、踝姬矣、刺兄矣。盗者虑探柱下之金,掇寝户之帘,攓两庙之器,白昼大都之中剽吏而夺之金。矫伪者出几拾万石粟,赋六百余万钱,乘传而行诸侯,此其无行义之尤至者已。"(《俗激》)要解救这种时弊,必须"立君臣、等上下,使父子有礼,六亲有纪","令主主臣臣,上下有差,父子六亲各得其宜"。贾谊正是主张把礼推行到朝野之间达到淳化社会风气的目的。

经济是治国的基础。围绕着治国理想,贾谊在《忧民》、《无蓄》、《铜布》、《铸钱》等篇,阐述了他的经济思想。

当时的社会情况是:"农事不为,采铜日蓄……奸钱日繁,正钱日亡……鲸罪日积",出现生产与消费的混乱局面。"富人大贾屋壁得为帝服,贾妇倡优下贱产子得为后饰"(《孽产子》)。总之,一方面是背本趋末,另一方面是严重的奢侈浪费,造成"今汉兴三十年矣,而天下愈屈,食至寡"(《忧民》),"公私之积,犹可哀痛"。贾谊深知"饥寒切于民之肌肤,欲其无为奸邪盗贼,不可得也"。要想治国,必先安民(《孽产子》);要想安民,必须使民富足。"民非足也,而可治之者,自古及今,未之尝闻。"(《无蓄》)要使民足,一要多生产,二要节制消费,以增加积贮。因此他把积贮提到关系国家安危的高度,《无蓄》篇说:"夫蓄积者,天下之大命也。苟粟多而财有余,何向而不济?以攻则取,以守则固,以战则胜,怀柔附远,何招而不至?"如何做到积贮?第一要解决背本趋末的问题:一方面固定尚未附着在土地的农民,以改变愈加严重的背本局面;一方面运用政权的力量强制商人从事生产。"今驱民而归之农,皆著于本,则天下各食于力。末技、游食之民转而缘南亩"(《瑰玮》),并主张收天下之铜,让民返耕田。第二要杜绝浪费,制止侈靡之风。要做到这一点,就必须规定社会生活用品的等级制度。"今去淫侈之俗,行节俭之术,使车舆有度,衣服器械各有制数……擅退则让,上僭者诛",这样做就可以"淫侈不得生,知巧诈谋无为起,奸邪盗贼自为止,则民离罪远矣"(《瑰玮》)。

贾谊的积蓄论重农观虽来源于先秦儒家和法家,但他不像儒家主张藏富于民,也不像法家主张藏富于国,而是综合了两家的观点,主张国家和个人都要有积蓄,更主张积蓄不是为了供统治者挥霍浪费,而是为了安定人民生活,保卫国家的安全。有了储备的粮食和财物,可以"攻则取"、"守则固"、"战则胜",这是先秦以来财富概念的一个重要发展。

贾谊的重农思想和积蓄理论对后代产生了很大影响,晁错的贵粟论和重农理论就是直接继承贾谊思想并加以发展的。

在货币问题上,贾谊在《铜布》、《铸钱》两篇里分析了私铸钱币的危害。一、民造伪钱,触犯法禁,鲸罪日横。二、钱文大乱,钱用不信,民愈相疑。三、农事不为,采铜日蓄。提出由国家垄断币材——即收铜勿令布下的主张。他认为这样做的好处可以使民不犯盗铸钱之鲸罪,返耕于田,有利于农业生产,可以利用控制的币材,来调节、控制货币和商品的比价,达到稳定商品价格的目的。国家利用货币来操纵、控制各种商品的价格和供求,削弱"末民"的非法营利,增加国家财政收入。贾谊的这些主张,汉文帝并没有采用,直到景帝六年(前151)才禁止私铸。但是这些主张不仅为汉武帝统一铸钱做了准备,对汉代的货币思想也有影响,这是他在货币学说上的重大贡献。

贾谊的教育思想也是围绕治国理想来论述的,主要表现在《保傅》、《胎教》等篇。

太子是君主的继承人,因此太子的教育成为培养理想君主的重大问题。《保傅》篇里说,"太子正而天下定矣",是他论述教育的立足点。《立后》篇记叙了立太子的礼仪,阐述了立太子的意义,是为了使天下有天子。基于人性有善有恶的观点,他非常重视教育对人的改造作用,"习与正人居之,不能无正也,犹生长于齐之不能不齐言也;习与不正人居之,不能无不正也,犹生长于楚之不能不楚言也"(《保傅》)。并强调及早教谕的重要性,主张实行"胎教"。《胎教》篇记叙了古代胎教之礼,并用古代许多君主因用贤与否使国兴亡的故事,从而说明君主所受教育特别是左右辅佐的重要性。《傅职》篇里,陈述了有关"傅"的各项具体要求和方法;《辅佐》篇陈述了各辅佐的职责;《连语》篇把人主分为上中下三等,指出中主得善佐则存,不得善佐则亡;都说明了环境、左右对君主产生的教育影响作用。《劝学》篇谓门人学者:"时难得而易失也,学者勉之乎!"强调后天的努力学习。

从贾谊的教育思想可以看出,他已认识到环境对人的影响,教育对人的改造作用,早期教育的重要性。各篇所述,主要讲对太子的教育,但是他的有关教育基本思想,当然也适用于一般的人。

贾谊的哲学思想,也是围绕着他的治国理想展开论述的。以前人们大都是据《鹏鸟赋》来论述他的哲学思想,实际上那只不过是他因贬谪长沙一时而发的牢骚,因此才与老庄的"虚无"、"无为"思想发生共鸣而已。他的基本哲学思想,主要表现在《道术》、《六术》、《道德说》等篇里。他在这些文章里提出的"道"、"德"等哲学范畴,是与人的伦理紧密联系在一起的。就拿"道"来说,它具备了老庄之道那种虚无缥缈、生天生地的性质,又具有宋、尹学派之道那种涂上一层浓厚的伦理色彩的特征,并把它纳入治国的框架中去。《道德说》写道:"道者无形,平和而神。道物有载物者,毕以顺理和适行,故物有清而泽。泽者,鉴也,鉴以道之神。模贯物形,通达空窍,奉一出入为先……"是说道虚无缥缈、存在于万物之中。道的这种高度抽象意义,不是他哲学思想中的主要内容,在更多的论述中,是伦理道德的同义语。《修政语下》说:"敢问于道之要奈何?……为人下者敬而肃,为人上者恭而仁,为人君者敬士爱民,以终其身。此道之要也。"贾谊所说的道,可以说是治道;《辅佐》篇说："大相上承大义而启治道,总百官之要,以调天下之宜;正身行,广教化,修礼乐,以美风俗。"可以说是君道;《君道》篇在批评纣王杖诸侯之不谄己、楛文王的无"道"行为之后,指出:"《书》曰:'大道亶亶,其去身不远,人皆有之,舜独以之。'夫射而不中者,不求之鹄,而反修之于己。君国子民者,反求之己,而君道备矣。"可以说是修身接物之道;《道术》篇对父子兄弟、待人接物等人际关系和恭、贞、信、平、公、私、仁、宽、安、良、轨、威、勇、怯、诚等范畴,用"道"作了伦理的规定,并总结说:"凡此品也,善之体也,所谓道也。故守道者谓之士,乐道者谓之君子,知道者谓之明,行道者谓之贤,且明且贤,此谓圣人。"贾谊道的伦理性质,也表现在他以"六"建立的思想体系中。道生德,德生六理:道、德、性、神、明、命。天地、人与万物皆六理所生,而六艺:诗、书、礼、乐、易、春秋是用来表现天地、人与万物的,也就是表现六理。德具有六理的本质,同时具有六美的特征,而德之六美:道、仁、义、忠、信、密,也就是人的质量。这样,人的伦理,与天地万物的本源相融合,从中源源不断地导引出来,因而更加具有威慑力量,更加合法化。可见贾谊的哲学思想是他政治思想的基础,旨在形成人与自然、伦理与政治的和谐统一。

　　纵观贾谊前后的思想家,似乎没有人能像他这样把立论的构建同解决具体现实问题紧密结合。孔、孟、荀等人,仕宦不定,无法为哪一国提出具体的治国方案;韩非也只是发展了法家的理论。吕不韦的宾客们,提出了一套治国理论体系,作出一种尝试,但与秦始皇的法治大相径庭。只有贾谊,顺着封建大一统的历史潮流,吸收发展了前人思想,在对秦王朝兴衰盛亡的分析总结、对现实矛盾危机的洞察剖析的基础上,构建成一个完整的治国立论体系,为董仲舒建立儒学新体系打下了基础。这就是《新书》表现的贾谊思想的价值所在。

三、《新书》的真伪及版本

　　《新书》的真伪问题,以前学者众说纷纭。但概括言之,可分为两种主要的对立意见：

一种认为，今本《新书》已非《汉书·艺文志》及《贾谊传》中所说的五十八篇，乃是魏晋以后人所伪编，其中一部分为割裂《贾谊传》及《食货志》所引的奏疏，加上标题，凑合而成。主此伪书说者，可以宋陈振孙（见《直斋书录解题》）、清姚鼐（见《辨贾谊新书》）及《四库全书提要》等为代表。他们的理由，可以归纳为下列几点：

（一）《汉书》中所引贾谊的疏文，条理通贯，而凡《新书》中非引自《汉书》的部分，则浅驳不足观。

（二）今本《新书》中有些词语，与西汉时代不合。如姚鼐说"易王后曰妃，自魏晋始"；又曰"皇帝，臣下称之曰陛下，此是秦制，周末列国诸王所未有，则汉诸侯王必不袭用秦皇帝之制，而使其国臣称曰陛下"。

（三）今本《新书》中有些内容与《说苑》、《新序》、《韩诗外传》相雷同，是《新书》以这些书为源本，因为《新书》的这些部分较之诸书为略。

另一种与前者针锋相对，驳斥了伪书说。认为今本《新书》即《艺文志》和《贾谊传》中所说的五十八篇，亦即刘向删定本；但今本仅存五十六篇，又《问孝》有录无书，则佚三篇。主此真书者，自宋代朱熹、王应麟、黄震等人开始，而余嘉锡、魏建功、王洲明等人论之最详。他们所说的可归纳为以下几点：

（一）从贾谊作品流传的情况看：自汉至宋有著录，贾谊作品在汉代就被司马迁、董仲舒、韩婴、刘向、戴德、班固所引用，在《汉书》和《后汉书》注里也征引了贾谊书的语句，并且宋以前的类书，如《意林》、《北堂书钞》、《群书治要》、《艺文类聚》、《初学记》、《太平御览》等，也征引了贾谊作品，其内容和篇目顺序皆与今本《新书》大体一致，可见同出一个系统。

（二）持伪书说者认为有些词语与西汉时代不合，这是误解。"妃"字不作"嫔妃"、"妃子"解，而应为"匹配"、"配偶"义，《尔雅》、《说文》、《礼记》、《左传》皆有例证。汉朝廷已袭用秦制，称皇帝为陛下，这在《汉书》中比比皆是。《等齐》篇通篇都是讲"诸侯王乃埒至尊"的越轨行为，诸侯王以皇帝自居，令臣下称其为陛下，是完全可能的。

（三）"事势"类以外的文章，以"论古"为主，或阐明古礼古制，或称颂古代"圣王"言行遗训，或评论前世政治的治乱得失。联系贾谊的生平事迹和思想，这一部分从各个角度表现了"民本"、"仁政"、"圣王贤佐"等思想。与"事势"类的文章基本思想相合，也与贾谊"君子为国，观之上古，验之当世"（《过秦下》）的指导思想一致。

（四）从文章的风格看：凡非《汉书》所有者，古雅渊奥，非后人所能伪撰；书中引鲁诗十二条，汉初三家诗盛行，而鲁诗最盛行，与贾谊的时代相合；且从遣词造句的一贯性，亦可证明非伪作。

（五）关于引书问题，后人引前人的文章，既可以节简，也可以扩充，不足为理由。如《春秋繁露·玉杯》就是根据《容经》所说的"圣人之化"引申扩充，成为关于"圣化"的观点。《说苑》、《新序》乃刘向所编集，《新书》亦经刘向删定。或者《新书》原详，刘氏删之；或者刘氏敷衍之，两者都有可能。

根据以上所述，而两者之是非可见。《新书》为伪书之说不可信，今本五十六篇，基本上为《汉书·艺文志》所载之旧本。当然这部《新书》不是贾谊亲自编纂的，是学习贾谊之学的人，把贾谊的奏疏及其它论述编辑而成。先秦诸子之书，如《孟子》、《管子》、《晏子春秋》均非自作。《先醒》篇有"怀王问于贾君"语，《劝学》为语其门人，皆可谓明证。又据《崇文总目》云："《贾子》十九卷，本七十二篇，刘向删定为五十八篇。"不知其说所本，或据刘歆《别录》之文。

《新书》的版本，今以卢文弨抱经堂本为最善。卢氏校本，有三个特点。一、卢校本的校注里，保存了宋本的特点。宋代的《新书》版本，我们今天已无法看到。卢氏校本，用了两个校本校勘，一是宋建宁府陈八郎书铺印的本子，简称"建本"，明毛斧季、吴元恭用它改过当时的本子。二是宋淳祐八年长沙刻的本子，简称"潭本"，此本是从淳熙八年程漕使本重雕的。二、卢氏校勘《新书》，几乎囊括了明代有代表性的本子：吴郡沈颉本，明弘治十八年刻；李空同本，明正德八年刻，钦远猷曾合郴阳何燕泉本、长沙本、武陵本合校过此书；陆良弼本，明正德九年为长沙守时刻；程荣本，刻《汉魏丛书》内；何允中本；共有五个明本。而明代的其它本子，与卢氏校勘所据本或多或少有相承关系。如李空同本是从都穆本（明弘治年间）而来，都穆本又是从乔缙本（明成化十九年）而来。又如吉府本是承陆良弼本而来。清代的本子，承明代而来。如王谟本（刻《增订汉魏丛书》内）即从何允中本而来；王耕心的《贾子次诂》只是将卢校本的目次和篇段重新调整，改动了一些文字，并将《汉书》所录的贾谊疏议全部收入，作为外篇，有严重的重复杂乱的弊病。三、卢氏还参照了《汉书》、《史记》、《国语》、《战国策》、《说苑》、《新序》、《群书治要》等书进行校勘，校勘精审。因此本书选用清乾隆卢氏抱经堂校定本为底本。

《新书》源远流长，错简失次的现象严重，传抄讹误的地方很多，又有人根据《史记》、《汉书》引文大加删改，造成了很多错误，引起许多怀疑的意见，一直真伪难辨，严重影响了它的整理与研究。历代虽有文字考订，辨别真伪之作，大都零散不全。

今应中华书局之邀，在参考海内外学者校注译成果的基础上，再为之注译。无奈《新书》内容丰富，思想深邃，文字又多古雅典奥，囿于功底学识，错误在所难免，祈教于方家。

卷 一

过秦上事势

【题解】

《过秦》,《三国志·吴志·阚泽传》中阚泽称之为《过秦论》。分篇也有三篇或两篇的不同,清代卢文弨所见的今存宋代潭本(淳祐八年长沙刻)分上中下三篇。"过秦"即言秦之过,作为汉代统治者的借鉴。上篇历叙秦国如何从弱小转向兴盛又最终走向灭亡,并总结出主要原因是"仁心不施",其具体原因并未展开,在三篇中属于总论;文章熔政论性与文学性为一炉,而上篇气势豪迈,最富文采,是贾谊政论文中最具代表性的一篇。

秦孝公据崤函之固①,拥雍州之地②,君臣固守,以窥周室,有席卷天下、包举宇内、囊括四海之意,并吞八荒之心③。当是时也,商君佐之④,内立法度,务耕织,修守战之具;外连衡而斗诸侯⑤。于是秦人拱手而取西河之外⑥。

【注释】

①秦孝公:秦献公之子,姓嬴名渠梁,战国时秦国国君,公元前361—前338年在位。崤函:崤,崤山,今河南洛宁北。函,函谷关,今河南灵宝南。

②雍州：古九州之一，今陕西东部、北部、青海东南部、宁夏自治区
　　一带。

③八荒：八方极远的地方。

④商君：商鞅，姓公孙名鞅，战国时卫人，少好刑名之学，先事魏相
　　公叔痤，后入秦辅佐秦孝公，定变法之令，废井田，开阡陌，改赋
　　税之法，使秦国富强。因封于商地，号商君，后被惠文王诛。

⑤连衡：也称连横，东方齐、楚等国联合西方秦国打击其他国家的
　　策略。

⑥西河：黄河以西，今陕西大荔、宜川一带。

【译文】

　　秦孝公据守崤山、函谷关的险固，拥有雍州的土地，君臣牢固地把
守，伺机夺取周王室，有席卷天下、征服九州、横扫四海的意图和吞并八
方荒远之地的雄心。正当这个时期，商鞅辅佐，对内设立法度，让人民
努力耕作纺织，修治防守攻战的装备；对外实行连横的策略使诸侯国之
间互相争斗。于是秦国轻而易举地夺取了黄河以西的广大土地。

　　孝公即没，惠文、武、昭襄王蒙故业①，因遗策，南取汉
中②，西举巴、蜀③，东割膏腴之地，北收要害之郡。诸侯恐
惧，同盟而谋弱秦，不爱珍器重宝、肥饶之地，以致天下之
士，合从缔交④，相与为一。当此之时，齐有孟尝⑤，赵有平
原⑥，楚有春申⑦，魏有信陵⑧。此四君者，皆明智而忠信，宽
厚而爱人，尊贤重士，约纵离衡，兼韩、魏、燕、赵、宋、卫、中
山之众。于是六国之士，有宁越、徐尚、苏秦、杜赫之属为之
谋主⑨，齐明、周最、陈轸、召滑、楼缓、翟景、苏厉、乐毅之徒
通其意⑩，吴起、孙膑、带佗、倪良、王廖、田忌、廉颇、赵奢之
朋制其兵⑪。尝以十倍之地，百万之众，仰关而攻秦。秦人

开关延敌,九国之师逡循而不敢进⑫。秦无亡矢遗镞之费⑬,而天下诸侯已困矣。于是从散约解,争割地而赂秦。秦有余力而制其弊,追亡逐北,伏尸百万,流血漂橹⑭,因利乘便,宰割天下,分裂山河。强国请伏,弱国入朝。

【注释】

①惠文:秦惠文王,孝公之子,名驷。武:秦武王,惠文王之子,名荡。昭襄王:秦昭襄王,名则,一名稷,武王异母弟。

②汉中:今陕西南部一带。

③巴、蜀:皆古国名。巴在今四川东部,蜀在今四川成都为中心的川中、川北一带。

④合从:也称"合纵",战国时六国联合抗秦的策略。缔交:缔结盟约。

⑤孟尝:孟尝君田文,齐靖郭君田婴之子,为齐相。

⑥平原:平原君赵胜,赵武灵王之子,封于平原。

⑦春申:春申君,楚相黄歇的封号。

⑧信陵:信陵君,魏昭王之少子,名无忌。

⑨宁越:赵国中牟(今河南汤阴西)人。徐尚:宋国人。苏秦:东周洛阳人,纵横家。杜赫:周人。

⑩齐明:东周朝臣。周最:东周成君之子,仕于齐。陈轸:齐人,仕秦又仕楚。召滑:又作"昭滑"、"邵滑"、"卓滑",楚相。楼缓:魏文侯之弟。翟景:即翟强,魏相。苏厉:苏秦之弟,仕于齐。乐毅:本齐臣,仕于燕。

⑪吴起:魏将。孙膑:齐将。带佗:楚将。倪良:越将。王廖、田忌:皆齐将。廉颇、赵奢:皆赵将。

⑫逡(qūn)循:徘徊不前。

⑬镞(zú):箭头。

⑭橹：大盾牌。

【译文】

秦孝公死后，秦惠文王、秦武王、秦昭襄王继承孝公的旧业，遵循遗留下来的方略，南面夺取汉中，西面攻下巴、蜀，东面分割了魏、韩、赵国肥沃的土地，北面收取了魏国故都险要的郡邑。诸侯国都感到害怕，共同结盟谋划削弱秦国，不惜献出珍宝重器划出肥沃的土地，用来招纳天下的贤士，缔结盟约联合抗秦。当此之时，齐国有孟尝君，赵国有平原君，楚国有春申君，魏国有信陵君。这四位公子，都非常明智而忠信，宽厚而爱人，尊重贤士，相约合纵，离散连横，联合韩、魏、燕、赵、宋、卫、中山等国的军队。这时六国的贤士，有宁越、徐尚、苏秦、杜赫之流出谋划策，有齐明、周最、陈轸、召滑、楼缓、翟景、苏厉、乐毅之徒沟通交流，有吴起、孙膑、带佗、倪良、王廖、田忌、廉颇、赵奢之辈统帅军队。曾经用比秦国大十倍的土地，上百万的军队，直抵函谷关攻打秦国。秦国人打开关门迎击敌军，九个国家的军队徘徊不敢前进。秦国不费一支弓箭，天下诸侯就已经困顿不堪了。于是合纵盟约统统解散，诸侯国争着割让土地讨好秦国。秦国以强大的实力制服疲困的诸侯国，追逐逃跑的军队，杀死士兵上百万，以致血流成河，漂起大盾。秦国人乘着有利的形势，瓜分天下，划分山河。强国请求归服，弱国入朝称臣。

施及孝文王、庄襄王①，享国日浅，国家无事。及至始皇②，奋六世之余烈，振长策而御宇内，吞二周而亡诸侯③，履至尊而制六合④，执搞朴以鞭笞天下⑤，威振四海。南取百粤之地⑥，以为桂林、象郡⑦；百粤之君，俯首系颈，委命下吏。乃使蒙恬北筑长城而守藩篱⑧，却匈奴七百余里⑨；胡人不敢南下而牧马，士不敢弯弓而报怨。于是废先王之道，燔百家之言，以愚黔首。隳名城，杀豪俊，收天下之兵聚之咸阳⑩，销锋镝⑪，铸以为金人十二，以弱天下之民。然后践华为城⑫，因河为池，据亿丈之高，临百尺之渊以为固。良将劲弩，守要害之处；信臣精卒，陈利兵而谁何⑬！天下已定，始皇之心，自以为关中之固，金城千里，子孙帝王万世之业也。

【注释】

①孝文王：名胜，公元前250年即位，即位后三日死。庄襄王：名子楚，在位三年（前249—前247年）死。

②始皇：秦始皇，庄襄王之子，姓嬴名政，公元前221年，灭六国，统一天下，建立了中国历史上第一个封建王朝。

③二周：战国时河南洛阳和巩地附近的两个小国，即东周、西周。

④六合：上下四方。

⑤搞朴：棍棒，长为搞，短为朴。

⑥百粤：古代对南方古越族的总称，除越国外，有瓯越、闽越、南越、骆越等。

⑦桂林、象郡：秦设置的郡名，桂林郡在今广西桂林苍梧及柳江东部一带，象郡在今广西南部地区。

⑧蒙恬：秦国大将，曾领兵三十万北逐匈奴，筑长城。藩篱：篱笆，比喻边疆屏障。

⑨匈奴：北狄，汉人贬称作胡人。在今蒙古地，秦汉时最猖獗。

⑩咸阳：秦国都城，在今陕西咸阳西北。

⑪锋镝(dí)：泛指兵器。锋，兵刃。镝，箭头。

⑫践：登。一作"斩"，断，指开凿。华：华山，在今陕西华阴西南。

⑬谁何：盘查过往行人。何，呵问。

【译文】

秦国的天下延续到孝文王、庄襄王，他们在位时间很短，国家安定无事。等到秦始皇时，发扬六代遗留下来的功业，挥动马鞭统治天下，吞并了西周东周,消灭了诸侯,登上皇帝之位,控制了天下,用高压统治全国,威严震惊四海。向南夺取百越的土地,设立桂林、象郡。百越的君主,绳索系颈,俯首称臣,把性命交付给秦朝的下级官吏。于是又派大将蒙恬在北方筑建长城把守屏障,使匈奴退居七百里之外;胡人不敢往南边放牧,诸侯残余也不敢张弓报复。于是废除前代帝王的学说,焚烧诸子百家的书籍,以便愚弄普通百姓。毁坏著名的城池,杀掉智慧的贤士,收集天下的兵器,聚集到咸阳,销毁熔化兵器,铸造成十二座铜人,以削弱人民的反抗力量。然后开凿华山筑城墙,又以黄河为城池,依靠万丈的高山,下临数十丈的深渊构建坚固的堡垒。派遣优秀将领手执锋利武器守住要害;让那些忠心的大臣和精良的士卒手执锋利的兵器,盘查过往行人。天下已经安定,秦始皇自以为函谷关的险固地势,如同千里铜墙铁壁,牢不可破,是子子孙孙称帝称王至于万代的家业。

　　始皇既没,余威振于殊俗。然而陈涉①,瓮牖绳枢之子②,氓隶之人③,而迁徙之徒也④。材能不及中人,非有仲尼、墨翟之贤⑤,陶朱、猗顿之富⑥。蹑足行伍之间,俯起阡陌之中⑦,率疲弊之卒,将数百之众,转而攻秦。斩木为兵,揭竿为旗⑧,天下云合响应,赢粮而景从⑨,山东豪杰并起而亡秦族矣。

【注释】

①陈涉:又名陈胜,阳城(今河南登封)人,秦末农民大起义领袖。

②瓮牖(yǒu):用破瓮口作窗户。绳枢:用绳索拴系门轴。枢,门扇开关的枢轴。

③氓隶:古代对劳动人民的贱称。氓,种田人。隶,差役。

④迁徙之徒：被谪罚去守边的人。

⑤仲尼：孔子的字。墨翟(dí)：墨子。

⑥陶朱：春秋末年越国大夫范蠡的别号。范蠡助越王句践灭吴后，经商于陶(今山东定陶)，号"陶朱公"。猗顿：春秋时鲁国人，在猗氏(今山西临猗)经营畜牧致富。

⑦阡陌：田间小路。

⑧揭：高举。

⑨赢：担负。

【译文】

秦始皇死后，剩余的威严仍然震动远方的部族。然而陈涉，不过是一个贫苦出身的小子，种田当差的下民，被罚作劳役守边的人。他的才能比不上中等人，没有孔子、墨子的贤能，没有范蠡、猗顿的财富。栖身于守边的队伍里，在田野中率身起义，率领疲惫的士卒，民众几百人，反戈攻打秦国。削木棍作兵器，举竹竿作旗帜，天下民众如云聚合如回声相应，背着干粮如影跟从，崤山以东的豪杰同时起而响应，终于消灭了秦王朝。

　　且夫天下非小弱也，雍州之地、崤函之固，自若也。陈涉之位，非尊于齐、楚、燕、赵、韩、魏、宋、卫、中山之君也；锄耰棘矜①，不敌于钩戟长铩也②；谪戍之众，非抗九国之师也；深谋远虑，行军用兵之道，非及曩时之士也。然而成败异变，功业相反也。试使山东之国与陈涉度长絜大③，比权量力，则不可同年而语矣。然秦以区区之地致万乘之势，序八州而朝同列④，百有余年矣。然后以六合为家⑤，崤函为宫。一夫作难而七庙隳，身死人手，为天下笑者，何也？仁心不施，而攻守之势异也。

【注释】

①锄耰(yōu)：锄头。耰，锄头柄。棘矜：棘木做的杖。矜，杖。

②钩戟：带钩的戟。铩(shā)：长矛一类的兵器。

③度(duó)：比量。絜(xié)：比量物的粗细。

④序：排列。八州：秦所据雍州以外的冀州、豫州、荆州、扬州、兖州、徐州、青州、梁州。同列：原与秦地位相等的诸侯国。

⑤六合：天地四方，泛指天下。

【译文】

　　再说天下并非变小变弱了，雍州的地势，崤山、函谷关的险要，还与以前一样。陈涉的地位，并不高于齐、楚、燕、赵、韩、魏、宋、卫、中山这些国家的君主；锄头锄柄，敌不过带钩的长戟和长矛；谪罚守边的民众，比不上九国的军队；深谋远虑，行军用兵之战略战术，也比不上当年的谋士。然而成败发生不同变化，成就的功业正好相反。假使崤山东边各国与陈涉比量长短优劣、权势的轻重，那是不可同日而语的。然而秦国以小小的雍州取得天子之位，夺取了八州的土地，又使诸侯国来朝见，已经一百多年了。从此之后，秦以天下为家，把崤山、函谷关作为自己的宫室。然而一人发难而宗庙尽毁，身死他人之手，被天下人耻笑，什么原因呢？是因为对人民不施仁爱，造成攻和守的形势发生了根本性的变化。

过秦中事势

【题解】

《过秦》中篇重点剖析了秦始皇统一国家之后政策的失误在于攻与守没有采用不同的方法,相反采用征服六国的残酷手段来对待老百姓,"废王道而立私爱,焚文书而酷刑法,先诈力而后仁义,以暴虐为天下始",二世因袭不改,不懂得统治天下务在安民,致使秦朝快速灭亡。全文充满对秦王朝崩溃的惋惜,旨在借古讽今,为汉朝统治提供治国方案,为后来提出的许多陈政事疏作好铺垫。

秦灭周祀①,并海内,兼诸侯,南面称帝,以四海养。天下之士,斐然向风②。若是,何也?曰:近古之无王者久矣。周室卑微,五霸既灭③,令不行于天下。是以诸侯力政,强凌弱,众暴寡,兵革不休,士民疲弊。今秦南面而王天下,是上有天子也。即元元之民冀得安其性命,莫不虚心而仰上。当此之时,专威定功④,安危之本,在于此矣。

【注释】

①祀:祭祀祖先,代表国家的存在。

②斐(fěi)然:有文采的样子,形容士人展露才华。向风:如风吹草伏,比喻士人闻风归服。

③五霸:春秋时期五个霸主,一般指齐桓公、晋文公、楚庄王、秦穆公、宋襄公。

④专:专擅,指独自保持。

【译文】

秦消灭周之后,统一海内,兼并诸侯国,南面称帝,享有天下。天下的贤士,闻风归服。为什么会这样呢?回答是:上古以来很长时间没有天下共主出现了。周王室地位低下势力弱小,五霸也已灭亡,王命不能通行于天下。于是诸侯间以武力互相征伐,强大的欺凌弱小的,人多的残害人少的,战争无休无止,百姓疲惫不堪。现今秦国南面称王,这是上有天子。普通百姓都希望能安定生活保全性命,没有不倾心仰望君主的。正当这个时候,应该树立朝廷至高无上的威势,奠定千秋大业,安危的根本正在于此。

秦王怀贪鄙之心,行自奋之智①,不信功臣,不亲士民,废王道而立私爱,焚文书而酷刑法,先诈力而后仁义,以暴虐为天下始。夫并兼者高诈力,安危者贵顺权,推此言之,取与攻守不同术也。秦虽离战国而王天下,其道不易,其政不改,是其所以取之也,孤独而有之,故其亡可立而待也。借使秦王论上世之事,并殷、周之迹,以制御其政,后虽有淫骄之主,犹未有倾危之患也。故三王之建天下②,名号显美,功业长久。

【注释】

①自奋:自我奋起,指自持个人的智力。

②三王：夏、商、周开国的君王，即夏禹、商汤、周文王武王。

【译文】

秦始皇怀着贪婪狭隘的心理，依仗自以为高超过人的智慧，不相信功臣，不亲近士人民众，废除王道建立自己喜好的暴政，焚烧诗书典籍实行严刑酷法，重欺诈和暴力而轻视仁义，率先施行残暴的统治。统一国家时崇尚欺诈和暴力，巩固统治时贵在顺应形势随机变通，由此说来，攻取和防守要用不同的方法。秦国虽然吞并了战国各国而统一了天下，但统治的方法不变，政令不改，仍然按照夺取天下的方法去做，集天下大权于一身，所以很快就灭亡了。假使秦始皇能思考古代兴亡的原因，遵循商周王朝的方略来实行统治，后代即使出现骄淫的君主，仍然不会有崩溃的危险。所以三代的君王建立天下，名号显赫美好，功业长久。

今秦二世立，天下莫不引领而观其亡①。夫寒者利短褐而饥者甘糟糠②，天下嚣嚣③，新主之资也。此言劳民之易为仁也。向使二世有庸主之行而任忠贤，臣主一心而忧海内之患，缟素而正先帝之过④；裂地分民以封功臣之后，建国立君以礼天下；虚囹圄而免刑戮⑤，去收孥污秽之罪⑥，使各反其乡里；发仓廪，散财币，以振孤独穷困之士；轻赋少事，以佐百姓之急；约法省刑，以持其后，使天下之人皆得自新，更节循行，各慎其身；塞万民之望，而以盛德与，天下息矣。即四海之内，皆欢然各自安乐其处，惟恐有变。虽有狡害之民，无离上之心，则不轨之臣无以饰其智，而暴乱之奸弭矣。二世不行此术，而重以无道，坏宗庙与民，更始作阿房之宫⑦；繁刑严诛，吏治刻深；赏罚不当，赋敛无度。天下多事，吏不能纪；百姓困穷，而主不收恤。然后，奸伪并起，而上下相逼;蒙罪者众,刑戮相望于道,而天下苦之。自群卿以下至于众庶,人怀自危之心,亲处穷苦之实,咸不安其位,故易动也。是以陈涉不用汤、武之贤,不藉公侯之尊,奋于大泽,而天下响应者,其民危也。

【注释】

①引领:伸长脖子。领,脖子。

②短褐:短布衣。褐,粗麻布。

③嚣嚣:怨恨声。潭本作"嗷嗷"。

④缟(gǎo)素:白色的衣服,指丧服。

⑤囹圄(líng yǔ):监狱。

⑥收孥(nú):将犯罪人家属治罪为奴婢的刑律。

⑦阿房之宫:阿房宫,秦始皇三十五年(前212)在渭水南岸上林苑修建的朝宫,前殿称阿房,工程浩大,未建成而始皇死。

【译文】

于今秦二世即位,天下百姓无不伸长脖子望他灭亡。挨冻的人渴望能得到短衣,饥饿的人渴望能得到粗劣的饭食,天下嗷嗷待哺,正是新即位君主的资本。这是说对那些劳苦的民众容易施行仁政。假使秦二世有一般君主的行为并任用忠信贤能之士,大臣和君主一心忧虑天下的祸患,在服丧期间就改正先帝的过错;分割土地和百姓给功臣的后代,划分领地封立诸王,以礼义治理天下;赦免罪犯免除刑戮,去除株连九族等乱七八糟的刑律,让他们返回乡里;打开仓库,散发粮食钱财,救济孤独穷困的士人;减少徭役和赋税,解救百姓的困苦;简化法令,减轻刑罚,长期实行下去,使天下人都能追求自新,改变立身行世的准则,谨慎行事;满足百姓的愿望,用盛大的恩德对待天下,天下就安定了。那么四海之内,人人安身快乐,唯恐发生变乱。即使有狡猾作坏事的人,也没有犯上的想法,有不轨行为的臣下也没有办法施展其智谋,那些图谋暴乱的人也会消失。秦二世不按这种方法去做,而是更加胡作非为,毁坏宗庙,残害百姓,又重新修建阿房宫;设立繁多的刑罚,实行严厉的惩治,官吏刻薄严酷;赏罚不合理,赋税征敛无限度。天下发生很多坏事,官吏不能治理;百姓穷困,而国君不能救济抚养。从此以后,奸诈欺骗四起,上下互相欺骗;犯罪的人很多,判刑杀头的人四处可见,天下人痛苦深重。上到朝廷众卿下到平民百姓,人人感到自危,过着穷苦的生活,都不安于自己的处境,所以容易发生变乱。所以陈涉不需要商汤、周武王的贤能,不必凭借公侯的高位,在大泽中振臂一呼,天下一齐响应,是因为民众处于深深的危困之中啊!

　　故先王者见终始之变,知存亡之由。是以牧之以道,务在安之而已矣。下虽有逆行之臣,必无响应之助。故曰"安民可与为义,而危民易与为非",此之谓也。贵为天子,富有四海,身在于戮者,正之非也。是二世之过也。

【译文】

　　所以古代君主能预见朝廷兴替的变化,了解存亡的原因,因此遵循规律治理国家,无非是务必做到安定百姓罢了。下面即使有倒行逆施的臣子,必定没有人响应。所以说"安定的民众可以施行仁义,而不安定的民众容易作乱",说的就是这个道理。贵为天子,富有四海,却被人杀掉,是挽救政局的方法不对。这正是秦二世的过错。

过秦下事势

【题解】

《过秦》下篇，从秦国占据的有利地势论述失守的原因，并不是外部诸侯力量的强大，而是内部君臣互相不信任，挽救败局的方法不正确，除秦始皇、秦二世外，子婴也有责任，所谓"三主之惑，终身不悟"。文章结尾一段，总结了治国方略，"君子为国，观之上古，验之当世，参之人事，察盛衰之理，审权势之宜，去就有序，变化因时"，其目的是为后世统治者提供借鉴，所谓"前事之不忘，后之师也"。

秦兼诸侯山东三十余郡①，循津关，据险塞，缮甲兵而守之②。然陈涉率散乱之众数百，奋臂大呼，不用弓戟之兵，锄耰白梃③，望屋而食，横行天下。秦人阻险不守，关梁不闭，长戟不刺，强弩不射。楚沛深入④，战于鸿门⑤，曾无藩篱之难。于是山东诸侯并起，豪俊相立。秦使章邯将而东征⑥，章邯因其三军之众，要市于外⑦，以谋其二。群臣之不相信，可见于此矣。

【注释】

①山东：函谷关以东。三十余郡：秦统一后，分天下为三十六郡，即三川、河东、南阳、南郡、九江、郫郡、会稽、颍川、砀郡、泗水、薛郡、东郡、琅邪、齐郡、上谷、渔阳、右北平、辽西、辽东、代郡、巨鹿、邯郸、上党、太原、云中、九原、雁门、上郡、陇西、北地、汉中、巴郡、蜀郡、黔中、长沙凡三十五，与内史为三十六郡。

②缮（shàn）：修理。甲兵：铠甲和兵器。

③耰（yōu）：锄柄。梃（tǐng）：棍棒。

④沛：潭本作"师"。

⑤鸿门：地名，在今陕西临潼东。

⑥章邯：秦朝将领，后降项羽，封为雍王。

⑦要（yāo）市：订立契约做买卖。指章邯投降项羽相约攻秦，分王其地。

【译文】

秦兼并诸侯国，分函谷关以东为三十多个郡，修治关梁渡口，占据险要的关塞，修整军备来防守。然而陈涉率领几百个散乱的戍卒，振臂大呼，没有弓箭矛戟可用，靠锄头棍棒打仗，没有粮食给养，望见村庄就去吃饭，横行天下。秦国人守不住险阻，把不住关防渡口，长矛、弓箭发挥不了作用。楚人的军队深入秦国腹地，在鸿门交战，险要关塞竟然连篱笆的阻拦作用都没有。于是函谷关以东的诸侯纷纷起来抗秦，英雄豪杰纷纷出现。秦国派遣章邯率兵东征，章邯利用三军的人众与项羽订立盟约，抗秦分王。秦国群臣不信任君主，由此可见。

子婴立①，遂不悟。借使子婴有庸主之材，而仅得中佐，山东虽乱，三秦之地可全而有②，宗庙之祀宜未绝也。秦地被山带河以为固，四塞之国也。自缪公以来至于秦王③，二十余君，常为诸侯雄。此岂世贤哉？其势居然也。且天下尝同心并力攻秦矣,然困于险岨而不能进者④,岂勇力智慧不足哉?形不利,势不便。秦虽小邑,伐并大城,得陁塞而守之⑤。诸侯起于匹夫,以利会,非有素王之行也⑥。其交未亲,其名未附,名曰亡秦,其实利之也。彼见秦阻之难犯,必退师。案土息民以待其弊,承解诛疲以令国君⑦,不患不得意于海内。贵为天子,富有四海,而身为禽者,救败非也。

【注释】

①子婴:秦始皇长子扶苏的儿子。赵高杀二世后,立子婴为王,废去帝号,在位仅四十六日。

②三秦:指秦国原来的国土。秦亡后,项羽三分关中,封秦将章邯为雍王,领咸阳以西(今陕西中部西境);司马欣为塞王,领咸阳以东至黄河(今陕西中部东境);董翳为翟王,领上郡(今陕西西北部)。合称三秦。

③缪公:秦穆公,名任好,春秋五霸之一。秦王:秦始皇。

④阻岨(zǔ):阻要。岨,同"阻"。

⑤陁塞:险要之地,险要关塞。

⑥素王:有君王之德而无其位的人。

⑦承解:打击懈怠。承,通"惩"。解,同"懈"。

【译文】

子婴即位后,终究不能醒悟。假使子婴有平庸君主的才能,并且只有中等人才辅佐,函谷关以东即使作乱,秦国原来的土地也可以保全并占有,宗庙的祭祀香火不会断绝。秦国的都城依山带河作为坚固的守护,是四面都有关塞的国家。从秦穆公一直到秦始皇,二十多个君主,常常在诸侯中称霸,这难道是历代国君都贤能吗?是所处的地势造成的。再说天下曾经同心协力攻打秦国,然而被险阻所困不能前进,难道是勇气力量智慧不够吗？形势不利于六国罢了。秦国原来虽然是小小的城邑，攻打兼并大的城邑，依恃险固的关塞来防守。秦末诸侯本来出身是匹夫，为了利益聚集到一起，没有素王的德行。他们结交但不亲近，他们的百姓并不依附，虽说名义上是消灭秦国，其实是为了给自己谋利益。他们看见秦国地势险要难以侵犯，必然要退兵。秦国只要安定疆土让百姓修养生息，等待诸侯的军队疲惫，然后乘机打击他们，不怕在海内不称心如意。贵为天子，富有四海，却被人俘虏，是挽救败局的方法错误。

秦王足己而不问，遂过而不变。二世受之，因而不改，暴虐以重祸。子婴孤立无亲，危弱无辅。三主之惑，终身不悟，亡不亦宜乎？当此时也，世非无深谋远虑知化之士也，然所以不敢尽忠拂过者①，秦俗多忌讳之禁也②，忠言未卒于口，而身糜没矣③。故使天下之士倾耳而听，重足而立④，合口而不言。是以三主失道，而忠臣不谏、智士不谋也。天下已乱，奸臣不上闻，岂不悲哉！先王知壅蔽之伤国也，故置公、卿、大夫、士，以饰法设刑，而天下治。其强也，禁暴诛乱而天下服；其弱也，五霸征而诸侯从；其削也，内守外附而社稷存。故秦之盛也，繁法严刑而天下震；及其衰也，百姓怨而海内叛矣。故周王序得其道，千余载不绝，秦本末并失，故不能长。由是观之，安危之统相去远矣。

【注释】

①拂：通"弼"，辅佐，这里指纠正。

②忌讳之禁：指秦始皇时，人不敢直言其过；二世时，群臣进谏以为诽谤。

③靡没：毁灭。靡，通"靡"，倒下。

④重足：两只脚叠在一起，不敢行走。

【译文】

　　秦始皇固执己见而不听取别人意见，坚持错误的做法而不改变。二世步其后尘，因袭错误而不能改正，反而施政更为残暴以致加重了祸患。子婴孤立没有亲信大臣，处于危险的境地势力微弱又无人辅佐。三位君主如此糊涂，终身不醒悟，亡国不是理所当然吗？这个时候，国家并不是没有深谋远虑通晓变化的士人，然而不敢尽忠心纠正君主的过错，是因为秦国有很多忌讳的禁忌，忠言还没有说出口，自己就遭到杀戮了。因而使得天下的士人侧着耳朵听话，叠起双脚站立，闭起嘴巴不说话。因此三位君主都丧失道义，忠臣不敢直言进谏，智士不敢出谋划策。天下已经大乱，奸臣不向君主报告，岂不是很可悲吗？古代君王知道政治阻塞会伤害国家，所以设立公、卿、大夫、士各等官职来整饬法度、建立刑法，从而天下大治。国家强大的时候，讨伐暴乱而天下服从；国家弱小的时候，五霸主持征讨而诸侯依从；国势衰微的时候，在内保住王室的名分，外部依靠诸侯的力量，也使国家不致灭亡。秦国兴盛的时候，法令繁多用刑严酷使天下害怕；等到衰败的时候，百姓怨恨天下反叛。周王朝按次序治理国家，以致一千多年没有断绝，秦国大小措施都错，所以不能长久。由此看来，安与危的治国纲领相差太远了。

　　鄙谚曰①："前事之不忘，后之师也。"是以君子为国，观之上古，验之当世，参之人事，察盛衰之理，审权势之宜，去就有序，变化因时，故旷日长久而社稷安矣②。

【注释】

①鄙谚：民间谚语。鄙，野，指民间。

②旷日:经历长久的时间。

【译文】

民间谚语说:"以前的经验教训牢记不忘,可以作为今后行事的借鉴。"所以君子治国,观察古代的事迹,在当代加以验证,参考人事的因素,考察盛衰的道理,审度权势的便宜,取舍符合客观规律,根据时宜作出相应变化,所以能使国家长治久安。

宗首事势

【题解】

"宗首",宗指同宗诸侯王,首即首要问题。本篇论述汉王朝"少安"的形势存在的危机,即数年后诸侯王力量强大必然出现争权分裂的局面,因为大国诸侯王尚幼小,就有淮南厉王谋为东帝,济北王、吴王谋反,在天子春秋鼎盛,行义未过,德泽有加,傅相正掌其权的时候尚且如此,将来可想而知。贾谊劝文帝抓紧时机,解决这一问题。本文是贾谊向文帝陈政事疏中的一篇。

今或亲弟谋为东帝①,亲兄之子西向而击②,今吴又见告矣③。天子春秋鼎盛,行义未过,德泽有加焉,犹尚若此,况莫大诸侯权势十此者乎!

【注释】

①亲弟:指淮南厉王刘长,刘邦的小儿子,文帝的弟弟。东帝:刘长于汉文帝六年(前174)勾结匈奴谋反称帝,其封地在都城长安东面,故称东帝。

②亲兄之子:文帝哥哥刘肥的儿子济北王刘兴居。西向而击:文帝三年(前177),刘兴居趁文帝去代国发兵抗击匈奴之际,企图起

兵向西袭击荥阳,未得逞。

③吴:吴王刘濞,刘邦兄刘仲的儿子。

【译文】

于今有天子的亲弟弟刘长图谋在东方称帝,亲哥哥的儿子刘兴居向西袭击荥阳,现在又有人告发吴王刘濞谋反。天子正当盛年,行为合乎义理而毫无过错,恩德加于天下,在此情况下尚且有这样的事情发生,何况最大的诸侯权势十倍于此呢!

然而天下少安者,何也? 大国之王幼在怀衽①,汉所置傅相方握其事②。数年之后,诸侯王大抵皆冠③,血气方刚,汉之所置傅归休而不肯住④,汉所置相称病而赐罢,彼自丞尉以上偏置其私人⑤,如此,有异淮南、济北之为耶! 此时而乃欲为治安,虽尧、舜不能⑥。

【注释】

①幼在怀衽(rèn):形容年纪尚幼。怀衽,怀抱之中。

②傅:朝廷派赴诸侯王国的辅佐官。相:相国,朝廷派赴诸侯王国的最高行政长官。

③冠:古代男子二十岁举行加冠仪式,表示已经成年。

④归休:退休。

⑤丞尉:古代县级以上的文武官员,文为丞,武为尉。

⑥尧、舜:古代的两位圣君。

【译文】

然而天下暂时显得安定,为什么呢? 大国的侯王还小,在怀抱之中,汉朝廷设置的太傅、国相正在掌权。几年之后,诸侯王大都成年,血气方刚,朝廷派赴的太傅告老休息不肯前往,派赴的国相年老称病而退休,诸侯国丞尉以上安排自己的亲信,这样,他们与淮南王、济北王的行为有什么两样呢? 那时要想政治清明社会安定,即使是尧舜也不可能做到。

黄帝曰①:"日中必熭②,操刀必割。"今令此道顺而全安甚易,弗肯早为,已乃堕骨肉之属而抗到之③,岂有异秦之季世乎! 夫以天子之位,用天下之力,乘今之时,因天之助,尚惮以危为安,以乱为治,假设陛下居齐桓之处④,将不合诸侯匡天下乎?

【注释】

①黄帝:传说中古代原始部落联盟的首领。

②熭(wèi):暴晒。

③抗到(jīng):指杀头。抗,悬。到,割脖子。

④齐桓:齐桓公,春秋时齐国国君,五霸之一,公元前685—前643年在位,曾九次联合诸侯,平定天下。

【译文】

黄帝说:"晒东西趁太阳在中午时暴晒,操刀在手要快速宰割。"现在可以很容易使统治顺当,保全安定天下,不肯早早行动,到时即使是亲戚骨肉也会互相杀戮,难道与秦朝末年有什么区别吗? 凭借天子的尊位,利用全国的力量,趁着现在的有利时机,依靠上天的帮助,尚且害怕转安为危,由治变为乱,假设陛下您处于原来齐桓公的地位,难道不会联合诸侯而匡正天下吗?

数宁事势

【题解】

"数宁",——陈说安定天下的大计。贾谊针对当时朝廷中进言者都认为天下已安已治,尖锐地指出这是"偷安",局势存在"本末舛逆,首尾横决,国制抢攘",危机尚未彻底爆发,并不是真正的安治。又从五百年必有王者兴的角度,认为汉文帝宽大知通,明通以足,天纪又当,可称为当今的圣王,并为文帝提出建久安之势、成长治之业的政治主张,从孝、明、仁三个角度加以论述。章太炎认为:"《数宁》一篇,是贾子以《春秋》为汉制作之本。"

臣窃惟事势,可痛惜者一,可为流涕者二,可为长大息者六。若其他倍理而伤道者,难遍以疏举。进言者皆曰"天下已安矣",臣独曰"未安"。或者曰"天下已治矣",臣独曰"未治"。恐逆意触死罪,虽然诚不安、诚不治,故不敢顾身,敢不昧死以闻。夫曰"天下安且治"者，非至愚无知，固谀者耳，皆非事实知治乱之体者也。夫抱火措之积薪之下而寝其上，火未及燃①，因谓之安，偷安者也。方今之势，何以异此！夫本末舛逆②，首尾横决③，国制抢攘④，非有纪也，胡可谓治！陛下何不一令臣得熟数之于前，因陈治安之策，陛下试择焉。

【注释】

①燃（rán）：同"燃"，燃烧。

②本末：指治国之道。舛（chuǎn）逆：颠倒，悖逆。

③首尾：指治国之道。横决：堤防崩溃，比喻政事混乱。

④抢攘：纷乱的样子。

【译文】

臣下私自思考政事和形势，感到为之痛惜的有一件，为之痛哭流涕的有两件，为之深深叹息的有六件。至于其他违背事理伤害道义的，更是难以一一列举。进言的人都说"天下已经安定了"，臣下偏偏说"没有安定"。也有人说"天下已经大治了"，臣下偏偏说"没有大治"。害怕违背主上意愿冒犯死罪，虽然天下确实没有安定，没有大治，还是不敢顾及自身，冒昧犯死罪报告。那些说"天下已经安定并且大治"的人，不是愚蠢无知之极，就是阿谀奉承，说的都不是真实情况，都不是知道治乱本质的人。把火放到堆积的柴草下面，人睡在上面，火没有烧起来时，可以说是安全的，但这是只顾眼前一时的安全。当今的国家形势，与这个有什么区别？治理国家的措施本末颠倒，前后错乱，国家政体混乱，毫无条理和秩序，没有条理，怎么能说大治？皇上何不让我一一陈述出来，并就此提出治安的策略，请您加以考虑。

射猎之娱与安危之机，孰急也？臣闻之，自禹已下五百岁而汤起①，自汤已下五百余年而武王起②。故圣王之起，大以五百为纪。自武王已下，过五百岁矣，圣王不起，何慅矣③！及秦始皇帝似是而卒非也，终于无状。及今，天下集于陛下，臣观宽大知通，窃曰足以掺乱业④，握危势，若今之贤也。明通以足，天纪又当⑤，天宜请陛下为之矣。然又未也者，又将谁须也？使为治，劳智虑，苦身体，乏驰骋钟鼓之乐，勿为可也。乐与今同耳，因加以常安，四望无患，因诸侯附亲轨道，致忠而信上耳。因上不疑其臣，无族罪，兵革不动，民长保首领耳。因德穷至远，近者匈奴，远者四荒，苟人迹之所能及，皆乡风慕义，乐为臣子耳。因天下富足，资财有余，人及十年之食耳。因民素朴，顺而乐从令耳。因官事甚约，狱讼盗贼可令鲜有耳。大数既得，则天下顺治；海内之气清和咸理，则万生遂茂。晏子曰⑥："唯以政顺乎神为可以益寿。"发子曰⑦："至治之极，父无死子，兄无死弟，涂无襁褓之葬，各以其顺终。"谷食之法，固百以是，则至尊之寿轻百年耳。古者五帝皆逾百岁，以此言信之。因生为明帝，没则为明神，名誉之美，垂无穷耳。礼，祖有功，宗有德，始取天下为功，始治天下为德。因观成之庙⑧，为天下太宗⑨，承太祖与天下⑩，汉长亡极耳。因卑不疑尊，贱不逾贵，尊卑贵贱，明若白黑，则天下之众不疑眩耳。因经纪本于天地，政法倚于四时，后世无变故，无易常，袭迹而长久耳。臣窃以为建久安之势，成长治之业，以承祖庙，以奉六亲⑪，至孝也；以宰天下，以治群生，神民咸亿，社稷久飨，至仁也；立经陈纪,轻重周得,后可以为万世法,以后虽有愚幼不肖之嗣,犹得蒙业而安,至明也。寿并五帝,泽施至远,于陛下何损哉!以陛下之明通,因使少知治体者得佐下风,致此治非有难也。陛下何不一为之,其具可素陈于前,愿幸无忽。

【注释】

①禹:夏朝的开国君主。汤:也称天乙、成汤,商朝的开国君主。

②武王:姬发,周朝的开国君主。

③懪(guài):同"怪"。

④撍:通"操",避魏祖(曹操)讳改,潭本作"操"。

⑤天纪:上天的纲纪、规律,指上文所说的五百年而王者兴。

⑥晏子:晏婴,春秋时齐国大夫。

⑦发子:人名,未详。

⑧观成之庙:汉文帝自建庙名。观,《汉书》作"顾"。

⑨太宗:开国帝王后代的庙号。

⑩太祖:开国帝王的庙号。

⑪六亲:六种亲属。说法不一,比较通行的说法指父、母、兄、弟、妻、子。本书《六术》篇指父子、兄弟、从父兄弟、从祖兄弟、从曾祖兄弟、同族兄弟。

【译文】

射猎的娱乐与国家安危哪个更急迫? 臣下听说,从禹以后五百年出现汤,从汤以后五百年出现武王。因此圣王的出现,大致以五百年为规律。从武王之后,超过五百年了,圣王仍然没有出现,多么奇怪啊!等到秦始皇出现时,他好像是圣王,后来证明到底不是,最终不成样子。到今天,天下掌握在陛下手里,臣下看到陛下度量宽宏,知识通达,私下认为足以操控危乱的局势,是当今的贤主明君。英明通达足以治国,又与上天出现圣王的规律符合,应是上天请陛下来治理国家的。可是没有去行动,在等待谁呢?假如治理国家,劳心费神,身体疲累,缺少田猎歌舞的快乐,不去治理好了。快乐与现在相同,而又能使天下长久安定,四方边境不受侵扰;又能使诸侯王亲近君上,遵循法度,尽忠守信;又能使君上不怀疑臣下,没有株连九族之罪,没有战争,百姓性命长保;又能使恩德施加到极远之地,近的匈奴,远的四方边远之国,只要人能到达的地方,都闻风慕义,乐于做汉朝的臣民;又能使天下富足,财货有余,人民有十年的粮食;又能使百姓朴素顺从乐于听从政令;又能使政事简约,诉讼盗贼很少发生。治理天下的大计掌握了,就能使天下顺从而大治,社会风气清平和谐,一切都有次序,各种生物一片繁荣。晏子说:"只有政治合乎神明,人民才能延年益寿。"发子说:"治理的最高标准,父亲没有死去的儿子,哥哥没有死去的弟弟,野外没有埋葬的婴儿,各享天年而终。"人食五谷,固然可以活到百岁,而君主的寿命可以超过百年。古代五帝都超过百岁,由此说来,因为生前是英明的君主,死后是圣明的神灵,美好的名誉因此万古流传。按礼仪制度,以有功的为祖,以有德的为宗,先建立天下的为祖,继承治理得好的为宗。因而顾城之庙的神主是天下太宗,继承太祖之业,与汉王朝永远共存。因为卑贱的不与尊贵的相比,低下的不超过高贵的,尊卑贵贱,区别分明,天下的民众就不迷惑糊涂了。因为各种制度是根据天地间的规律而制定的,政策法令是根据四季的变化而提出的,后代不改变常规,沿用以致长久。臣下私下认为建立长久安定的局势,形成长期治理的功业,以此来继承祖庙,奉养六亲,这是最大的孝;以此统治天下,治理众生,神灵民众一片安宁,祭祀长久,政权长存,这是最高的仁;建立各种轻重适宜的制度,可以为后代效法,即使有愚笨不肖的子孙,仍然能承接前人的事业,保持安定的局面,这是最好的明;寿命可与五帝相比,恩德施加到远方,对陛下有什么损害呢?凭着陛下的明智通达,使稍微懂得治理的人在下辅佐,达到这种治理的局面没有什么困难。陛下为什么不去做呢?方法可以详细在您面前陈述,望您不要忽视。

臣谨稽之天地，验之往古，案之当时之务，日夜念此至孰也。虽使禹、舜生而为陛下计，无以易此？

【译文】

臣下慎重地考察自然的规律，验之于古代的历史经验，研究当今的事务，日夜思考，现在这些意见已经至于成熟了。即使禹、舜再生为陛下考虑，也不会与这些方法有什么不同。

藩伤 事势

【题解】

"藩伤",论藩国的危害。若要使主上安宁、使大臣活命、使爱子保全,就必须削弱诸侯王的势力,使他们力量不足以反叛,而不存侥幸的心理,否则将会自取其祸。本篇扼要地分析了当时的形势,提出建立藩国制度的问题,具体策略是"建分以须之",目的是达到《藩强》篇所说的"众建诸侯以少其力",即借分封达到削弱诸侯王的力量。

夫树国必审相疑之势①,下数被其殃,上数爽其忧②。凶饥数动,彼必将有怪者生焉③,祸之所罹,岂可豫知。故甚非所以安主上,非所以活大臣者也,甚非所以全爱子者也。

【注释】

①疑:通"拟",比拟,类似,引申为对立。

②爽:伤。

③怪者:指违反自然规律的奇异现象。

【译文】

建立诸侯国一定要审察是否构成力量对抗的局势,否则民众将常常遭受祸殃,天子将频频担忧而受伤害。战争和饥荒屡次发生,一定会,会出现奇异的现象,而诸侯王的祸害,怎能事先知道?因此藩国强大完全无法使主上安宁,使大臣平安生活,使爱子保全。

　　既已令之为藩臣矣,为人臣下矣,而厚其力,重其权,使有骄心而难服从也。何异于善砥镆铘而予射子①?自祸必矣。爱之故使饱粱肉之味,玩金石之声,臣民之众,土地之博,足以奉养宿卫其身。然而,权力不足以徼幸,势不足以行逆,故无骄心,无邪行。奉法畏令,听从必顺,长生安乐,而无上下相疑之祸,活大臣,全爱子,孰精于此②?

【注释】

①镆铘(mò yé):古代的一种宝剑。射子:陶鸿庆认为是"邪子"之误。

②精:甚,超过。

【译文】

　　既然已经宣布他们是藩臣,为人臣下,却使他们力量强大,权势很重,使得他们有骄傲之心难以服从。这与把磨剑石和镆铘宝剑交给邪恶之徒有什么区别?必定自取其祸。因为喜爱他们,所以让他们满足膏粱的美味,欣赏美妙的音乐,臣属的人民很多,占有的土地很广,足够供养保卫身体。然而,权力不足以产生企图造反的心理,势力不足以与朝廷对抗,就不会有骄傲之心,不会有邪僻的行为。奉守法律敬畏政令,顺心听从,安乐长生,没有上下对抗的祸患,使大臣平安生活,使爱子保全性命,还有什么方法以比它更好呢?

　　且藩国与制,力非独少也。制令:其有子,以国其子;未有子者,建分以须之①,子生而立。其身以子,夫将何失?于实无丧,而葆国无患,子孙世世与汉相须,皆如长沙可以久矣②。所谓生死而肉骨,何以厚此?

【注释】

①分(fēn):分地,分封的土地。

②长沙:长沙王吴差,吴芮的五传后代,是当时仅存的异姓王。

【译文】

况且藩国对于制度而言,力量仍然不小。制定命令:诸侯王有嫡子的,给嫡子封地;还没有嫡子的,设立封地留在那里,等嫡子出生了就封给他。由父传子,会有什么损失呢? 国家实际没有丧失什么,而诸侯王及其子孙可以永远享有封国,不会发生祸患,子孙万代与汉王朝相守,都像长沙王那样长久为王。所谓使死者复生,使白骨长肉,没有比这更好的了。

藩强事势

【题解】

"藩强",论述藩国强大之害。用淮阴王、韩王信、贯高、陈豨、彭越、黥布反叛及卢绾最后反叛的事实,同长沙王"功少而最完,势疏而最忠"对比,证明"强者先反"。想要天下长治久安,只有"众建诸侯而少其力"。

窃迹前事,大抵强者先反。淮阴王楚最强[1],则最先反;韩王信倚胡[2],则又反;贯高因赵资[3],则又反;陈豨兵精强[4],则又反;彭越用梁[5],则又反;黥布用淮南[6],则又反;卢绾国比最弱[7],则最后反。长沙乃才二万五千户耳[8],力不足以行逆,则功少而最完,势疏而最忠,全骨肉。时长沙无故者,非独性异人也,其形势然矣。

【注释】

① 淮阴:淮阴王韩信。初属项羽,后归刘邦,被任命为大将,曾先后被封为齐王、楚王,后有人告发他谋反,贬为淮阴侯。高祖十一年(前196),又被人告发勾结陈豨谋反,被吕后杀。楚:当时楚国

国都,在今江苏铜山、徐州一带。

②韩王信:战国时韩襄王的后代,名信。汉初封为韩王,后投降匈
　奴,并发动叛乱,兵败后被杀。胡:指匈奴。

③贯高:赵王张敖的国相,因谋杀汉高祖刘邦被捕,自杀。赵:在今
　河北邯郸一带。

④陈豨(xī):汉高祖时封为阳夏侯,镇守赵、代两地,并统率两地边
　防军队,后自立为代王,发动叛乱,兵败后自杀。

⑤彭越:汉初被封为梁王,高祖十一年(前196),因叛乱被杀。梁:
　在今河南商丘一带。

⑥黥布:即英布。因曾受黥刑,故称黥布。汉初封为淮南王,高祖
　十一年,因叛乱被杀。淮南:在今安徽淮南市、寿县一带。

⑦卢绾(wǎn):汉初封为燕王,陈豨叛乱,他派人要结造反,并与匈
　奴贵族勾结。高祖十二年,逃奔匈奴,被单于封为东胡卢王。

⑧长沙:长沙王吴差。二万五千户:指食邑。

【译文】

臣下私下考察以前的事情,大都是强者先造反。淮阴侯韩信在楚
国力量最强,就最先反叛;韩王信依靠匈奴人,接着反叛;贯高利用赵国
的资财,又反叛;陈豨兵力精锐强盛,又反叛;彭越依靠梁国,又反叛;黥
布利用淮南的力量,也反叛了;卢绾国力相比最弱,就最后反叛。长沙
王吴差食邑才两万五千户,力量不足以叛乱,功绩最少却能保全最完
好,势力薄弱却最忠心,家族得以保全。废除异姓王时,长沙王没有反
叛,不是他的性格与别的诸侯王不同,而是形势使他这样。

　　曩令樊、郦、绛、灌据数十城而王①,今虽以残亡可也;令
韩信、黥布、彭越之伦列为彻侯而居②,虽至今存可也。然则
天下大计可知已。欲诸王皆忠附,则莫若令如长沙;欲勿令
菹醢③,则莫若令如樊、郦、绛、灌;欲天下之治安,天子之无

忧,莫如众建诸侯而少其力。力少则易使以义,国小则无
邪心。

【注释】

①曩(nǎng):先时,以前。樊、郦、绛、灌:樊,樊哙,汉初封为舞阳
　侯,因参加镇压诸侯王叛乱及其他功劳,升为左丞相。郦,郦商,
　汉初封为曲周侯,后升任右丞相。绛,绛侯周勃,辅佐高祖定天
　下,封为绛侯。灌,灌婴,跟从高祖定天下,封为颍阴侯,后与周
　勃铲除诸吕,共立文帝,官至太尉、丞相。

②彻侯:爵位名,避汉武帝刘彻的讳称列侯或通侯,只收封地租税
　而没有行政权。

③菹醢(zū hǎi):肉酱。

【译文】

　　先前假使樊哙、郦商、周勃、灌婴封为占据几十城的诸侯王,今天也
许国破身亡了;假使韩信、黥布、彭越之流仅仅封为彻侯,今天也许仍然
存在。既然如此,那么天下的大计可以知道了。想要诸侯王都忠心归
服,就不如让他们像长沙王那样;想要他们不被剁成肉酱,就不如让他
们像樊哙、郦商、周勃、灌婴;想要天下治理安定,天子无忧,不如多分封
诸侯从而削弱他们的力量。力量小容易使他们遵守道义,封国小就不
会产生邪心。

大都_{事势}

【题解】

"大都",扩大都城。本篇引用春秋时期楚灵王扩大陈、蔡、叶与不羹城邑导致内乱的故事,说明大都疑国,大臣疑主,是祸乱的根源,从而证明"本细末大,弛必至心"的观点;结合当今天下大势,诸侯王分封不合理、力量不均衡的现实,是一种"大瘇"、"跊盭"的病态,旨在引起文帝的重视。

　　昔楚灵王问范无宇曰①:"我欲大城陈、蔡、叶与不羹②,赋车各千乘焉,亦足以当晋矣,又加之以楚,诸侯其来朝乎?"范无宇曰:"不可。臣闻大都疑国③,大臣疑主,乱之媒也;都疑则交争,臣疑则并令,祸之深者也。今大城陈、蔡、叶与不羹,或不充,不足以威晋;若充之以资财,实之以重禄之臣,是轻本而重末也。臣闻'尾大不掉,末大必折',此岂不施威诸侯之心哉?然终为楚国大患者,必此四城也。"灵王弗听,果城陈、蔡、叶与不羹,实之以兵车,充之以大臣。是岁也,诸侯果朝。居数年,陈、蔡、叶与不羹,或奉公子弃疾内作难,楚国云乱,王遂死于乾溪芊尹申亥之井④。为计若此，岂不可痛也哉？悲夫！本细末大，弛必至心。时乎！时乎！可痛惜者此也。

【注释】

①楚灵王：春秋时楚康王之宠弟，名围，后改名熊虔。杀郏敖自立，后因太子禄为蔡大夫观起子所杀，众叛亲离，被逐出官，自缢而死，谥灵。范无宇：楚国大夫。

②陈：楚地，在今河南淮阳及安徽亳州一带。蔡：楚地，在今河南上蔡、新蔡等县地。叶：楚邑名，在今河南境内。不羹：有东西二不羹，东不羹在今河南舞阳北，西不羹在今河南襄城东南二十里。

③疑：通"拟"，比拟，指力量差不多。

④乾溪：地名。芊尹申亥：人名。井：藻井，屋梁上的装饰。

【译文】

从前楚灵王问范无宇说："我要扩大陈、蔡、叶和不羹的城邑，各配备一千辆战车，也足够抵得上晋国了，再加上楚国，诸侯将会来朝见吧？"范无宇说："不行。我听说大的都城与国都差不多，大臣的势力与国君差不多，是祸乱的根源；都城差不多就会相互争夺权力，君臣势力差不多就会同时发布命令，祸害是很深的。如今扩大陈、蔡、叶和不羹的城邑，如果物资不充裕，不足以对晋国施加威力；如果增加财力，增补地位较高的大臣，是轻本重末。臣下听说'尾巴大了摇不动，末端大了一定会折断'，这样做，难道不是给诸侯施加威力吗？最终成为楚国最大祸害的，必定是这四座城邑。"楚灵王不听，果然扩大陈、蔡、叶和不羹的城邑，补充兵车，增加大臣。这一年，诸侯果然前来朝见。过了几年，陈、蔡、叶与不羹拥戴公子弃疾发动内乱，楚国大乱，楚灵王于是吊死在乾溪芊尹申亥的屋梁上。出这样的计策，难道不令人痛心吗？可悲啊！树木主干细小，末端粗大，必定在中心开裂。时机啊时机，是这样令人痛惜啊！

天下之势方病大瘇①。一胫之大几如要②，一指之大几如股，恶病也。平居不可屈信③，一二指搐，身固无聊也④。失今弗治，必为锢疾，后虽有扁鹊⑤，弗能为已。此所以窃为陛下患也。病非徒瘇也，又苦跖盭⑥。元王之子⑦，帝之从弟也；今之王者，从弟之子也。惠王之子⑧，亲兄之子也；今之王者，兄子之子也。亲者或无分地以安天下，疏者或专大权以逼天子，臣故曰"非徒病瘇也，又苦跖盭"。可痛哭者，此病是也。

【注释】

①瘇（zhǒng）：同"尰"，腿脚肿。

②胫：小腿。要：同"腰"。

③信：通"伸"。

④无聊：无所依赖，形容无可奈何。

⑤扁鹊：春秋时名医，姓秦，名越人。

⑥跖（zhí）：同"蹠"，脚掌。盭（lì）：戾，歪曲。

⑦元王之子：楚元王刘交的儿子刘郢，是文帝的叔伯兄弟。

⑧惠王之子：齐悼惠王刘肥的儿子刘襄。

【译文】

天下的形势正如同人患了肿病，小腿几乎像腰粗，脚趾肿得几乎像大腿粗，真是怪病。平时无法屈伸，一两个脚趾抽搐，整个身子就无可奈何。错过现在的治疗机会，以后必定成为难治的顽症，即使后来遇到扁鹊那样的名医，也毫无办法了。这正是我为陛下担忧的。不仅仅是害了脚肿病，还苦于脚掌扭伤之痛。楚元王刘交的儿子刘郢，是文帝的从兄弟；现在封王的，是从兄弟的儿子。齐悼惠王刘肥的儿子，是文帝哥哥的儿子；现在封王的，是哥哥的孙子。陛下的至亲中尚有没有封地来维持国家的安定,关系疏远的诸侯王有的却掌控大权逼迫天子,所以臣下说:"不仅仅是害了脚肿病,还苦于脚掌扭伤之痛。"令人痛苦的,正是这种病啊。

等齐事势

【题解】

"等齐",指诸侯王与天子的等级、势力、衣服、号令一样。本篇论述君主和诸侯王之间没有等级区别,无以别贵贱,明尊卑,无法树立天子的威严,将导致祸乱。主张建立严格的等级制度,使上下分明,贵贱有别。在汉代初年各项制度并不完善的时期,本文具有创建性的意义。

诸侯王所在之宫卫①,织履蹲夷②,以皇帝在所宫法论之;郎中谒者受谒取告③,以官皇帝之法予之;事诸侯王或不廉洁平端,以事皇帝之法罪之。曰一用汉法,事诸侯王乃事皇帝也。是则,诸侯王乃埒至尊也④。然则,天子之与诸侯,臣之与下,宜撰然齐等若是乎⑤?天子之相,号为丞相,黄金之印;诸侯之相,号为丞相,黄金之印,而尊无异等,秩加二千石之上。天子列卿秩二千石,诸侯列卿秩二千石,则臣已同矣。人主登臣而尊,今臣既同,则法恶得不齐?天子卫御,号为大仆,银印,秩二千石;诸侯之御,号曰大仆,银印,秩二千石;则御已齐矣。御既已齐,则车饰具恶得不齐?天子亲,号云太后;诸侯亲,号云太后。天子妃,号曰后;诸侯妃,号曰后。然则,诸侯何损而天子何加焉? 妻既已同,则夫何以异? 天子宫门曰司马,阑入者为城旦⑥;诸侯宫门曰司马,阑入者为城旦。殿门俱为殿门,阑入之罪亦俱弃市。宫墙门卫同名,其严一等,罪已钧矣。天子之言曰令,令甲令乙是也;诸侯之言曰令,令仪令言是也。天子卑号皆称陛下,诸侯卑号皆称陛下。天子车曰乘舆,诸侯车曰乘舆,乘舆等也。然则所谓主者安居,臣者安在?

【注释】

①宫卫:守卫王宫的卫士。

②织履:织有花纹的鞋子。蹲夷:蹲坐。

③郎中:职官名,战国时为近侍之称,秦置为官,与侍郎、郎中同属郎中令,以其为郎居中,故曰郎中。谒者:秦置,汉因之,掌管宾客接待,其长称谒者仆射,也称大谒者。受谒:接受禀告。取告:告假。

④埒(liè):等同。

⑤撰然:齐等的样子。撰,通"选",齐等。

⑥阑入:擅自进入,指进入没有证件或没有登记。城旦:刑罚名,发配到边境服四年劳役。

【译文】

诸侯王的王宫守卫,穿着花鞋,蹲踞而坐,与皇帝的皇宫一样;郎中谒者接见请假,按皇帝的官吏一样标准;侍奉诸侯王不廉洁不正直,按侍奉皇帝的法令判处。说是完全采用汉王朝的法令,侍奉诸侯王就是侍奉皇帝。这样,诸侯王就等同于皇帝了。既然这样,天子与诸侯,大臣与下民,应该这样齐等吗? 天子的相,号称丞相,佩带黄金印;诸侯的相,也号称丞相,佩带黄金印,尊位没有等级,俸禄都在二千石之上。皇帝的众卿俸禄二千石,诸侯的众卿俸禄也是二千石,那么大臣的地位就相同了。君主因为在大臣之上而显得尊贵,现在大臣已经相同,那么法令怎么能不一样?皇帝的护卫,号称大仆,佩带银制的印,俸禄二千石;诸侯的护卫,也号称大仆,佩带银制的印,俸禄也是二千石,那么护卫已经一样了。护卫已经一样,那么车马的装饰怎么能不一样呢?天子的母亲,号称太后;诸侯的母亲,也号称太后。天子的配偶,号称后;诸侯的配偶,也号称后。这样与天子有什么高低区别呢?妻子已经相同,丈夫有什么不同呢?天子的宫门称司马,擅自进入的判城旦罪;诸侯的宫门也称司马,擅自进入的也判城旦罪。殿门都是殿门,擅自进入的都杀死抛尸街头。宫墙门卫同名,制度一样严格,判罪相同。天子的指示称为令,令甲令乙就是;诸侯的指示称为令,令仪令言就是。天子的谦称都称陛下,诸侯的谦称也称陛下。天子的车辇称乘舆,诸侯的车辇也称乘舆,乘舆的名称是一样的。既然这样,那么人主摆在什么位置,臣下又摆在什么位置呢?

人之情不异,面目、状貌同类,贵贱之别非天根著于形容也①。所持以别贵贱、明尊卑者,等级、势力、衣服、号令也。乱且不息,滑曼无纪②。天理则同,人事无别。然则,所谓臣主者非有相临之具、尊卑之经也,特面形而异之耳。近习乎形貌,然后能识,则疏远无所放,众庶无以期,则下恶能不疑其上?君臣同伦,异等同服,则上恶能不眩其下?孔子曰:"长民者,衣服不贰,从容有常,以齐其民,则民德一。"《诗》云:"彼都人士,狐裘黄裳","行归于周,万民之望"③。孔子曰:"为上可望而知也,为下可类而志也。则君不疑于其臣,而臣不惑于其君。"而此之不行,沐渎无界④,可为长太息者此也。

【注释】

①天根：人的自然禀赋。

②滑（gǔ）曼：纷乱抵突。

③"《诗》云"几句：引诗出自《诗经·小雅·都人士》。都，美好。

④沐渎：混乱。

【译文】

人的感情没有什么差异，面目、体态大体相似，贵贱的区别，并非天生从容貌上显现出来。用来区分贵贱、辨明尊卑的，是等级、势力、衣服、号令这些东西。人与人之间混乱而无规矩，就会动乱不止。天理相同，人事没有区别。既然这样，臣下与君主之间就不存在统治的方法、失去尊卑的常规，只能从外表上来区分罢了。要接近身体熟悉容貌才能认识，那么从远处就没有辨识的依据，民众就无法认识君主了。这样，下民怎么能不怀疑君上？君臣关系相等，等级不同穿的衣服却相同，身居上位的与身居下位的怎么区分？孔子说："管理百姓的人，衣服有一定的规则，举动有一定的常规，这样来管理百姓，百姓的道德标准就会一致。"《诗经》里说："那些美好的人士，都穿着狐裘黄裳"，"走在回到周都镐京的路上，受到万民的瞻仰"。孔子说："身居上位的远远望见就可以认识，身居下位的从同类就可以认识，君臣之间就不会混淆。"这方面没有做到，混乱就没有止境，真令人长长地叹息啊！

服疑_{事势}

【题解】

"服疑",疑通"拟",服饰不差上下。本篇承接上篇,专论不同地位、不同等级的人,服饰上应该有区别,所谓"见其服而知贵贱,望其章而知其势",否则就会贵贱不分,尊卑不明,容易生乱。建立服饰制度,能使臣下遵守纲纪,那么乱无从生。

衣服疑者,是谓争先;泽厚疑者,是谓争赏;权力疑者,是谓争强;等级无限,是谓争尊。彼人者,近则冀幸,疑则比争。是以等级分明,则下不得疑;权力绝尤^①,则臣无冀志。故天子之于其下也,加五等已往^②,则以为臣;臣之于下也,加五等已往,则以为仆。仆亦臣礼也,然称仆不敢称臣者,尊天子,避嫌疑也。

【注释】

①绝尤:完全不同。《管子·侈靡》:"有知强弱之所尤。"注:"尤,殊绝也。"

②五等:五等爵位。根据《礼记·王制》,王国设立公、侯、伯、子、男

五等爵位,诸侯设立上大夫、下大夫、上士、中士、下士五等爵位。

【译文】

服饰不差上下,叫作争先;恩泽不差上下,叫作争赏;权力不差上下,叫作争强;等级没有区别,叫作争尊。就人而言,受到亲近就希望得到宠幸,待遇不差上下就会相争。所以等级分明,下级就不会与上级相比;权力完全不同,大臣就没有非分之想。所以天子对于臣下,五等爵位以下就是臣;臣以下再分五等爵位,就是仆。仆也依照臣的礼节,但是仆不敢称为臣,这是为了尊重天子,避开嫌疑。

制服之道,取至适至和以予民,至美至神进之帝。奇服文章,以等上下而差贵贱。是以高下异,则名号异,则权力异,则事势异,则旗章异,则符瑞异①,则礼宠异,则秩禄异,则冠履异,则衣带异,则环佩异,则车马异,则妻妾异,则泽厚异,则宫室异,则床席异,则器皿异,则饮食异,则祭祀异,则死丧异。故高则此品周高,下则此品周下。加人者品此临之,埤人者品此承之②;迁则品此者进,绌则品此者损,贵周丰,贱周谦;贵贱有级,服位有等。等级既设,各处其检,人循其度。擅退则让,上僭则诛。建法以习之,设官以牧之。是以天下见其服而知贵贱,望其章而知其势,岑人定其心③,各著其目。

【注释】

①符:符节,作为凭信的物件。瑞:象征吉祥如意的宝物。

②埤(bēi):低于他人。埤,低下。

③岑:古"使"字。

【译文】

　　制定服饰的准则,民众取其合适舒服,君主取其美丽神奇。奇异的衣服,美丽的纹饰,用来区分上下贵贱。所以地位高下不同,那么,名号也不同,权力也不同,势力也不同,旌旗印章也不同,符节宝物也不同,礼节待遇也不同,俸禄也不同,礼帽鞋子也不同,衣服腰带也不同,玉环玉佩也不同,车马装饰也不同,妻妾多少也不同,恩惠也不同,房屋也不同,床席也不同,器皿也不同,饮食也不同,祭祀用品级别也不同,死丧的礼遇也不同。因此,地位高的这些品级都高,地位低的这些品级都低。提高地位按照这些标准提高,降低地位按照这些标准降低;升迁的按照这些标准增加,贬职的按照这些标准减少,尊贵的各方面都很丰盛,低贱的各方面都欠缺;贵贱有等级,服制有差别。等级设定之后,各自遵守规范,人人遵行制度。擅自降低受到批评,超越标准遭到谴责。建立法度让大家熟悉,设置官员加以管理。这样天下人一看见服饰就知道贵贱,望见旗帜就知道权势,使天下人心安定,各种等级一目了然。

　　故众多而天下不眩①,传远而天下识祇②。卑尊已著,上下已分,则人伦法矣。于是主之与臣,若日之与星。臣不几可以疑主,贱不几可以冒贵。下不凌等,则上位尊;臣不逾级,则主位安。谨守伦纪,则乱无由生。

【注释】

　　①眩:疑惑。

　　②祇(zhī):敬。

【译文】

　　因此尽管服饰等级众多而天下人不迷惑,即使推行到远方而天下人也懂得恭敬。尊卑分明，上下有分别，那么人际关系就有法度可循了。于是君主与臣下的区别，如同太阳与星星。臣下不会想与君上相比，卑贱的不会想超过高贵的。身居下位的人不越等，那么位居上位的人就地位尊贵；做臣下的不越级，那么君主地位就安全。各自遵守伦常规范，祸乱就无从产生。

益壤事势

【题解】

"益壤",扩大疆域。本文就淮阳、梁两个诸侯国的封地过小的实际,提出扩大其疆域的建议。具体做法是割淮南益淮阳,徙代都于睢阳,有患则割淮阳北边二三列城与东郡以益梁。淮阳、梁这两个诸侯国是文帝主要的依靠力量,扩大疆域,可以使诸侯国互相牵制,防止诸侯大国作乱。梁足以捍齐、赵,淮阳足以禁吴、楚,境内就可以安定无事。

陛下即不为千载之治安,知今之势,岂过一传再传哉?诸侯犹且人恣而不制,豪横而大强也,至其相与,特以纵横之约相亲耳,汉法令不可得行矣。今淮阳之比大诸侯①,懑过黑子之比于面耳②,岂足以为楚御哉?而陛下所恃以为藩捍者,以代、淮阳耳③。代北边与强匈奴为邻,懑自完足矣。唯皇太子之所恃者,亦以之二国耳。今淮阳之所有,适足以饵大国耳。方今制在陛下,制国命子,适足以饵大国,岂可谓工哉?

【注释】

①淮阳：淮阳国，在今河南淮阳县治。高祖第六子刘友立为淮阳王，后徙赵。高祖第二子刘武封代王，徙淮阳王。

②黰：同"仅"。黑子：黑痣。

③代：诸侯国，在今山西繁峙西。

【译文】

陛下即使不建造千年治安的局势，知道当今的形势，能够传到一代两代吗？诸侯们仍然个个放纵，无从管制，豪强横立，力量过于强大。他们相互结交的盟友，不过是各种亲属关系罢了，汉王朝的法令无法施行。现在淮阳国与大诸侯相比，不过像脸上的黑痣与脸相比一样，哪能有抵御的力量啊！而陛下依靠作为保卫的，只有代与淮阳二国而已。代北边与匈奴为邻，仅仅能保全自己罢了。皇太子所依靠的，也是这两个国家。现在淮阳占据的地方，恰恰是大国吞食的对象。当今权柄在陛下手里，统治国家任命太子，很容易成为大国发难的借口，难道能算高明吗？

　　人主之行异布衣。布衣者，饰小行，竞小廉，以自托于乡党邑里①。人主者，天下安、社稷固不耳。故黄帝者②，炎帝之兄也③。炎帝无道，黄帝伐之涿鹿之野④，血流漂杵⑤，诛炎帝而兼其地，天下乃治。高皇帝瓜分天下，以王功臣，反者如猬毛而起。高皇帝以为不可，剟去不义诸侯，空其国。择良日，立诸子洛阳上东门之外⑥，诸子毕王，而天下乃安。故大人者，不怵小廉⑦，不牵小行，故立大便以成大功。

【注释】

①乡党邑里：古代居民单位，各代不一。据《国语·齐语》记载，汉

制十里一亭,十亭一乡;五家为轨,五轨为里;据《管子·小匡》,

五家为轨,六轨为邑;据《周礼·地官·大司徒》,五家为比,五比

为间,五间为族,五族为党。这里泛指家乡。

②黄帝:传说中古代原始部落联盟的首领。

③炎帝:传说中的古代部落领袖,因以火德王,故称炎帝。

④涿鹿:古山名,在今河北涿鹿东南。

⑤杵(chǔ):棒槌,舂米、捶衣、筑土所用,此指盾牌。

⑥上东门:洛阳东北城门。

⑦怵(xù):诱导,诱惑。

【译文】

　　人主的行为与普通百姓不同。普通百姓只修饰行为细节,追求廉洁的小名声,在家乡立身处世。而人主,考虑的是天下是否安定、国家是否巩固。黄帝,是炎帝的亲哥哥。炎帝无道,黄帝讨伐他,在涿鹿的原野交战,流血漂起盾牌,黄帝杀了炎帝,兼并了他的土地,天下于是安定了。高皇帝瓜分天下,分封功臣为王,造反的人如同刺猬身上的毛不计其数。高皇帝认为行不通,削除了不义的诸侯,封地空置在那里。选择好日子,在洛阳东北城门外分封诸子,诸子称王,天下于是安定了。所以大人物不被小小的廉洁行为引诱,不受小的行为约束,而是建立各种重要的合理决策以成就大业。

　　今淮南地远者或数千里①,越两诸侯而县属于汉②,其苦之甚矣! 其欲有卒也,类良有,所至逋走而归诸侯③,殆不少矣! 此终非可久以为奉地也。陛下岂如蚤便其势,且令他人守郡,岂如令子。臣之愚计,愿陛下举淮南之地以益淮阳,梁即有后,割淮阳北边二三列城与东郡以益梁④,即无后患。代可徙而都睢阳⑤,梁起新郑以北著之河⑥,淮阳包陈以

南捷之江⑦。则大诸侯之有异心者,破胆而不敢谋。今所恃者,代、淮阳二国耳,皇太子亦恃之。如臣计,梁足以捍齐、赵⑧,淮阳足以禁吴、楚⑨,则陛下高枕而卧,终无山东之忧矣。臣窃以为此二世之利也,若使淮南久县属汉,特以资奸人耳。惟陛下幸少留意。

【注释】

①淮南:汉初诸侯国之一。高帝十一年(前196),封刘长为淮南厉王,领地大致在今安徽淮河一带。

②两诸侯:淮阳和梁。

③逋(bū)走:逃走,逃亡。

④东郡:在今河南濮阳南。

⑤睢阳:在今河南商丘南。梁:诸侯王国名,这里指刘恢任梁王的同姓诸侯王国。

⑥新郑:在今安徽太和。

⑦陈:在今河南淮阳。捷(jiàn):接壤。

⑧齐:在今山东境内。赵:在今河北邯郸。

⑨吴:在今江苏吴县。楚:在今江苏铜山。

【译文】

现在淮南国远的地方离长安有几千里,隔着淮阳和梁两个诸侯国远远归属汉王朝,百姓苦不堪言。许多人希望有个尽头,以致逃走归属其他诸侯的,大概也很多。这里终究不能作为汉王朝的领地。陛下不如早早顺应当地的形势,与其派别人守郡,倒不如派自己的儿子。我的愚蠢的想法,希望陛下拿淮南的土地增益淮阳,梁若有后代为王,分割淮阳北边二三个城邑与东郡来扩充梁国,就不会有后患了。代国可以迁都睢阳,梁从新郑以北靠着黄河,淮阳围绕陈国以南连接长江。那么,诸侯大国有二心的,胆子会吓破不敢图谋不轨。现在所依靠的,只是代和淮阳两个国家,皇太子也依靠它们。按照臣下的计策,梁国足够抵挡齐、赵,淮阳足够抵御吴、楚,那么陛下就可以高枕而卧,终于没有华山以东的忧患了。臣下私下认为这是两代人的利益。如果让淮南长期远远地归属汉王朝,不过是用它帮助坏人罢了。希望陛下稍加留心。

权重

【题解】

"权重",指诸侯王的权势太重。作者认为诸侯王的权势太重,如果任其发展,将会酿成大祸。之所以现在还没有爆发危机,是因为诸侯还小。本篇与《宗首》、《藩伤》、《藩强》等篇同出一旨。

诸侯势足以专制,力足以行逆,虽令冠处女①,勿谓无敢;势不足以专制,力不足以行逆,虽生夏育②,有仇雠之怨,犹之无伤也。然天下当今恬然者,遇诸侯之俱少也。后不至数岁,诸侯偕冠,陛下且见之矣。

【注释】

①冠:古代男子二十岁举行加冠礼,表示成年。
②夏育:周朝时卫国的勇士,据说能力举千钧。

【译文】

诸侯的势力足够独断行事,力量足够背叛朝廷,即使给处女举行冠礼这种违反常规的事,也不要说不敢;势力不足以独断行事,力量不足以背叛朝廷,即使有夏育这样的勇士再生,再加上有冤仇大恨,仍然不会有什么伤害。然而当今天下安然无事,是遇到诸侯王都还年少。以后不到几年,诸侯王都到了加冠的年龄,陛下将会看到危机了。

　　夫秦日夜深惟,苦心竭力,以除六国之忧。今陛下力制天下,颐指如意①,而故成六国之祸②,难以言知矣。苟身常无意,但为祸未在所制也。乱媒日长,孰视而不定。万年之后,传之老母弱子,使曹、勃不宁制③,可谓仁乎?

【注释】

①颐指:动动腮帮发出指示。

②六国:战国时韩、魏、燕、赵、齐、楚六国。

③曹:曹参,汉初开国功臣,后为丞相。勃:周勃,武将,汉代重臣。

【译文】

当年秦国日夜深思,苦心竭力,想消除六国的忧患。于今皇上能掌控天下,指挥如意,而无故酿成六国那样的灾祸,难以算得上有智慧。如果平常不加留意,只要成为祸患就无法控制了。祸乱的根源一天天增长,熟视无睹而不加治理。陛下万年之后,国家传给老母弱子,即使曹参、周勃来,也无法控制局面,这能算作仁吗?

五美事势

【题解】

　　"五美",五种美德,指天子的明、廉、仁、义、圣。本篇论述要想天下长治久安,必定要先割地定制,从而削弱诸侯王的势力。地制一定,则诸侯、宗室、细民不敢叛乱,天子的五种美德日益显现。本篇与《制不定》篇为姊妹篇。

　　海内之势,如身之使臂,臂之使指,莫不从制。诸侯之君敢自杀不敢反,心知必菹醢耳①。不敢有异心,辐凑并进而归命天子②。天子无可以徼幸之权,无起祸召乱之业。虽在细民,且知其安,故天下咸知陛下之明。

【注释】

　　①菹醢(zū hǎi):古代把人剁成肉酱的酷刑。后亦用以泛指处死。

　　②辐凑:车轮的辐条聚集于车轴。

【译文】

　　海内的形势,如同身体指挥手臂,手臂指挥手指,没有不听从控制的。诸侯王敢自杀却不敢谋反,知道谋反必定会被剁成肉酱。因此不敢有二心,像辐条聚集于车轴一样归属于天子。天下没有可以侥幸造反夺取的权力,没有引发造反作乱的基业。即使是小民,也知道国家局面安定,天下从而都知道陛下的英明。

割地定制,齐为若干国,赵、楚为若干国,制既各有理矣。于是齐悼惠王之子孙,王之分地尽而止。赵幽王、楚元王之子孙①,亦各以次受其祖之分地,燕、吴、淮南他国皆然②。其分地众而子孙少者,建以为国,空而置之,须其子孙生者,举使君之。诸侯之地其削颇入汉者,为徙其侯国及封其子孙于彼也,所以数偿之。故一寸之地,一人之众,天子无所利焉,诚以定治而已,故天下咸知陛下之廉。

【注释】

①赵幽王:刘友,高帝之子,原为淮阳王,后徙为赵王。楚元王:刘交,高祖之弟,封为楚王。

②燕:国名,在今河北、辽宁及朝鲜北部。吴:同姓诸侯国,吴王刘濞,刘邦兄刘仲的儿子。淮南:同姓诸侯国,淮南厉王刘长,刘邦的小儿子,文帝的弟弟。

【译文】

分割土地,确定制度。把齐分为若干国,把赵、楚分为若干国,其割地之制皆有条理章法。于是齐悼惠王的子孙就要按次序分到祖上的一份土地而称王,一直到土地分完为止;赵幽王、楚元王的子孙,也各按次序接受祖辈一份内封地;燕、吴、淮南其他国家都这样去做。那些封地多而子孙少的侯王也要在他的封地内建立若干小国,先把王位国土空置在那里,等待他们的子孙出生以后,再让他们去做国王。诸侯被削减或剥夺的土地大都归入汉王朝的,因为列侯迁移封地以及子孙分封,要把这些土地分封给他们的子孙,以作为补偿。所以对于每一寸的土地,每一位民众,天子不会从中获取什么好处,只是为了天下安定罢了,天下从而都知道陛下的廉洁。

地制一定,宗室子孙虑莫不王。制定之后,下无背叛之心,上无诛伐之志,上下欢亲,诸侯顺附,故天下咸知陛下之仁。

【译文】

土地制度一定下来,宗室子孙大抵没有不封王的。制度确定之后,下臣没有背叛的想法,君上没有讨伐的考虑,上下欢乐亲近,诸侯归服顺从,天下从而都知道陛下的仁爱。

地制一定,则帝道还明而臣心还正,法立而不犯,令行而不逆。贯高、利几之谋不生①,机奇、启章之计不萌②,细民乡善,大臣效顺,上使然也,故天下咸知陛下之义。

【注释】

①贯高:赵王张敖的国相,因谋杀汉高祖刘邦被捕,自杀。利几:原为项羽部将,后降汉,封为颍川侯,高帝五年(前202)反叛。

②机奇:《汉书》作"柴奇"。汉初棘蒲侯柴武之子,曾参与淮南王刘长的叛乱。启章:刘长的部属,曾参与叛乱。

【译文】

土地制度一定下来,皇帝的统治变得明智而大臣的思想回到正道,法度确立无人违犯,命令通行无人违抗。贯高、利几的图谋不会产生,机奇、启章的诡计不会萌发。小民向善,大臣进献忠心,是皇帝使得这样,天下从而都知道陛下的德义。

　　地制一定，卧赤子天下之上而安①，待遗腹②，朝委裘③，而天下不乱，社稷长安，宗庙久尊，传之后世，不知其所穷。故当时大治，后世诵圣。

【注释】

①赤子：新生婴儿。

②遗腹：遗腹子。

③委裘：悬挂着裘衣。

【译文】

　　土地制度一定下来，婴儿当皇帝也天下太平，等待遗腹子出生即位，悬挂皇帝的裘衣让大臣朝见，天下也不会混乱，社稷长久安定，宗庙代代高贵，传到后代，没有终极。从而当时天下大治，后世称诵圣明。

　　一动而五美附，陛下谁惮而久不为此五美？

【译文】

　　一次行动而五种美德呈现，陛下还害怕什么而久久不行动？

制不定

"制不定",即封地制度不定。黄帝兄弟相诛,高祖时反者数起,今诸侯为逆,都由于地制不定之害。又以屠牛为喻,主张仁义恩厚与权力法制并用,以消除诸侯之害。篇题下,依文例当补"事势"二字。

炎帝者①,黄帝同父母弟也②,各有天下之半。黄帝行道,而炎帝不听,故战涿鹿之野③,血流漂杵④。夫地制不得,自黄帝而以困⑤。

【注释】

①炎帝:传说中的古代部落领袖,因以火德王,故称炎帝。

②黄帝:传说中古代原始部落联盟的首领,因以土德王,故称黄帝。

③涿鹿:古山名,在今河北涿鹿县东南。

④杵(chǔ):棒槌,舂米、捶衣、筑土所用,此指盾牌。

⑤以:通"已"。

【译文】

炎帝,是黄帝同父同母所生的亲弟弟,各占一半天下。黄帝施行道义,而炎帝不肯听从,所以黄帝讨伐炎帝,在涿鹿交战,血流成河,漂起盾牌。封地制度不得当，从黄帝时代起就是困扰君主的问题了。

以高皇帝之明圣威武也，既抚天下，即天子之位，而大臣为逆者，乃几十发；以帝之势，身劳于兵间，纷然几无天下者数矣。淮阴侯、韩王信、陈豨、彭越、黥布及卢绾皆功臣也①，所尝爱信也，所爱化而为仇，所信反而为寇，可不怪也？地里早定，岂有此变！陛下即位以来，济北一反②，淮南为逆③，今吴又见告④，皆其薄者也。莫大诸侯澹然而未有故者⑤，天下非有固安之术也，特赖其尚幼，偷猥之数也⑥。且异姓负强而动者，汉已幸而胜之矣，又不易其所以然。同姓袭是迹而处，骨肉相动，又既有征矣，其势尽又复然。殃祸之变，未知所移，长此安穷！明帝尚不能以安，后世奈何！

【注释】

①淮阴侯：淮阴王韩信。初属项羽，后归刘邦，被任命为大将，曾先后被封为齐王、楚王，后有人告发他谋反，贬为淮阴侯。高祖十一年（前196），又被人告发勾结陈豨谋反，被吕后杀。韩王信：战国时韩襄王的后代，名信。汉初封为韩王，后投降匈奴，并发动叛乱，兵败后被杀。陈豨（xī）：汉高祖时封为阳夏侯，镇守赵、代两地，并统率两地边防军队，后自立为代王，发动叛乱，兵败后自杀。彭越：汉初被封为梁王，高祖十一年，因叛乱被杀。梁：在今河南商丘一带。黥布：即英布。因曾受黥刑，故称黥布。汉初封为淮南王，高祖十一年，因叛乱被杀。卢绾（wǎn）：汉初封为燕王，陈豨叛乱，他派人要结造反，并与匈奴贵族勾结。高祖十二年，逃奔匈奴，被单于封为东胡卢王。

②济北：济北王刘兴居，文帝哥哥刘肥的儿子。

③淮南：淮南厉王刘长，刘邦的小儿子，文帝的弟弟。

④吴：吴王刘濞，刘邦兄刘仲的儿子。

⑤澹（dàn）然：安静的样子。

⑥偷猥：偷安苟且。

【译文】

凭着汉高祖的英明威武，安定天下之后，登上天子的高位，而大臣叛逆的，竟然有几十起；凭着皇帝的权势，还得劳苦于军旅之中，混乱中有好多次几乎丢失了天下。淮阴侯、韩王信、陈豨、彭越、黥布以及卢绾都是功臣，都曾是皇帝宠爱和信任的人，宠爱的变成仇敌，信任的变成乱寇，难道不奇怪吗？如果封地制度早早确定，哪里会有这些变故呢？陛下即位以来，济北王一谋反，淮南王就叛乱，现在吴又被人告发想造反，这些都是势力薄弱的。强大的诸侯安安静静没有什么变故，不是天下有什么稳固和安定的方法，不过是这些诸侯王年纪还小，有苟且偷安的机会罢了。再说，异姓王仗着强大而变乱的，汉王朝虽然侥幸取胜了，但并没有改变作乱的根源。同姓王按照这种情况发展，骨肉之间的争斗，已经显出征兆了，变乱的局势又要像以前一样了。灾祸的发展，不知道如何消除，长此下去，哪有尽头呢？英明的皇帝尚且不能安定局面，后代又能怎么办呢？

屠牛坦一朝解十二牛①，而芒刃不顿者②，所排击③，所剥割，皆象理也④。然至髋髀之所⑤，非斤则斧矣。仁义恩厚，此人主之芒刃也；权势法制，此人主之斤斧也。势已定，权已足矣，乃以仁义恩厚因而泽之，故德布而天下有慕志。今诸侯王皆众髋髀也，释斤斧之制，而欲婴以芒刃，臣以为刃不折则缺耳。胡不用之淮南、济北？势不可也。

【注释】

①屠牛坦：名叫"坦"的杀牛人。坦，一名"吐"。

②顿：通"钝"。

③排：分开。击：砍。

④象理：顺着肌肉的纹理。

⑤髋(kuān)：胯骨。髀(bì)：大腿骨。

【译文】

屠牛坦一个早上宰割了十二头牛，而刀尖刀口不钝的原因，是割剥劈砍，都顺着肌肉的纹理。然而到了胯骨大腿骨的地方，不用大斧就用小斧。仁义恩德，是人主的刀尖刀口；权势法制，是人主的大斧小斧。局面已经安定，权力已经够用，于是用仁义恩德去安抚他们，因而德泽遍布，天下有向往之心。现在诸侯王就是那些胯骨大腿骨，丢掉大斧小斧不用，而用刀尖刀口，臣下认为不是刀尖折断就是刀口砍缺。为什么不把仁义恩德施加到淮南王、济北王身上？因为形势不允许啊！

审微事势

"审微",明察事物微小的方面。任何事物,都是从微小开始发展的。本篇从礼制风俗等角度论述防止僭越,必须从微小的方面加以明察,早察坏事的起源,杜绝乱谋的产生,以防患于未然。

善不可谓小而无益,不善不可谓小而无伤。非以小善为一足以利天下,小不善为一足以乱国家也。当夫轻始而傲微①,则其流必至于大乱也,是故子民者谨焉。彼人也,登高则望,临深则窥,人之性非窥且望也,势使然也。夫事有逐奸,势有召祸。老聃曰②:"为之于未有,治之于未乱③。"管仲曰④:"备患于未形,上也。语曰:'焰焰弗灭,炎炎奈何;萌芽不伐,且折斧柯。'智禁于微,次也。"事之适乱,如地形之惑人也,机渐而往⑤,俄而东西易面,人不自知也。故墨子见衢路而哭之⑥,悲一跬而谬千里也⑦。

【注释】

①傲:傲慢,指忽视。

②老聃(dān)：即老子，春秋时哲学家，道家学说的开创者，有《老子》一书传世。

③为之于未有，治之于未乱：见《老子》第六十四章。

④管仲：即管子，春秋时政治家，齐国国相，辅佐齐桓公成就霸业，有《管子》一书传世。

⑤机渐："机"是"积"的误字。积渐，逐渐，渐渐。

⑥墨子：墨翟，春秋战国时期思想家，墨家学说的开创者，有《墨子》一书传世。衢(qú)：四通的道路。

⑦跬(kuǐ)：半步。

【译文】

好的事情不能认为小就没有益处，坏的事情不能认为小就没有害处。并不是做一件小的好事足以对天下有利，做一件小的坏事足以扰乱国家。轻视事情的开始，忽视微小的方面，发展下去必定至于大乱，所以统治者对小事都很慎重。人们登上高处一定会远望，面临深渊一定会小心注视，并不是人生性爱注视要远望，而是形势使然。事情会形成奸邪，形势会引发灾祸。老子说："在事情没有发生之前就加以防范，在没有变乱之前就加以治理。"管子说："在祸患没有形成之前加以防备是上策。俗语说：'火焰刚刚烧起时不扑灭，熊熊燃烧时还能怎么办？萌芽的时候不砍伐，将来砍伐会折断斧子柄。'用智谋把祸患消灭在萌芽状态，是次一等的策略。"事情朝坏乱的方向发展，如同地形迷惑人一样。逐渐前往，忽而东忽而西改变了方向，人们却未察觉。因此墨子遇到四通八达的道路就会哭，悲伤的是走错一步就会走错千里。

　　昔者卫侯朝于周，周行问其名①，曰："卫侯辟彊。"周行还之，曰："启彊、辟彊②，天子之号也，诸侯弗得用。"卫侯更其名曰燬③，然后受之。故善守上下之分者，虽空名弗使逾焉。

【注释】

①行:"行"下,《史记·卫世家》、《汉书·文帝纪》注引《贾谊书》有"人"字。行人,官名,掌管宾客礼仪,《周礼·秋官》有大行人、小行人之分。

②彊:通"疆",疆域,疆土。

③燬(huǐ):同"煅",义为烈火。

【译文】

从前卫侯去朝见周王,周行人问他的名字,回答说:"是卫侯辟彊。"周行人辞退他说:"启彊、辟彊,是天子的名号,诸侯不能用。"卫侯改名叫作"燬",周行人这才接待了他。所以善于守住上下等级名分的人,即使是空名也不允许超越。

古者周礼,天子葬用隧,诸侯县下^①。周襄王出逃伯斗^②,晋文公率师诛贼,定周国之乱,复襄王之位。于是襄王赏以南阳之地^③。文公辞南阳,即死得以隧下。襄王弗听,曰:"周国虽微,未之或代也。天子用隧,伯父用隧^④,是二天子也。以地为少,余请益之。"文公乃退。

【注释】

①县下:吊棺下葬。县,同"悬"。

②周襄王出逃:周襄王八年(前634),因狄后私通子带,贬黜狄后,狄人借机来侵犯,周襄王出逃。伯斗:卢文弨认为是衍文。章太炎认为"斗"通"主",伯主即霸主,指晋文公,当属下读。

③南阳:地名,在今河南境内。

④伯:公、侯、伯、子、男五等爵位名之一,当时晋文公爵位为伯。

【译文】

古代周朝的礼仪，天子的葬礼用地下开掘的墓道安葬，诸侯的葬礼用墓坑吊棺安葬。周襄王出逃，霸主晋文公率领军队消灭贼寇，平定了周王室的祸乱，恢复了周襄王的君位。于是周襄王把南阳的土地赏赐给晋文公。文公不接受赏赐，请求死后能用墓道安葬。襄王不答应，说："周王室虽然衰微，还没有谁能取代它。天子用墓道安葬，诸侯也用墓道安葬，是有两个天子。如果认为土地少了，请允许我再增加。"文公只好退出。

礼，天子之乐宫县①，诸侯之乐轩县②，大夫直县③，士有琴瑟。叔孙于奚者，卫之大夫也。曲县者④，卫君之乐体也；繁缨者⑤，君之驾饰也。齐人攻卫，叔孙于奚率师逆之，大败齐师。卫于是赏以温⑥，叔孙于奚辞温，而请曲县、繁缨以朝，卫君许之。孔子闻之，曰："惜乎！不如多与之邑。夫乐者所以载国，国者所以载君。彼乐亡而礼从之，礼亡而政从之，政亡而国从之，国亡而君从之。惜乎！不如多予之邑。"

【注释】

①宫县：四面悬挂乐器。宫，房屋，四面有墙。县，悬挂。

②轩县：三面悬挂乐器。轩，车厢，三面有墙板。

③直县：又作"特县"，一面悬挂乐器。

④曲县：同"轩县"。

⑤繁缨：装饰马身的大带。

⑥温：地名，在今河南温县境内。

【译文】

周代的礼制，天子奏乐四面悬挂乐器，诸侯奏乐三面悬挂乐器，大夫奏乐一面悬挂乐器,士用琴瑟演奏。叔孙于奚,是卫国的大夫。三面悬挂乐器,是卫国国君奏乐的等级;繁缨,是国君车驾的装饰。齐国人攻打卫国,叔孙于奚率领军队迎战,把齐国军队打得大败。卫国于是把温的土地赏赐给叔孙于奚,叔孙于奚不接受赏赐,而请求按曲县、繁缨的等级朝见。孔子听说这件事,说:"可惜啊! 不如多给些城邑。乐制是维系国家体制的,国家体制是维系君主的。乐制消亡了礼制也跟着消亡,礼制消亡国家政制也跟着消亡,国政消亡君主也跟着灭亡了。可惜啊! 不如多给些城邑。"

宓子治亶父①,于是齐人攻鲁,道亶父。始,父老请曰:"麦已熟矣,今迫齐寇,民人出自艾傅郭者归,可以益食,且不资寇。"三请,宓子弗听。俄而,麦毕资乎齐寇。季孙闻之②,怒,使人让宓子曰:"岂不可哀哉! 民乎寒耕热耘,曾弗得食也。弗知犹可,闻或以告,而夫子弗听。"宓子蹴然曰③:"今年无麦,明年可树。令不耕者得获,是乐有寇也。且一岁之麦,于鲁不加强,丧之不加弱。令民有自取之心,其创必数年不息。"季孙闻之,惭曰:"使穴可入,吾岂忍见宓子哉!"

【注释】

①宓(mì)子:孔子弟子,名不齐,字子贱。春秋鲁人,性仁爱,有才智,孔子称之为君子,后世追封为单父侯。亶(dǎn)父:即单父,在今山东单县南。

②季孙:季孙宿,鲁国大夫。

③蹴(cù)然:惊惭不安貌。

【译文】

宓子贱治理单父,当时齐国人攻打鲁国,经过单父。开始,单父的父老乡亲请求说:"麦子已经成熟了,如今齐国进攻我国,让老百姓自己出城去收割城边的麦子,可以补充粮食,而且不资助侵略者。"再三请求,宓子贱不答应。不久,麦子全部被齐国入侵者收割去了。季孙宿听说了这件事很生气,派人责备宓子贱说:"难道不值得悲哀吗? 百姓冒着寒暑耕种,竟然自己吃不上。不知道也罢了,已经听到有人报告了,而您却不同意。"宓子贱吃惊地说:"今年没有麦子,明年还可以种,让不耕种的人去收获别人种的麦子,这是让百姓为有外敌入侵而高兴。再说一年收获的麦子,并不增强鲁国的实力,失去了也不会减弱国力。让百姓产生夺取的想法,那种伤害必定好多年都不能止息。"季孙宿听说,非常惭愧,说:"真想有地洞可钻,我哪有脸面见宓子贱啊!"

故明者之感奸由也蚤,其除乱谋也远,故邪不前达。

【译文】

因此明智的人觉察奸邪的源头很早,消除祸乱阴谋的措施也久远,所以奸邪不会在眼前发生。

阶级事势

【题解】

"阶级",台阶,比喻等级制度。本篇主张建立严格的等级制度,天子至于庶人,各有等级,不得僭越,礼遇大臣,分别对待,以磨砺臣下礼义廉耻的节操,臣下就会修缮节行报答君主。《汉书·贾谊传》记载,"是时丞相绛侯周勃免就国,人有告勃谋反,逮系长安狱治。卒无事,复爵邑,故贾谊以此讥上",是本篇的写作背景。

人主之尊,辟无异堂陛①,陛九级者,堂高大几六尺矣。若堂无陛级者,堂高殆不过尺矣。天子如堂,群臣如陛,众庶如地,此其辟也。故堂之上,廉远地则堂高,近地则堂卑。高者难攀,卑者易陵,理势然也。故古者圣王制为列等,内有公、卿、大夫、士②,外有公、侯、伯、子、男,然后有官师、小吏③,施及庶人,等级分明,而天子加焉,故其尊不可及也。

【注释】

①辟:同"譬"。堂:古代房屋的正厅,前堂后室。陛:堂前两边的台阶。

②"公、卿"及下文"公、侯"等：根据《礼记·王制》，王国设立公、侯、伯、子、男五等爵位，诸侯设立上大夫、下大夫、上士、中士、下士五等爵位。

③官师：管理具体事务的下级官吏。

【译文】

人主的尊贵，与厅堂和台阶没有什么不同，台阶九级，厅堂的高度将近六尺了。假如厅堂没有台阶，厅堂的高度大概不超过一尺。天子如同厅堂，群臣如同台阶，民众如同地面，这是很贴切的比方。厅堂之上，堂基离地面远厅堂就高，接近地面厅堂就低。高的难以攀登，低的容易跨越，事理形势就是这样。因此古代圣明的君王制定等级，朝廷之内有公、卿、大夫、士，朝廷之外诸侯有公、侯、伯、子、男，下面有官师、小吏，一直到庶民，等级分明，而天子位置在最上面，所以尊贵无人可及。

鄙谚曰："欲投鼠而忌器。"此善喻也。鼠近于器，尚惮而弗投，恐伤器也，况乎贵大臣之近于主上乎！廉丑礼节以治君子，故有赐死而无戮辱。是以系、缚、榜、笞、髡、刖、黥、剔之罪①，不及士大夫，以其离主上不远也。礼，不敢齿君之路马②，蹴其刍者有罪；见君之几杖则起，遭君之乘舆则下，入正门则趋；君之宠臣虽或有过，刑戮不加其身，尊君之势也。此则所以为主上豫远不敬也，所以体貌群臣而厉其节也。今自王、侯、三公之贵，皆天子之改容而礼也。古天子之所谓伯父、伯舅也，今与众庶、徒隶同黥、剔、髡、刖、笞、傌、弃市之法③，然则堂下不亡陛乎？被戮辱者不太迫乎？廉耻不行也，大臣无乃握重权，大官而有徒隶无耻之心乎？夫望夷之事④，二世见当以重法者⑤，投鼠而不忌器之习也。

【注释】

①系:用绳索系颈。缚:捆绑。榜(bēng):击打。笞(chī):用竹条鞭
打。髡(kūn):剃光头发。刖(yuè):砍去脚。黥(qíng):刺面涂墨
作印记。劓(yì):割掉鼻子。

②齿:指查看牙齿以计算年龄。路马:驾车的马。路,车,天子的车
称大路。

③傐(mù):同"骂"。潭本作"系"。建本作"僇",杀戮。

④望夷:望夷宫,秦宫名。赵高派女婿阎乐逼迫秦二世在望夷宫
自杀。

⑤当:判罪。

【译文】

俗语说:"想打老鼠顾忌打破了器物。"这是最好的比喻。老鼠靠近
器物,尚且不敢打,是害怕打破了器物,何况是靠近君主的尊贵大臣呢!
廉耻礼节用来治理君子,因此只有赐死而不公开处死或羞辱。因此系、
缚、榜、笞、髡、刖、黥、劓这些刑罚,不施加到大夫身上,因为他们离主
不远。礼制规定,不准查看君主驾车的马匹的牙口以计算年龄,践踏喂
马的草料有罪;看见君主用的几杖要起身敬立,遇见君主的车驾要下
车,进入君主宫殿的正门要快步行走;君主宠幸的大臣犯了过错,不对
他施加刑戮,为了尊崇君主的威势。这些都是为了预先为君主远离不
敬的行为,是为了用礼节对待大臣从而培养他们的节操。如今诸侯王、
侯、三公的高位,都是天子要整肃仪容以礼相待的。古代天子称为伯
父、伯舅的人,现在与平民百姓、刑徒隶卒同样使用黥、劓、髡、刖、笞、
傐、弃市的刑罚,这样不是如同厅堂之下没有台阶吗? 被杀戮羞辱的人
不是太接近君主了吗? 廉耻之操守得不到遵行,大臣岂不是徒握重权
却同一般的刑徒隶卒一样有一颗不知廉耻之心吗? 望夷宫发生的事
情,秦二世被重法判罪,就是打老鼠而不顾忌器物的恶习造成的。

　　臣闻之曰：履虽鲜弗以加枕，冠虽弊弗以苴履①。夫尝以在贵宠之位，天子改容而尝体貌之矣，吏民尝俯伏以敬畏之矣。今而有过，令废之可也，退之可也，赐之死可也。若夫束缚之，系绁之②，输之司空③，编之徒官④，司寇、牢正、徒长、小吏骂詈而榜笞之⑤，殆非所以令众庶见也。夫卑贱者习知尊贵者之事，一旦吾亦乃可以加也，非所以习天下也，非尊尊贵贵之化也。夫天子之所尝敬，众庶之所尝宠，死而死尔，贱人安宜得此而顿辱之哉！

【注释】

①苴（jū）：草。这里用作动词，垫。

②绁（xiè）：绳索。这里用作动词，牵系。

③司空：掌管徭役的官。

④徒官：主管刑徒的官署。

⑤司寇：掌管刑罚的官。牢正：监狱长，司寇下属官吏。徒长：刑徒之长，司寇下属官吏。

【译文】

　　臣下听说过：鞋子虽然漂亮不放在枕头上，帽子虽然破旧不用来垫鞋子。大臣曾经处在高贵宠幸的位置，天子曾经整肃容貌以礼相待，官吏百姓曾经俯伏在地表示敬畏。如今犯了过错，下令废除是可以的，黜退也是可以的，赐他死去也是可以的。如果捆绑起来，牵着送给司空，排在刑徒的行列，司寇、牢正、徒长、小吏辱骂他，鞭打他，这大概不是能让百姓看到的事情。卑贱的人很清楚高贵的人的事情，有朝一日也就可以那样对待高贵的人，这不是用来教化天下的方法，不是尊重上级的风气。那些天子曾经敬重的人，百姓曾经爱戴的人，死就死掉算了，下贱的人哪能这样侮辱他们呢？

　　豫让事中行之君①,智伯伐中行,灭之,豫让移事智伯。及赵灭智伯,豫让釁面变容②,吸炭变声,必报襄子,五起而弗中,襄子一夕而五易卧。人问豫让,让曰:"中行众人畜我,我故众人事之;智伯国士遇我,故为之国士用。"故此一豫让也,反君事仇,行若狗彘,已而折节致忠,行出乎烈士,人主使然也。故人主遇其大臣如遇犬马,彼将犬马自为也;如遇官徒,彼将官徒自为也。顽顿无耻,僕苟无节③,廉耻不立,则且不自好,则苟若而可,见利则趋,见便则夺,主上有败,困而揽之矣;主上有患,则吾苟免而已,立而观之耳;有便吾身者,则欺卖而利之耳。人主将何便于此? 群下至众,而主至少也,所托财器职业者率于群下也。但无耻,但苟安,则主最病。

出了烈士，人主使得他会这样。所以人主对待大臣如同犬马，他们就会像犬马一样去做；对待他们如同官徒，他们就会像官徒那样去做。不通事理没有廉耻，厚颜无耻没有节操，没有廉耻，就会不追求善行，就会得过且过，见利就跑去争，见好处就去夺，主上有危难，乘机夺取权力；主上有祸患，只顾保全自身，站在一边观望；只要对自身有利，就欺骗出卖以渔利。君主在这种情况下有什么好处呢？下臣特别多，君主特别少，财产职位都掌控在下臣手中。大家都无耻，都苟且偷安，那么主上最受害。

　　故古者礼不及庶人，刑不至君子，所以厉宠臣之节也。古者大臣有坐不廉而废者，不谓曰不廉，曰"簠簋不饰"①。坐污秽男女无别者，不谓污秽，曰"帷薄不修"②。坐罢软不胜任者，不谓罢软，曰"下官不职"。故贵大臣定有其罪矣，犹未斥然正以呼之也，尚迁就而为之讳也。故其在大谴大诃之域者，闻谴诃则白冠牦缨③，盘水加剑，造清室而请其罪尔，上弗使执缚系引而行也。其中罪者，闻命而自弛，上不使人颈盭而加也。其有大罪者，闻命则北面再拜，跪而自裁，上不使人捽抑而刑也。曰："子大夫自有过耳！吾遇子有礼矣。"遇之有礼，故群臣自喜；厉以廉耻，故人务节行。上设廉耻礼义以遇其臣，而群臣不以节行而报其上者，即非人类也。

【注释】

①簠簋(fǔ guǐ)：放置祭品的竹制器皿，方形为簠，圆形为簋。

②帷：帷幔。薄：帘子。

③白冠牦(máo)缨：丧礼的服饰。白冠，生丝做的帽子。牦缨，长毛

编织的帽带。

【译文】

所以古代礼不施加给普通百姓,刑罚不施加给君子,这是为了培养宠幸大臣的节操。古时候大臣有因为不廉洁而免职的,不叫作不廉洁,叫作"器具不整饰"。有因为男女关系混乱的,不叫作男女关系混乱,叫作"帷簿不严谨"。因为软弱无能不称职的,不叫作不称职,叫作"下属不称职"。所以尊贵大臣确实犯了罪,仍然不直接指责他的罪名,是迁就他的面子为他隐讳。所以那些犯了重罪属于谴责对象的人,一旦听到谴责就戴上白帽子,系着牦牛尾做成的长帽带,盘子里装着水,上面摆着宝剑,到请罪的狱室去请罪,君王不派人去捆绑他牵着行走。那些犯了中等罪行的,听到判令就自己绑起来,君王不派人揪住脖子进行捆绑。那些犯了大罪的,听到判令就朝北拜两拜,跪着自杀,君王不派人揪住头发按下头施以刑罚。这就是所说的:"你做大夫的虽有过错,我对你是依礼法行事的。"君王对他们以礼相待,因而群臣就自尊自爱;用廉耻加以激励,因而人人注重节操的行为。君王用礼义廉耻对待群臣,而群臣不用节操义行来报答君王的,就不能算作人了。

故化成俗定,则为人臣者,主丑亡身①,国丑忘家,公丑忘私。利不苟就,害不苟去,唯义所在,主上之化也。故父兄之臣诚死宗庙,法度之臣诚死社稷,辅翼之臣诚死君上,守卫捍敌之臣诚死城郭封境。故曰"圣人有金城"者,比物此志也②。彼且为我死,故吾得与之俱生;彼且为我亡,故吾得与之俱存;夫将为我危,故吾得与之皆安。顾行而忘利,守节而服义,故可以托不御之权,可以托五尺之孤③,此厉廉耻、行礼义之所致也,主上何丧焉! 此之不为,而顾彼之行,故曰可为长太息者也。

【注释】

①丑:建本作"丑",诸本皆作"尔",《汉书》作"耳"。章太炎、刘师培
　认为"丑"训耻。耻辱,指遭受灾难。

②比物:用事物类比。

③五尺之孤:指幼小的君主。古代一尺相当于今天六寸多。

【译文】

　　因此,教化成功风俗稳定,那么作为人臣的,君主遭受灾难会舍命去救助,国家遭受危难会忘却家庭利益,公共利益受到危害会忘却个人利益。遇到利益不随便获取,遇到危害不随便逃避,以道义作为标准,这是主上教化的结果。因此宗亲大臣诚心为宗庙代表的统治王权去死,执掌法度的大臣诚心为国家去死,辅佐的大臣诚心为君主去死,保卫国家抵御外寇的大臣诚心为守卫疆土去死。所以说"圣人有铜墙铁壁",就是比喻这种意志。大臣们将为我去死,因而我能与他们一起活下来;他们将要为我献身,因而我能与他们共存;他们将要为我奔赴危难,因而我能与他们一起获得平安。考虑德行而忘记利益,守住节操而服从道义,因而可以交付权力而无须驾驭,可以托付幼小的君主让他们辅佐,这是培养廉耻、实行礼义的结果,君主有什么损失呢?这样重要的事情不去做,反而干些相反的事,所以说令人长叹息啊!

卷 三

俗激事势

【题解】

"俗激",风俗令人激愤。《汉书·礼乐志》记载当时"风俗流溢",即社会风气骄奢淫逸。文中列举大量事实,世俗流失败坏,侈靡之风盛行,抛弃礼义廉耻,有亡秦的遗风。指出解决的方法必须移风易俗,建立制度,设立君臣上下之分,父子六亲遵守礼仪纲纪,才能使社会长治久安。

大臣之俗,特以牍书不报①,小期会不答耳②,以为大故不可矣。天下之大指,举之而激。俗流失,世坏败矣,因恬弗知怪,大故也。加刀笔之吏③,务在筐箧,而不知大体。陛下又弗自忧,故如此哉!

【注释】

①牍书:简牍文书,指钱粮出纳的表册。

②期会:约定时间的聚会。

③刀笔之吏:抄写文书的小官员。刀,刻字所用。笔,抄写所用。

【译文】

大臣的风气,只把报表不及时、约会不到场当作大事,不允许去做。

天下时俗总的趋向,列举出来令人激愤。那些好的风俗逐渐失去,世风
败坏的情况日甚一日,可是大臣却不以为怪,这才是最大的弊端啊！再
加上那些刀笔小吏,埋头处理文案,而不知道治理的根本问题。陛下自
己又不操心这些事,所以才导致这种情况啊！

　　夫邪俗日长,民相然席于无廉丑,行义非循也。岂为人
子背其父,为人臣因忠于君哉？岂为人弟欺其兄,为人下因
信其上哉？陛下虽有权柄事业,将何寄之？管子曰：“四
维①,一曰礼,二曰义,三曰廉,四曰丑。”“四维不张,国乃灭
亡。”使管子愚无识人也则可,使管子而少知治体,则是岂不
可为寒心！今世以侈靡相竞,而上无制度,弃礼义,捐廉丑,
日甚,可谓月异而岁不同矣。逐利乎否耳,虑非顾行也。今
其甚者,刭大父矣②,贼大母矣③,踝妪矣④,刺兄矣。盗者虑
探柱下之金,掇寝户之帘⑤,攘两庙之器⑥,白昼大都之中剽
吏而夺之金⑦。矫伪者出几拾万石粟,赋六百余万钱,乘传
而行诸侯⑧,此其无行义之尤至者已。其余猖蹶而趋之者,
乃豕羊驱而往。是类管子谓“四维不张”者与！窃为陛下
惜之。

【注释】

①维：网上的大绳,泛指纲领。

②刭(jǐng)：刀割脖子。

③贼：残害,指杀死。

④踝：通“剐”,割。妪：母。

⑤掇(duó)：通“剟”,割取。

⑥攓(qiān)：取。两庙：指高帝庙、惠帝庙。

⑦剽：抢劫。

⑧传(zhuàn)：传车，古代驿站递送文书用的专车。

【译文】

　　淫邪的风气一天天增长，人民互相安于无廉耻，不按道义做事。难道有做儿子的背叛父亲，做人臣时能忠于君主吗？难道有做弟弟的欺骗哥哥，做臣下时能对上级讲忠信吗？陛下虽然有国家权力和大业，将交给谁来管理呢？管子曾说："治理国家有四种纲领，第一个叫作礼，第二个叫作义，第三个叫作廉，第四个叫作耻。""四种纲领不建立，国家将会灭亡。"如果管子是个愚笨没有见识的人就算了，如果管子稍微懂得治国的根本，那么不是为之寒心吗？如今世俗奢侈成风，而朝廷没有相关的制度，抛弃礼义廉耻，一天比一天厉害，可以说是月月在变化年年都不同啊！大家都在争逐利益，不顾及德行。如今厉害的，发展到杀害祖父，残害祖母，伤害养母，刺杀兄长的恶劣行为。偷东西的掘取房屋柱子下面的金子，割取房门上的帘子，抢掠两庙的祭器，光天化日在大都市里抢劫官吏夺取金钱。伪造官府的命令，冒领几十万石粮食，征收六百多万税金，乘着驿站的传车巡视各个诸侯国，这些都是没有德行中最严重的罢了。其余那些横行无忌从事非法活动的人，像驱赶的猪群羊群一样多。这不正是管子所说的"四种纲领不建立"的状况吗？私下为君主惋惜。

　　以臣之意，吏虑不动于耳目，以为是时适然耳。夫移风易俗，使天下移心而向道，类非俗吏之所能为也。陛下又不自忧，窃为陛下惜之。夫立君臣，等上下，使父子有礼，六亲有纪①，此非天之所为，人之所设也。夫人之所设，弗为不立，不植则僵②，不循则坏③。秦灭四维不张，故君臣乖而相攘，上下乱僭而无差，父子六亲殃僇而失其宜，奸人并起，万民离畔，凡十三岁而社稷为墟。今四维犹未备也，故奸人冀幸，而众下疑惑矣。岂如今定经制④，令主主臣臣，上下有差，父子六亲各得其宜，奸人无所冀幸，群众信上而不疑惑哉！此业一定，世世常安，而后有所持循矣。若夫经制不定，是犹渡江河无维楫，中流而遇风波也，船必覆矣。悲夫！备不豫具之也，可不察乎？

【注释】

①六亲：六种亲属。说法不一，比较通行的说法指父、母、兄、弟、妻、子。本书《六术》篇指父子、兄弟、从父兄弟、从祖兄弟、从曾祖兄弟、同族兄弟。

②植：培植，扶持。僵：倒下，指死亡。

③循：潭本作“修”，治理。

④经制：常规制度，指重要法度。

【译文】

依照臣下的想法，官吏们大都视而不见听而不闻，认为时下正是这样。移风易俗，使天下人改变思想归向道义，大概不是这些低俗的官吏们能做到的。皇上又不为此忧虑，私下为皇上感到可惜。建立君臣关系，划分上下等级，使父子之间讲礼义，六亲之间有纲纪，这不是上天安排的，而是由人类社会去建造的。正由于这些是由人类社会建造的，不去建造就不能建立，建立之后不去扶植也会毁掉，不去遵守就会败坏。秦朝去除礼义廉耻四种纲领，因而君臣背弃并互相争夺，上下超越等级不遵秩序，父子六亲互相祸害杀戮失去遵循之道，奸人纷纷出现，百姓离心离德反叛，总共只有十三年国家就灭亡了。如今四种治国纲领还没有确立，所以奸人心存侥幸，而臣民心存疑心。不如趁现在确定法度常规,使君主是君主,大臣是大臣,上下有等级差别,父子六亲各得其所,奸人无法产生侥幸之心,臣民信任君主而不疑惑呢? 此种法规一旦确立,汉王朝就会世世代代长久安宁,并且后代有前代的经验可以作为依据来遵循。假如法度常规不确定,就好比渡过江河没有绳索和船桨,中流遇到风浪一样,船必定会翻掉。可悲啊! 防备的措施不事先做准备,能不审察吗?

时变事势

【题解】

　　"时变",时俗的变化。本篇作于《俗激》篇之后,进一步从秦代世俗讨论汉代世俗的问题。秦代世俗败坏,相信兼并之法,追求进取之业,不知守成之术,以致迅速灭亡。汉代世俗看重空爵轻视良民,奢侈成风,重用奸人,如果不采取措施,将蹈亡秦之覆辙。

　　秦国失理,天下大败,众掩寡,知欺愚,勇劫惧,壮凌衰;攻击夺者为贤①,贵人善突盗者为忻②,诸侯设诏而相饬,设辑而相绍者为知③,天下乱至矣! 是以大贤起之,威振海内,德从天下,曩之为秦者,今转而为汉矣。

【注释】

①攻:俞樾认为通"工",善于。

②贵人:俞樾认为是衍文。突盗:诈欺。忻(xīn):俞樾认为是"哲"字之误。哲,智。

③辑(fú):连接车轮和车厢的伏兔,比喻设圈套互相倾轧。绍:紧紧纠结。孙诒让认为绍通"绐",欺骗。

【译文】

　　秦国治理失去正道，以致天下非常败坏，人多的夺取人少的，聪明的欺骗愚笨的，胆大的抢劫胆小的，强壮的欺侮衰弱的；把善于打斗侵夺的当作贤能，把善于欺诈偷盗的当作聪明，诸侯们把阿谀奉承互相吹捧，设下圈套互相欺骗的当作智慧，天下乱到极点了。因此大贤人出现了，威名震动海内，恩德使天下归顺，过去属于秦朝的，现在一变属于汉朝了。

　　今者何如？进取之时去矣，并兼之势过矣。胡以孝悌循顺为？善书而为吏耳。胡以行义礼节为？家富而出官耳。骄耻偏而为祭尊①，黥劓者攘臂而为政。行惟狗彘也，苟家富财足，隐机盱视而为天子耳②。唯告罪昆弟，欺突伯父，逆于父母乎？然钱财多也，衣服循也③，车马严也④，走犬良也，矫诬而家美，盗贼而财多，何伤？欲交，吾择贵宠者而交之；欲势，择吏权者而使之。取妇嫁子，非有权势，吾不与婚姻；非贵有戚，不与兄弟；非富大家，不与出入。因何也？今俗侈靡，以出相骄出伦逾等⑤，以富过其事相竞。今世贵空爵而贱良，俗靡而尊奸；富民不为奸而贫为里骂，廉吏释官而归为邑笑；居官敢行奸而富为贤吏，家处者犯法为利为材士。故兄劝其弟，父劝其子，则俗之邪至于此矣。

【注释】

　①祭尊：主持祭祀的人，多由德高望重的长者担任。

　②隐机：倚着坐几。机，通"几"。盱（xū）：张目。

　③循：善，美好。

　④严：整，指装备好。

⑤以出相骄出伦逾等：俞樾认为此句当作"以出伦逾等相骄"，上"出"字为衍文。

【译文】

现在情形如何呢？夺取天下的时代过去了，兼并各国的形势也过去了。在这种情形下，人们还怎么孝敬父母、尊敬兄长、遵循规矩、服从上级呢？能写好字就可以当个小官了。还讲究德行礼仪节操干什么？家里有钱就可以做官了。骄横无耻奸邪的人能主持祭祀，刺面割鼻子的罪犯也能主持政务。行为如猪狗一般的，只要家里富裕财产足，就隐藏起险恶用心暗中盯着天子手中的权柄。出卖兄弟，顶撞伯父，叛逆父母有什么关系呢？只要钱财多、衣服漂亮、车马齐整、猎犬精良就行了。欺骗诽谤、偷盗抢劫，只要家境美好、钱财很多，又有什么关系呢？要交朋友，选择那些地位高受宠幸者与之交往；想要权势，选择那些有权的官吏与他们结交。娶媳妇和嫁女儿，没有权势，不与他通婚；不是皇亲贵戚，不与他结拜兄弟；不是豪富大家，不与他来往。为什么会出现这种情况呢？当今世俗奢侈铺张，以超出别人作为炫耀的资本，以超过实际需要显露财富互相攀比。现在看重徒有虚名的爵位而看不起驯良，风气奢靡而崇尚奸邪；富有的平民不搞歪门邪道陷入贫穷就会被乡邻辱骂，廉洁的官吏退职回家被街坊耻笑；做官者敢做坏事而富有的被尊为好官，不做官者因为图财利而犯法便被奉为有材之士。所以在行奸妄之事方面，哥哥鼓励弟弟，父亲鼓励儿子，风气已经败坏到了如此地步。

商君违礼义①，弃伦理，并心于进取，行之二岁，秦俗日败。秦人有子，家富子壮则出分，家贫子壮则出赘②。假父耰锄杖彗耳③，虑有德色矣；母取瓢椀箕帚④，虑立谇语⑤。抱哺其子，与公并踞；妇姑不相说，则反唇而睨。其慈子嗜利而轻简父母也,念罪非有伦理也,其不同禽兽儦焉耳⑥。然犹并心而赴时者,曰功成而败义耳。蹶六国,兼天下,求得矣,然不知反廉耻之节、仁义之厚,信并兼之法,遂进取之业,凡十三岁而社稷为墟。不知守成之数、得之之术也,悲夫!

【注释】

①商君:商鞅,姓公孙名鞅,战国时卫人,少好刑名之学,先事魏相公叔痤,后入秦辅佐秦孝公,定变法之令,废井田,开阡陌,改赋税之法,使秦国富强,封于商地,号商君,后被惠文王诛。

②赘:男方到女方家落户。

③櫌(yōu):农具名。状如槌,用以击碎土块,平整土地和覆种。

④椀:同"碗"。

⑤诶(suì):责问。

⑥儦:同"仅"。

【译文】

商鞅违背礼义,抛弃伦理,一心要夺取天下,变法施行两年,秦国风俗一天天败坏。秦国人有了儿子,家庭富裕儿子成年了就分家,家庭贫穷儿子成年就去做上门女婿。借给父亲锄头扫帚,总有要父亲感恩的神色;母亲借水瓢饭碗簸箕扫帚,总是要责问一番。抱孩子喂奶,与公公并排坐着;儿媳和婆婆不和睦,就瞪着眼睛顶嘴。那些人爱其子女贪取财利却轻慢父母,他们还能认识到自己不讲伦理,仅在这一点上他们与禽兽有所不同。人们同心协力趋赴时势的原因,在于他们认为为获得功利仁义是可以败坏的。秦国打垮了六国,兼并了天下,追求的东西得到了,但是功成之后却不知道重新恢复廉耻节操和仁义,仍然笃信兼并之法,所以夺取天下十三年之后国家就成为废墟。不懂得坚守功业的手段和获得政权后的治国方略,可悲啊!

瑰玮事势

【题解】

　　"瑰玮",本是美玉,引申为美好,文中指瑰政和玮术。瑰政,指当时的治政,即予民而民愈贫,衣民而民愈寒,使民乐而民愈苦,使民知而民愈不知避悬网。玮术,是贾谊提出的医治"瑰政"的良方,即夺民而民益富也,不衣民而民益暖,苦民而民益乐,使民愈愚而民愈不罹悬网。两相对比,劝主上去瑰政行玮术。本篇针对当时人民弃农从商而发。

　　天下有瑰政于此:予民而民愈贫,衣民而民愈寒,使民乐而民愈苦,使民知而民愈不知避县网①,甚可瑰也!今有玮术于此:夺民而民益富也,不衣民而民益暖,苦民而民益乐,使民愈愚而民愈不罹县网。陛下无意少听其数乎!

【注释】

　　①县网:悬挂的网,比喻法网。县,同"悬",下同。

【译文】

　　这里有治理天下最奇怪的方法:给人民的越多人民却更贫困,给人民衣服穿人民却更寒冷,使人民快乐人民却更痛苦,使人民聪明人民却越不知道避开法网,真是很奇怪的方法啊!现在有奇特的治理方法:剥夺人民人民却更加富裕,不给人民衣服穿人民却更暖和,使人民痛苦人民却更快乐,使人民愚昧人民却越不会触犯法网。皇上不想稍稍听一听其中的道理吗?

　　夫雕文刻镂周用之物繁多①,纤微苦窳之器日变而起②,民弃完坚而务雕镂纤巧,以相竞高。作之宜一日,今十日不轻能成;用一岁,今半岁而弊。作之费日,挟巧用之易弊。不耕而多食农人之食,是天下之所以困贫而不足也。故以末予民,民大贫;以本予民,民大富。

【注释】
　　①周用:足用,满足使用。
　　②苦窳(yǔ):粗制滥造,质量低劣。

【译文】
　　那些雕刻花纹满足使用的器物繁多,外表精细质量低劣的用品天天变化出现,人民制作器物放弃完好牢固而追求雕刻精巧,互相比赛技艺高超。本来一天就做好的,现在十天也轻易不能做成;本来能用一年,现在用了半年就坏了。制作花费时日,使用起来容易损坏。很多人不种田却吃农民的粮食,这是天下贫困粮食不够的原因。所以让百姓从事商业,百姓会非常贫困;让百姓从事农业,百姓会非常富裕。

　　黼黻文绣纂组害女工①,且夫百人作之,不能衣一人,方且万里不轻能具天下之力,势安得不寒?世以俗侈相耀,人慕其所不如,悚迫于俗,愿其所未至,以相竞高,而上非有制度也。今虽刑余鬻妾下贱,衣服得过诸侯、拟天子,是使天下公得冒主而夫人务侈也。冒主务侈,则天下寒而衣服不足矣。故以文绣衣民而民愈寒，以褫民^②，民必暖而有余布帛之饶矣。

【注释】

①黼黻(fǔ fú)：织绣的花纹。纂组：编织的丝带。

②褫(chǐ)：夺去衣服。

【译文】

刺绣衣服丝带害苦了女工，况且一百人制作，不能供一个人穿衣所需，再说中国地域广大，即使集天下所有人的力量来纺织恐怕也不能满足社会的需求，这种情势下百姓怎么能不挨冻呢？世俗追求奢侈互相炫耀，受风气牵制感到害怕，追求自己还没有的东西，互相攀比，而朝廷没有制度来制约。现在即使是受过肉刑的罪犯，被卖的小妾之类下贱的人，穿的衣服超过诸侯、与天子不差上下，这样使得天下人公然冒犯主上，人人追求奢华了。冒犯主上力求奢华，那么就自然使得天下人就挨冻而衣服不够穿了。因此，把绣花衣裳给老百姓穿，老百姓就越寒冷；不让百姓穿绣花衣裳，百姓反而会暖和，而且有充裕的布帛丝绸。

　　夫奇巧末技、商贩游食之民，形佚乐而心县愆^①，志苟得而行淫侈，则用不足而蓄积少矣；即遇凶旱，必先困穷迫身。则苦饥甚焉。今驱民而归之农，皆著于本，则天下各食于力。末技、游食之民转而缘南亩^②，则民安性劝业而无县愆之心，无苟得之志，行恭俭蓄积而人乐其所矣。故曰"苦民而民益乐"也。

【注释】

①愆(qiān)：本为过失，这里指放散。

②南亩：南边向阳的土地，泛指农田。

【译文】

　　那些追求奇巧技艺的商贩及到处游历谋生的人，他们安逸享乐而心志放荡，只图轻易获取且行为奢侈，那么财用必然亏缺积蓄很少；一旦遇到灾荒，必定饥寒交迫痛苦不堪。如今把民众赶回去从事农业生产，使他们都从事本业，那么天下人都各食其力。那些从事技艺制作和贩卖的人转向农业生产，民众就会性情安定努力劳作而没有放荡之心，没有意外获取财务的非分之想，行事恭敬节俭有积余，人人安居乐业。所以说"使人民受苦人民却更加快乐"。

　　世淫侈矣，饰知巧以相诈利者为知士，敢犯法禁昧大奸者为识理①。故邪人务而日起，奸诈繁而不可止，罪人积下众多而无时已。君臣相冒，上下无辨，此生于无制度也。今去淫侈之俗，行节俭之术，使车舆有度，衣服器械各有制数。制数已定，故君臣绝尤而上下分明矣②。擅退则让，上僭者诛，故淫侈不得生，知巧诈谋无为起，奸邪盗贼自为止，则民离罪远矣。知巧诈谋不起，所谓愚。故曰"使愚而民愈不罹县网"。

【注释】

①昧：掩盖，隐藏。

②绝尤：完全不同。《管子·侈靡》："有知强弱之所尤。"注："尤，殊绝也。"

【译文】

　　世俗骄奢淫逸，用心智机巧骗取利益的人算作聪明人士，敢于冒犯法律禁令的隐瞒大奸大恶的算作懂事理的人。因而坏人一天天增多，奸邪越来越多无法制止,犯罪的越来越多没完没了。君臣互相欺骗,上下没有区别,这是来源于没有制度。现在如果消除奢侈的风气,实行节俭的手段,使车马有定制,衣服器具各有数量等级。数量等级一旦确定,那么君臣上下就会等级分明了。擅自降低标准受到批评,超越等级受到惩罚,这样奢侈的现象无法产生,智谋巧计无从出现,奸邪盗贼自然消失,民众就会远离犯罪。智谋巧计不产生,叫作愚昧。因此说"使人民愚昧人民却越不会触犯法网"。

孽产子事势

【题解】

"孽产子",婢妾所生的子女,即庶子。本篇从出卖庶子所穿的服饰等同于天子太后,揭示时俗的奢侈及其危害。《等齐》篇讲到,所持以别贵贱、明尊卑的标准,是等级、势力、号令、衣服几个方面,如今富人大贾庶子服太后之服,天子之服用来被墙,这是上下舛逆的行为。照此下去,百姓必受饥寒的逼迫,想要他们不为奸邪盗贼,是不可能的事,而向皇帝进献计策的人仍然说安定是最重要的,所以贾谊为此叹息而发论。

民卖产子,得为之绣衣编经履①,偏诸缘②,入之闲中③,是古者天子后之服也。后之所以庙而不以燕也,而众庶得以衣孽妾。白縠之表④,薄纨之里⑤,緁以偏诸⑥,美者黼绣,是古者天子之服也,今富人大贾召客者得以被墙⑦。古者以天下奉一帝一后而节适,今富人大贾屋壁得为帝服,贾妇优倡下贱产子得为后饰,然而天下不屈者,殆未有也。且帝之身,自衣皂绨⑧,而靡贾侈贵,墙得被绣;后以缘其领,孽妾以缘其履:此臣之所谓踦也⑨。

【注释】

①经：织。

②偏诸：衣服、鞋子、帘帷的花边。缘：滚边。

③闲：木栏、木笼。

④縠（hú）：细丝绸。

⑤纨（wán）：白色丝绸。

⑥緁（qiè）：缝。

⑦贾（gǔ）：商人。

⑧皂：黑色。绨（tì）：粗厚的丝织品。

⑨蹐（chuǎn）：同"舛"，错乱。

【译文】

　　平民卖婢妾生的女子，让她穿绣花的衣裳和鞋子，并绣有花边，站在木笼中，这是古代皇后穿的服饰。皇后只有在参加宗庙祭祀时才穿的衣服，现在平民拿来给庶妾穿。细绸的面子，白绸的里子，滚上花边，绣上漂亮的花纹，这是古代天子的衣服，如今豪富大商招待客人时装饰墙壁。古代用天下的财力奉养一位帝王一位皇后还要符合节制，如今豪富大商家的墙壁能披挂帝王的衣服，商人的妻子、妓女、庶子能穿帝后的服饰，像这样天下财力不会亏缺，大概是不会有的。再说皇帝您自己，只穿黑色的粗绸衣服，而奢华的商人贵族，墙壁能披上锦绣；皇后用做衣领的花边，庶妾用来做鞋子的花边：这些都是臣下所说的错乱啊！

　　且试观事理，夫百人作之，不能衣一人也，欲天下之无寒，胡可得也？一人耕之，十人聚而食之，欲天下之无饥，胡可得也？饥寒切于民之肌肤，欲其无为奸邪盗贼，不可得也。国已素屈矣，奸邪盗贼特须时尔，岁适不为①，如云而起耳。若夫不为见，室满胡可胜抚也？夫锗此而有安上者②，殆未有也。

【注释】

①为：成，收成，指丰收。

②锦（chún）：通"准"，依据。

【译文】

　　况且观察观察事理，一百人制作，不能供应一个人穿衣之需，想要天下人不受寒冻，怎么可能呢？一个人耕种，十个人都来吃，想要天下人不挨饿，怎么可能呢？民众饥寒交迫，想要他们不做坏事不去抢劫，是不可能的。国家财力已经亏缺了，坏人盗贼只不过在等待时机罢了，一旦年成不济，抢劫作乱的事情就会铺天盖地出现。假如年成不济，国家仓库里粮食再多，那些饥民又怎么能安抚得过来呢？按照这种情况，而能使主上安心的，大概是不可能的。

　　今也平居则无茈施①，不敬而素宽，有故必困。然而献计者类曰"无动为大"耳。夫无动而可以振天下之败者，何等也？悲夫！俗至不敬也，至无等也，至冒其上也，进计者犹曰"无为"，可为长太息者此也。

【注释】

①茈（chái）施：篱笆，比喻防备措施。

【译文】

　　如今平时没有防备措施，对犯上的行为一向宽容，有变故必然陷入困境。可是进献计策的人大都说"不要采取行动是上策"。不采取行动能整顿天下的败坏，是什么意思呢？可悲啊！世俗已经不敬到极点了，没有秩序等级到极点了，僭越犯上到极点了，进献计策的人还要说"不要采取行动"，这真是令人长长叹息啊！

铜布

【题解】

"铜布",指铜散布在民间铸钱。本篇针对汉文帝五年除盗铸钱令使民放铸的情况,力陈民间铸钱存在的祸害:一是铸钱造假,导致民犯黥罪;二是用钱失去诚信,使老百姓互相猜疑;三是民采铜铸钱,放弃农作,导致饥荒。主张把铸钱的权利收归国家,不让铜散布民间,这样有七种好处:即民不犯黥罪,不互相猜疑,民返回农作,钱有统一标准,用铜为兵器区分等级,增加国库收入并抑制商人,控制外族侵略。

铜布于下,为天下灾。何以言之? 铜布于下,则民铸钱者,大抵必杂石铅铁焉①,黥罪日繁,此一祸也。铜布于下,伪钱无止,钱用不信,民愈相疑,此二祸也。铜布于下,采铜者弃其田畴②,家铸者损其农事,谷不为则邻于饥,此三祸也。故不禁铸钱,则钱常乱,黥罪日积,是陷阱也。且农事不为,有疑为灾,故民铸钱不可不禁。上禁铸钱,必以死罪。铸钱者禁,则钱必还重③;钱重则盗铸钱者起,则死罪又复积矣,铜使之然也。故铜布于下,其祸博矣。

【注释】

①石:当从《汉书·食货志》作"以"。

②畴:耕治的田地。

③重:指价值高。

【译文】

铜散布在民间,是国家的灾害。为什么这样说呢? 铜散布在民间,民众自行铸钱,必定在铜里掺杂铅和铁,因而作假受刺面刑罚的人一天比一天多,这是第一种祸害。铜散布在民间,假钱禁而不绝,钱币失去信用,民众互相猜疑,这是第二种祸害。铜散布在民间,采铜的人抛弃耕种的田地,在家铸钱荒废了农事,粮食不丰收就要挨饿,这是第三种祸害。所以不禁止铸钱,钱币就会混乱,刺面刑罚一天天增加,这是坑害民众的陷阱。况且不从事农耕,又与灾荒相类似,因而民众铸钱不能不禁止。朝廷禁止铸钱,必定要用死罪。铸钱的事禁止了,市面上的钱币必定提高价值;钱币的价值提高了,偷偷铸钱的事就会发生,犯死罪的就会越来越多,这是铜造成的结果。所以铜散布在民间,形成的祸害太多了。

今博祸可除,七福可致。何谓七福? 上收铜勿令布下,则民不铸钱,黥罪不积,一。铜不布下,则伪钱不繁,民不相疑,二。铜不布下,不得采铜,不得铸钱,则民反耕田矣,三。铜不布下,毕归于上,上挟铜积,以御轻重,钱轻则以术敛之,钱重则以术散之,则钱必治,货物必平矣,四。挟铜之积,以铸兵器,以假贵臣,小大多少,各有制度,以别贵贱,以差上下,则等级明矣,五。挟铜之积,以临万货①,以调盈虚,以收倍羡②,则官必富而末民困矣,六。挟铜之积,制吾弃财,以与匈奴逐争其民,则敌必坏矣,此谓之七福。

【注释】

①临：治理，管理。

②倍羡：倍，当从《汉书·食货志》作"奇"。奇羡，盈余。

【译文】

如今许多祸害可以消除，七种好处可以取得。什么是七种好处？朝廷收集铜不让它散布在民间，民众就不会铸钱，刺面的刑罚就不会增多，这是第一种。铜不散布在民间，那么假钱就不会增多，民众不会互相猜疑，这是第二种。铜不散布在民间，民众不能采铜，不能铸钱，就会回去种田，这是第三种。铜不散布在民间，全部收归国家，国家持有大量的铜，用来控制钱币价值的高低，钱币价值低就采用办法收回一部分，钱币价值高就采用办法发放一部分，这样钱币就能管理得很好，物价一定会保持稳定了，这是第四种。国家持有大量的铜，用来铸造兵器，交给大臣管理，尺寸和数量，都有一定的标准，用来区分级别高低，等级就划分清楚了，这是第五种。国家持有大量的铜，用来管理各种流通的货物，调剂货源的充裕和短缺，收取盈余，官府仓库会变得充足而商人会变得贫困，这是第六种。国家持有大量的铜，掌握我们多余的钱财，与匈奴争夺他们的人民，那么敌人必定会垮，这是第七种。以上是所说的七种好处。

故善为天下者，因祸而为福，转败而为功。今顾退七福而行博祸①，可为长太息者，此其一也。

【注释】

①顾：反而。

【译文】

因此善于治理天下的人，会把灾祸变成幸福，把失败变为成功。如今反而去掉七种好处而制造许多灾祸，令人深深叹息的事，这就是一件啊！

壹通

【题解】

"壹通",道路完全通畅。针对当时建武关、函谷关、临晋关为防备山东诸侯的行为,提出罢关的建议,认为道路通行无阻,有利于国家输送贡赋,征调徭役,防止诸侯作乱。本篇与《益壤》篇同是确定土地制度的具体规划。

所谓建武关、函谷、临晋关者①,大抵为备山东诸侯也。天子之制在陛下,今大诸侯多其力,因建关而备之,若秦时之备六国也。岂若定地势使无可备之患,因行兼爱无私之道,罢关一通,天下无以区区独有关中者。所为禁游宦诸侯及无得出马关者,岂不曰诸侯得众则权益重,其国众车骑则力益多,故明为之法,无资诸侯。于臣之计,疏山东,蘖诸侯②,不令似一家者,其精于此矣。岂若一定地制,令诸侯之民,人骑二马不足以为患,益以万夫不足以为害。今不定大理,数起禁,不服人心,害兼覆之义③,不便。

【注释】

①武关：秦置，战国时在今陕西商洛县境。函谷：关名，在今河南灵宝东北。临晋关：在今陕西大荔东。

②孽：本指庶子，引申为分枝，这里指分散，与"疏"同义。

③兼覆：比喻恩泽广覆，无所遗漏。

【译文】

建造建武关、函谷关、临晋关的目的，大都是用来防备崤山以东的诸侯。如今天下的大权掌握在陛下手里，扩大诸侯的封地，增强他们的力量，从而建造关隘来防备他们，好比秦国当时防备六国一样。不如确定土地形势使得没有祸患需要防备，从而实行兼爱无私的措施，撤除关隘使道路完全畅通，显示天下不仅仅只有关中小小的土地。禁止关中人到诸侯国去做官以及不准马出关的原因，难道不是说诸侯得到人才权势会更大，他们的国家得到车马力量会更强大吗？所以明确制定法律，不准资助诸侯。按臣下的计策，划分崤山以东的土地，分散诸侯的力量，不让他们抱成一团，没有比这更好的了。不如确定土地制度，使诸侯的民众一个人骑两匹马不足以形成祸害，给他们增加上万名壮男子也不能造成危害。当下不制定根本措施，而是频繁地颁布禁令，不能使人心服，妨害天子恩泽广覆的大义，不恰当。

天子都长安①，而以淮南东南边为奉地②，弥道数千，不轻致输。郡或乃越诸侯而有免侯之地，于远方调均发征，又且必同。大国包小国为境，小国阔大国而为都③，小大驳跞④，远近无衰。天子诸侯封畔之无经也，至无状也。以藩国资强敌，以列侯饵篡夫，至不得也。陛下奈何久不正此？

【注释】

①长安:在今陕西西安市西北。

②奉地:领地。指直属于朝廷的地域。

③阆:卢文弨认为当作"廊",依邻。陶鸿庆认为释为远。

④驳跞(lì):错杂的样子。

【译文】

天子建都长安,却以淮南东南边作为领地,两地相距几千里,物品很难输送到朝廷。朝廷所设的郡中有些须越过一些诸侯国、有的甚至远到各侯国不易管辖的土地,而要到这些地方征收赋税,且所征赋税又一样多。大诸侯国国境包围着小诸侯国,小诸侯国国都紧邻着大诸侯国,大小错杂在一起,远近没有次序。天子诸侯的领地疆域没有规划,已经很不成样子。拿作为屏障的国土去资助强敌,用列侯的爵位去引诱篡权者,非常不妥当。陛下为什么迟迟不纠正这种状况呢?

属远事势

【题解】

"属远"，连接边远的领地。本篇针对汉朝廷领属的郡县过于遥远，既不方便，又可能产生变乱的状况，建议把国家中心同边远的奉地连接起来。古代天子把国都建在国土中心，是为了输送贡赋不至于过于劳苦，征调徭役不至于过于耗费。汉朝廷以庐江作为奉地，与秦国不把土地分封于人没有什么不同，边境的人民十分痛苦，痛苦就会发生变乱，想自立称王，容易被诸侯利用，不如多分封诸侯以削弱他们的力量。

古者天子地方千里，中之而为都，输将徭使①，其远者不在五百里而至；公侯地百里，中之而为都，输将徭使，远者不在五十里而至。输将者不苦其劳，徭使者不伤其费，故远方人安其居，士民皆有欢乐其上，此天下之所以长久也。

【注释】

①输将：运送贡赋钱粮。徭使：征调徭役。徭役是为国家承担的无偿劳动，有力役、军役和杂役等。

【译文】

古代天子的领地纵横约一千里，在中心建立国都，输送贡赋征调徭役,最远的不超过五百里就可以到达;公侯的封地纵横约一百里,在中心建立都城,输送贡赋征调徭役,最远的不超过五十里就可以到达。运送钱粮不感到劳苦,征调徭役不耗费钱物,因而远方的人民安居乐业,士人和百姓都拥戴他们的君主,这就是天下能长治久安的原因。

及秦而不然,秦不能分尺寸之地,欲尽自有之耳。输将起海上而来,一钱之赋耳,十钱之费,弗轻能致也。上之所得者甚少,而民毒苦之甚深,故陈胜一动而天下不振。

【译文】

到了秦朝却不是这样,秦朝不能把一尺一寸的土地分封给诸侯,想全部独自占有。从海上运送钱粮,值一个铜钱的贡赋,要耗费十个铜钱,还不能轻易运到。朝廷得到的很少,人民受到的毒害很深,所以陈涉一发动起义整个天下就无法收拾了。

今汉越两诸侯之中分①,而乃以庐江之为奉地②,虽秦之远边,过此不远矣。令此不输将,不奉主,非奉地义也,尚安用此而久县其心哉! 若令此如奉地之义,是复秦之迹也,窃以为不便。夫淮南窳民贫乡也③,徭使长安者,自悉以补,行中道而衣、行胜已羸弊矣④,强提荷弊衣而至。虑非假贷自诣,非有以所闻也。履跻不数易不足以至⑤,钱用之费称此,苦甚。窃以所闻县令丞相归休者,虑非甚强也,不见得从者。夫行数千里绝诸侯之地,而县属汉,其势终不可久。汉往者家号泣而送之,其来徭使者家号泣而遣之,俱不相欲也,甚苦属汉而欲王,类至甚也,逋逃而归诸侯者⑥,类不少矣。陛下不如蚤定，毋以资奸人。

【注释】

①两诸侯：指淮阳、梁。淮阳国，在今河南淮阳县治。高祖第六子
  刘友立为淮阳王，后徙赵。高祖第二子刘武封代王，徙淮阳王。
  梁，诸侯王国名，这里指刘恢任梁王的同姓诸侯王国。

②庐江：郡名，在今安徽庐江、舒城一带。

③窳(yǔ)：瘦弱。

④行胜：卢文弨认为"胜"是"滕"字之误。行滕，犹今之绑腿。

⑤履跻(juē)：穿草鞋。跻，草鞋。

⑥逋(bū)逃：逃亡。逋，逃窜，逃亡。

【译文】

如今汉朝廷越过淮阳和梁两个诸侯国中间，竟然把庐江郡作为直
属的领地，即使秦国最边远的地方，也不比它远多少。如果让这个地区
不输送贡赋，不奉养君主，那就没有尽到直属领地的义务，哪里用得着
长期为它操心呢？假如让它尽到直属领地的义务，那是重复秦朝的做
法，我私下认为这是不妥当的。淮南是贫困地区，那些派到长安来服劳
役的人，用尽了家财来补充路费，走到半路衣服、绑腿就已经坏了，只好
勉强破衣烂衫来到长安。大概除了借债抵达，没有听说有其他办法。
草鞋不多次更换无法走到，路上的花费也是同样情况，真是太苦了。我
私下听说那些退休的县令丞相回到关中，大都出于无奈，不见得愿意。
走上几千里又横隔着诸侯国的封地，在很远的地方直属朝廷，这种情况
一定不能长久。朝廷派到庐江去的人家里哭着为他送行，庐江派到长
安服劳役的人家里也哭着送他上路，两边人都不愿意，都为直属朝廷感
到痛苦，特别想要朝廷设置诸侯王，民众逃走归服诸侯王的，大概不少
了。陛下不如早定决策，不要拿庐江郡去资助坏人。

亲疏危乱事势

【题解】

亲，指同姓诸侯王；疏，指异姓诸侯王。"亲疏危乱"，指同姓诸侯王和异姓诸侯王造成的危乱。引用高祖时异姓诸侯王造反的事例，说明当今的同姓诸侯王必将造成祸乱，因为他们虽然名为人臣，实际上有一般平民兄弟的心理，都有统治天下称王称帝的想法。提醒汉文帝趁早采取措施，以防患于未然。

陛下有所不为矣，臣将不敢不毕陈事制。假令天下如曩也，淮阴侯尚王楚，黥布王淮南，彭越王梁，韩信王韩，张敖王赵，贯高为相，卢绾王燕，陈豨在代①，令六七诸公皆无恙②，案其国而居，当是时陛下即天子之位，试能自安乎哉？臣有以知陛下之不能也。天下殽乱，高皇帝与诸侯并肩而起，非有侧室之势以豫席之也③。诸侯率幸者乃得为中涓④，其次仅得为舍人⑤，高皇帝南面称帝，诸公皆为臣，材之不逮至远也。高皇帝五年即天子之位，割膏腴之地以王有功之臣，多者百余城，少者乃三四十县，德至渥也⑥。然其后十年之间，反者九起，几无天下者五六。陛下之与诸公也，非亲角材而臣之也,又非身封王之也,自高皇帝不能以是一岁为安,陛下独安能以是自安也?

【注释】

①"淮阴侯尚王楚"至"陈豨(xī)在代"几句:淮阴侯,淮阴王韩信。初属项羽,后归刘邦,被任命为大将,曾先后被封为齐王、楚王,后有人告发他谋反,贬为淮阴侯。高祖十一年,又被人告发他勾结陈豨谋反,被吕后杀。黥布,即英布。因曾受黥刑,故称黥布。汉初封为淮南王,高祖十一年,因叛乱被杀。彭越,汉初被封为梁王,高祖十一年,因叛乱被杀。梁,在今河南商丘一带。韩王信,战国时韩襄王的后代,名信。汉初封为韩王,后投降匈奴,并发动叛乱,兵败后被杀。张敖,赵王。赵,在今河北邯郸一带。贯高,赵王张敖的国相,因谋杀汉高祖刘邦被捕,自杀。卢绾(wǎn),汉初封为燕王,陈豨叛乱,他派人要结造反,并与匈奴贵族勾结。高祖十二年,逃奔匈奴,被单于封为东胡卢王。陈豨,汉高祖时封为阳夏侯,镇守赵、代两地,并统率两地边防军队,后自立为代王,发动叛乱,兵败后自杀。

②无恙:无忧无病,指健在。

③侧室:亲属,指辅佐。

④中涓:官名,负责君主内舍事务。

⑤舍人:主要官员的侍从。

⑥渥(wò):浓厚,优厚。

【译文】

皇上您有些事情没有去做,臣下不敢不把治理的要点全部陈述出来。假如天下还像从前,淮阴侯韩信在楚称王,黥布在淮南称王,彭越在梁称王,韩王信在韩称王,张敖在赵称王,贯高做国相,卢绾在燕称王,陈豨在代地,假使这六七人都无病无灾,居守在封国,这时皇上登上天子宝座,试想一下您能感到平安无事吗?臣下有理由知道您不能。天下大乱之时,高祖皇帝与诸侯们一同起义,事先并没有一点点权势作为依靠。诸侯们大抵受宠幸的才能担任中涓,其他人只能做个侍从,高祖皇帝南面称帝,诸侯们都是大臣,因为才能是远远比不上的。高祖皇帝在汉五年登上天子的宝座,划分肥沃的土地给有功的大臣让他们称王,多的有一百多座城邑,少的也有三四十个县,恩德十分丰厚。可是后来十年的时间,反叛的有九起,有五六次几乎丧失了天下。皇上您和那些异姓王之间,不是亲自较量过才让他们臣服的,又不是亲手给他们封王的,从高祖皇帝起都不能获得一年的安宁,皇上您能在这种情况下获得安宁吗?

　　然尚有可诿者,曰疏,臣请试言其亲者。假令悼惠王王齐①,元王王楚②,中山王王赵③,幽王王淮阳④,共王王梁⑤,灵王王燕⑥,厉王王淮南⑦,六七贵人皆无恙,各案其国而居,当是时陛下即天子之位,能为治乎?臣又窃知陛下之不能也。诸侯王虽名为人臣,实皆有布衣昆弟之心,虑无不宰制而天子自为者。擅爵人,赦死罪,甚者或戴黄屋⑧,汉法非立,汉令非行也。虽离道如淮南王者,令之安肯听?召之焉可致?幸而至,法安可得尚!动一亲戚,天下环视而起,天下安可得制也!陛下之臣虽有悍如冯敬者⑨,乃启其口,匕首已陷于胸矣。陛下虽贤,谁与领此?

【注释】

①悼惠王:齐悼惠王刘肥。

②元王:楚元王刘交,高祖之弟,封为楚王。

③中山王:《汉书》作"中子"。赵隐王刘如意,汉高祖刘邦第四子。

④幽王：赵幽王刘友，高帝之子，原为淮阳王，后徙为赵王。

⑤共王：赵共王刘恢，高帝子，原封梁王，继刘友之后改封赵王。

⑥灵王：刘建，高帝子。

⑦厉王：淮南厉王刘长，刘邦的小儿子，文帝的弟弟。

⑧黄屋：天子乘用的车，以黄缯为车盖之里。

⑨冯敬：文帝时的御史大夫，曾劝文帝削藩，被淮南厉王刘长派刺客刺伤。

【译文】

但还是有可以推诿的借口，说与他们没有亲戚关系。请允许臣下说说皇室宗亲。假如悼惠王还是齐王，元王还是楚王，如意还是赵王，幽王还是淮阳王，共王还是梁王，灵王还是燕王，厉王还是淮南王，假使这六七位贵戚都无病无灾，居守在自己的封国，这时皇上登上天子宝座，能够管理好吗？臣下私下认为皇上您不能。这些诸侯王虽然名义上是人臣，实际上都把自己当作你的兄弟，大概没有不想自己做天子统治天下的。他们擅自给人爵位，赦免死刑犯，甚至有的还使用天子的黄屋车盖，汉朝廷的法律不施行，命令不听从。就像淮南王那样叛逆的，天子的命令哪里肯听！召他进京哪里肯来！侥幸来了，又怎么能对他绳之以法！只要动一个亲戚，天下就会相视而起，哪里能够控制呢？皇上的大臣即使有像冯敬一样勇敢的，才开口说话，匕首已经刺进胸膛了。皇上即使贤能，有谁和你一起管理他们呢？

故疏必危，亲必乱。陛下之因今以为治安，奈何知其必且危乱也！然且吟齘而坚控守之①，为何如制，以缠相悬②。

【注释】

①吟齘（xiū）：卢文弨认为通"噤龄（xiè）"，咬牙切齿，强忍不言的样子。

②缠:通"縻",牵系,指控制。

【译文】

所以诸侯王关系疏远的必定危险,关系亲近的必定会作乱。陛下根据现在形势认为是治安,知道必将危乱又怎么办呢? 仍将忍住忿怒坚固地防守,一如既往用恩惠笼络他们吗?

忧民事势

【题解】

"忧民",为百姓担忧。既指当时国家粮食积蓄为民忧愁,也指作为君上要考虑百姓的疾苦。本篇着重从粮食问题上论述积蓄对于国家的重要性,民以食为天,如果粮食储备不足,遇到饥荒,将会引起动乱,指出汉王朝在积蓄问题上存在的隐患。粮食储备,在以农为本的古代中国尤为重要。本篇与《无蓄》篇同出一旨。

王者之法,民三年耕而余一年之食,九年而余三年之食,三十岁而民有十年之蓄。故禹水九年①,汤旱七年②,甚也,野无青草,而民无饥色,道无乞人,岁复之后,犹禁陈耕③。古之为天下,诚有具也。王者之法,国无九年之蓄谓之不足,无六年之蓄谓之急,无三年之蓄曰国非其国也。

【注释】

①禹:夏朝的开国君主。

②汤:也称天乙、成汤,商朝的开国君主。

③陈耕:一年种两季。陈,陈陈相因之谓。

【译文】

古代帝王治国的方法,人民耕种三年剩余一年的粮食,耕种九年剩余三年的粮食,耕种三十年有十年的积蓄。所以大禹时期遇到九年水灾,商汤时期遇到七年旱灾,严重到田野里连青草都没有的地步,可是老百姓面无饥色,路上没有乞讨的人,年成转好之后,仍然禁止一年种两季。古代治理天下,确实有办法。古代帝王治国的方法,国家没有九年的积蓄叫作不足,没有六年的积蓄叫作紧急,没有三年的积蓄国家就不叫国家了。

今汉兴三十年矣,而天下愈屈,食至寡也,陛下不省耶①?未获年,富人不贷,贫民且饥;天时不收,请卖爵鬻子②,既或闻耳。曩顷不雨,令人寒心,壹雨尔,虑若更生。天下无蓄若此,甚极也,其在王法谓之何?必须困至乃虑,穷至乃图,不亦晚乎!

【注释】

①省(xǐng):觉察。

②鬻(yù):卖。

【译文】

如今汉朝建立三十年了,而天下积蓄更加缺乏,粮食少到了极点,皇上难道没有察觉吗?歉收的年成,富人不借给穷人粮食,穷人就会饥饿;年成饥荒,只好请求卖掉官爵和儿女,皇上您可能已经听说了。前不久天旱不下雨,景象让人寒心,一旦下点雨,百姓好像获得新生。天下没有积蓄到如此地步,太严重了,这在古代王法中叫作什么呢?一定要等到走投无路的时候才考虑,不是太晚了吗?

　　然则，所谓国无人者何谓也？有天下而欲其安者，岂不在于陛下者哉？上弗自忧，将以谁偷^①？五岁小康^②，十岁一凶，三十岁而一大康，盖曰大数也。即不幸有方二三千里之旱，天下何以相救？卒然边境有数十万之众聚，天下将何以馈之矣？兵旱相承，民填沟壑，剽盗攻击者兴继而起，中国失救，外敌必骇。一日而及，此之必然。且用事之人未必此省，为人上弗自忧，魄然事困^③，乃惊而督下曰："此天也，可奈何？"事既无如之何，及方今始秋，时可善为。

【注释】

①偷：苟安。

②康：饥荒。

③魄然：急迫的样子。魄，通"迫"。

【译文】

　　既然这样，所说的国中没有人才是什么意思呢？享有天下而且想要安定的，难道不在于皇上您吗？您不亲自操心费神，将和谁一起苟且偷安呢？五年一次小饥荒，十年一次大凶灾，三十年一次大饥荒，大概是自然规律吧。如果不幸遇到方圆两三千里的大旱，拿什么救济天下？突然边境上有几十万军队聚集到一起，拿什么来供应粮饷呢？旱灾与战争相接，百姓死在野外无人收尸，抢劫偷盗就会相继而起，国家无法救助，外敌必定乘机骚扰。一旦有这一天，必然会是这样。况且那些当政的大臣未必能觉察到这些，作为君上不亲自操心，到紧急的时候，才吃惊地给大臣下指示说："这是天灾，怎么办啊？"事情既然已经无法拯救，何不趁现在才到秋天之际，好好处理这个问题。

解县事势

【题解】

　　"县",同"悬"。"解悬",解除天下倒悬之势。所谓倒悬之势,指汉天子与匈奴的关系颠倒。汉天子应是天下之首,匈奴蛮夷应是天下之足,如今手足倒置,是倒悬之势。非特倒悬,又似躄痱病,天下非常痛苦。末段陈述如何解除倒悬,但言之不详。本篇重在先明倒悬之势,引起主上注意,具体制服匈奴的方法,见《匈奴》篇。

　　天下之势方倒县,窃愿陛下省之也。凡天子者,天下之首也,何也?上也。蛮夷者①,天下之足也,何也?下也。蛮夷征令,是主上之操也;天子共贡,是臣下之礼也。足反居上,首顾居下,是倒县之势也。天下倒县,莫之能解,犹为国有人乎?非特倒县而已也,又类躄②,且病痱③。夫躄者一面病,痱者一方痛。今西郡、北郡,虽有长爵不轻得复④,五尺已上不轻得息,苦甚矣!中地左戍,延行数千里,粮食馈饷至难也。斥候者望烽燧而不敢卧⑤,将吏戍者或介胄而睡。而匈奴欺侮侵掠,未知息时,于焉望信威广德难⑥。臣故曰:"一方病矣。"医能治之,而上弗肯使也。天下倒县甚苦矣,窃为陛下惜之。

【注释】

①蛮夷：古代汉族统治者对少数民族侮蔑性的称呼。

②躄（bì）：跛腿。

③痱（féi）：风瘫。

④长：高。复：免除。

⑤斥候：守望边界的人，即侦察兵。

⑥信：通"伸"。

【译文】

天下的形势正好比人被倒吊起来，我私下希望陛下能觉察到这一点。只要是天子，应该是天下的首脑，为什么呢？因为地位在上。凡是蛮夷外族，应该是天下的脚丫，为什么呢？因为地位在下。匈奴对汉朝发号施令，掌握的是皇帝的权柄；汉天子向匈奴进贡，行的是臣下的礼节。脚反而在上面，头反而在下面，这是倒悬的形势。天下像倒悬的形势，没有人能解除，这还算是国家有人才？不仅仅是倒悬而已，还像跛腿，而且得了风瘫。跛腿是一只脚有毛病，风瘫是一边有病痛。如今西边北边的郡县，人民即使有很高的爵位也不能轻易免除赋税徭役，少年男丁不能轻易得到休息，痛苦极了。内地到边境去守边，要连续行走几千里，粮食物资的供应非常困难。侦察兵守望烽火不敢睡觉，守边的将士们穿着铠甲打盹。可是匈奴的欺侮侵犯掠夺，不知什么时候停止，指望施展威压广布恩惠很困难。所以臣下说："一边有病了。"有医生能治这种病，可是陛下不肯派人治。天下倒悬的形势太痛苦了，我私下为陛下感到可惜。

进谏者类以为是困不可解也，无具甚矣。陛下肯幸听臣之计，请陛下举中国之祸而从之匈奴，中国乘其岁而富强,匈奴伏其辜而残亡,系单于之颈而制其命①,伏中行说而答其背②,举匈奴之众唯上之令。陛下威惮大信③,德义广远,据天下而必固,称高号诚所宜,俛视中国,远望四夷,莫不如志矣。然后退斋三日④,以报高庙,令天下无愚智男女,皆曰皇帝果大圣也。胡忍以陛下之明,承天下之资,而久为戎人欺傲若此,可谓国无人矣。

【注释】

①单(chán)于:匈奴君长的称号。

②中行说:文帝时的宦官,姓中行,名说。曾奉命护送公主至匈奴和亲,后投降匈奴。

③威惮:威怒,威严。信:通"伸"。

④斋:斋戒,一种清净身心以示虔诚的活动,不饮酒,不食荤腥,沐浴独居。

【译文】

进献计策的人大都以为这种困境无法解除,真是太没有办法了。如果陛下肯听我的计策,就请陛下把汉朝的灾祸全部转嫁到匈奴,汉朝便乘这种威势而富强起来,匈奴伏罪而败亡,绳索系住单于的脖子制服他,按住中行说鞭打他的背,让所有的匈奴人只听从陛下的命令。陛下威严大伸,恩德道义广为传布,占据天下牢不可破,称呼尊贵的名号确实恰当,俯视中原地区,远望四方各族,没有什么不如意的。然后回朝斋戒三天,向高帝庙祖宗报告,使天下无论愚笨还是聪明的男女,都说皇帝果真是大圣人。凭着陛下的聪明才智,利用天下的资源,哪能容忍长期让野蛮民族欺侮骄横到如此地步,那真可以说国家没有人了。

威不信事势

【题解】

"信"通"伸","威不信",指天子的威严不能伸张。本篇接着上篇论述汉王室与匈奴的关系,先引古代的正义,说明天子、帝、皇这些名号的区别,如今天子称号很美,但却不能使匈奴臣服,几百里之内威严都不能伸张,故为之流涕。

古之正义,东西南北,苟舟车之所达,人迹之所至,莫不率服,而后云天子;德厚焉,泽湛焉①,而后称帝;又加美焉,而后称皇。今称号甚美,而实不出长城。彼非特不服也,又大不敬。边长不宁,中长不静,譬如伏虎,见便必动,将何时已。昔高帝起布衣而服九州,今陛下杖九州而不行于匈奴。窃为陛下不足,且事势有甚逆者焉。

【注释】

①湛(zhàn):深。

【译文】

古代正当的道理,东西南北,只要车船到达的地方,人能走到的地方,没有不全部归服的,然后才称"天子";归服的基础上,恩德丰厚,仁泽深广,然后称作"帝";又加上有美名,之后才可称作"皇"。现在天子称号非常美好,可是其实力超不出长城之外。蛮夷不仅不归服,而且还非常不恭敬。边境长期不得安宁,内地长期不得安静,好比潜伏的老虎,见到可乘之机一定会行动,这种情况什么时候才能停止。从前高皇帝从平民起家征服了九州,而现在陛下倚仗九州的力量政令却不能实行到匈奴。我私下为陛下感到不满意,而且形势还有比这更反常的。

天子者,天下之首也,何也? 上也。蛮夷者,天下之足也,何也? 下也。蛮夷征令,是主上之操也;天子共贡,是臣下之礼也。足反居上,首顾居下,是倒植之势也。天下之势倒植矣,莫之能理,犹为国有人乎? 德可远施,威可远加,舟车所至,可使如志,而特扪然数百里而威令不信①,可为流涕者此也。

【注释】

①扪然:卢文弨认为疑作"悃"。悃然,寝食不安的样子。

【译文】

天子是天下的首脑,为什么呢? 因为他在上边。凡是蛮夷外族,应该是天下的脚丫,为什么呢? 因为地位在下。匈奴对汉朝发号施令,掌握的是皇帝的权柄;汉天子向匈奴进贡,行的是臣下的礼节。脚在上面,头反而在下面,这是倒立的形势。天下的形势倒立了,没有人能治理,这还算是国家有人才吗? 恩德威严可以施加到远方,威势也可以达到远处,车船所到的地方陛下的意旨都就该在那里通行,而不是如今几百里之内威严不能伸张,命令不能执行,这正是令人流泪的情况。

卷　四

匈奴 事势

【题解】

　　匈奴骑兵不超过五六万，占地不超过汉千石大县，胆敢每年侵犯骚扰，与汉朝廷对抗。本篇继《解县》、《威不信》之后，具体提出制服匈奴的"三表"、"五饵"之策。所谓"三表"，指天子用信任、仁爱和爱好来告知匈奴；所谓"五饵"，指通过赏赐美好的物品、食品、音乐以及其他享乐的东西，从而败坏匈奴的目、口、耳、腹、心。旨在不通过武力达到分化瓦解从而制服匈奴的目的，即所谓"帝者战德"。

　　窃料匈奴控弦大率六万骑，五口而出介卒一人①，五六三十，此即户口三十万耳，未及汉千石大县也，而敢岁言侵盗，屡欲亢礼，妨害帝义，甚非道也。陛下何不使能者一试理此，将为陛下以耀蝉之术振之②。为此立一官，置一吏，以主匈奴。诚能此者，虽以千石居之可也。陛下肯听其事，计令中国日治，匈奴日危；大国大富，匈奴适亡。吒犬马行③，理势然也。将必以匈奴之众为汉臣民，制之令千家而为一国，列处之塞外，自陇西延至辽东④，各有分地以卫边，使备月氏、灌窳之变⑤，皆属之直郡。然后罢戎休边，民天下之兵。帝之威德，内行外信，四方悦服，则愚臣之志快矣。不然，帝威不遂，心与嘿嘿⑥。窃闻匈奴当今遂羸⑦，此其示武昧利之时也，而隆义渠、东胡诸国⑧，又颇来降。以臣之愚，匈奴且动，疑将一材而出奇，厚赘以责汉，不大兴不已。旁午走急数十万之众⑨，积于北方，天下安得食而馈之？临事而重困，则难为工矣，陛下何不蚤图？

【注释】

①介：甲。

②耀蝉之术：夜间用火光照耀引诱捕蝉的方法。

③吒(chì)：通"叱"，大声呵斥。

④陇西：郡名，在今甘肃临洮东北。辽东：郡名，在今辽宁东南县境。

⑤月氏：也作"月氐"、"月支"，古代西域国名，原居于今甘肃、青海交界处，汉文帝时被匈奴攻破，迁移到今新疆伊犁河上游一带。灌窳：当作"浑窳"，即"浑庾"，古国名，在今甘肃平罗东。

⑥嘿嘿：同"默默"。

⑦羸(léi)：弱。

⑧隆：通"降"。义渠：西汉时西北边境的小国，在今甘肃宁县西北。东胡：匈奴东边的小国。

⑨旁午：一纵一横，指交错纷繁。

【译文】

我私下估计匈奴拿弓的骑兵大约六万，如果五口人中选一名甲士，五六三十，这就是说登记在册的人口在三十万，还没有汉朝一个俸禄千石的县令管辖的大县的人口多，却敢每年都侵犯抢劫我们汉民族，多次违抗外交礼节，妨害皇帝的统治，太没有道理了。陛下为什么不派一个有才能的官员试着治理治理,将替陛下用明火捕蝉的方法来对付匈奴。设立一个部门,任命一个官吏,专门来主管匈奴的事务。果真能管好,设千石的俸禄来担任也是可以的。陛下肯采纳这个办法,必定会使汉朝一天天治理好,匈奴一天天衰微;大汉非常富有,匈奴却走向灭亡。像吆喝犬马一样吆喝匈奴,这是事理形势发展的必然结果。将必定使匈奴的民众成为汉朝的臣民,下令每一千家成为一个小国,排列起来住在长城之外。从陇西一直到辽东,各有自己的封地来保卫汉的边疆,让他们防备月氏、浑窳等小国造反,封地全都直属于各郡。然后撤除边防守备,让边疆人民修养生息,让士兵解甲归田。皇帝的威严在国内外伸张,恩德在国内外推行,四方心悦诚服,我这个愚笨的臣下就非常称意了。否则,皇上的威严不能伸张,大家只好沉默不语。我私下听说匈奴正在追逐那些弱小的国家,这是它显示武力贪求利益的时候,而义渠、东胡等国家,有不少投降汉朝的。据臣下的愚见,匈奴将采取行动,估计会派一位有才能的将领出奇兵侵犯我们,索要丰厚的礼物,汉朝廷不大量出兵不会停止。几十万军队急急忙忙集中在北方边境,国家哪来那么多的粮饷供应?事到临头会面临种种困境,很难做周密的安排,皇上为什么不早早考虑呢?

建国者曰:"匈奴不敬,辞言不顺,负其众庶,时为寇盗,挠边境,扰中国,数行不义,为我狡猾,为此奈何?"对曰:"臣闻强国战智,王者战义,帝者战德。故汤祝网而汉阴降①,舜舞干羽而南蛮服②。今汉帝中国也,宜以厚德怀服四夷,举明义博示远方,则舟车之所至,人力之所及,莫不为畜,又孰敢忿然不承帝意③?

【注释】

①汤祝网而汉阴降:据《新序·杂事》记载,商汤见捕猎的人四面布下罗网,并祷告说天上地下四方来的禽兽都落到网中。商汤收起三面,只留一面,并祷告说左右上下都可以逃走,我只取那些碰到网上的。汉水南边的国家听说这件事,认为商汤的德行能推及到禽兽身上,有四十个国家归服商汤。汉阴,汉水南边。

②干羽:舞乐道具,干用于武舞,羽用于文舞。

③忿(fēn)然:纷乱的样子。忿,同"纷"。

【译文】

为国家建言献策的人说:"匈奴不恭敬,言语没礼貌,仗着他们的军民,常常抢劫,骚扰边境,侵犯我国,多次作出不义的事情,是我们狡猾的敌人,对他们怎么办?"我的回答是:"臣下听说,强大的国家用智慧作战,称王的人用道义作战,称帝的人用德行作战。所以商汤祷告罗网使汉南投降,舜舞干羽使南蛮归服。现在汉是称帝的国家,应该用丰厚的德行使四方蛮夷来归服,用显明的道义广泛地展示给远方,那么,车船到达的地方,人力走到的地方,没有不归服的,又有谁敢乱哄哄地不顺从皇上的旨意呢?

　　臣为陛下建三表,设五饵,以此与单于争其民,则下匈奴犹振槁也①。夫无道之人,何宜敢捍此其久②?陛下肯幸用臣之计,臣且以事势谕天子之言,使匈奴大众之信陛下也,为通言耳,必行而弗易,梦中许人,觉且不背其信,陛下已诺,若日出之灼灼。故闻君一言,虽有微远,其志不疑;仇雠之人③,其心不殆。若此则信谕矣,所图莫不行矣,一表。臣又且以事势谕陛下之爱,令匈奴之自视也,苟胡面而戎状者,其自以为见爱于天子也,犹弱子之遌慈母也④。若此则爱谕矣，一表。臣又且谕陛下之好，令胡人之自视也，苟其技之所长与其所工，一可以当天子之意。若此则好谕矣，一表。爱人之状，好人之技，人道；信为大操，帝义也。爱好有实，已诺可期，十死一生，彼必将至。此谓三表。

【注释】

①振：摇动。槁：枯树。这里指树叶。

②捍：通"悍"，凶悍。

③仇雠：仇敌。

④遻(è)：遇见。

【译文】

臣下为陛下建立三种表策，设置五种诱饵，用这些策略来与匈奴争夺他们的人民，那么拿下匈奴就像摇动枯树叶一样。那些不讲道义的人，怎能凶悍这么长时间呢？陛下如果肯听从臣下的计策，臣下将根据事理形势让匈奴人明白天子的言论，使匈奴大众相信陛下，成为通行的言论，一定做到而不改变，梦中答应别人，醒来也不背叛信用，陛下已答应的事情，就像太阳的光明。所以听到陛下一句话，即使还有些不理解，但心中不怀疑；即使是仇敌，内心也不敢怠慢。这样信用就让人明白了，所谋划的没有做不到的，这是第一种表策。臣下又将根据事理形势让匈奴人明白天子的仁爱，让匈奴人自己看起来，只要是长得像外民族的，都自以为受天子的宠爱，好比幼小的孩子遇到母亲一样，像这样仁爱就让人明白了，这是第二种表策。臣下又将让匈奴人明白天子的喜好，让匈奴人自己看起来，只要有技艺方面的专长，都完全符合皇帝的心意。像这样喜好就让人明白了，这是第三种表策。喜爱人的容貌，喜好人的技艺，是合于人道的；以诚信为最高的操守，是帝王之义。爱好有具体内容，已答应他人的事，能在一定时间内兑现，处于十死一生的境地，也要去做。匈奴人都回来投靠陛下您。这是第三种表策。

　　凡赏于国者，此不可以均，赏均则国䆃①，而赏薄不足以动人。故善赏者踔之②，驳轹之③，从而时厚之。令视之足见也，诵之足语也，乃可倾一国之心。陛下幸听臣之计，则臣有余财。匈奴之来者，家长已上固必衣绣，家少者必衣文锦，将为银车五乘，大雕画之，驾四马，载绿盖，从数骑，御骖乘。且虽单于之出入也，不轻都此矣④。令匈奴降者时时得此而赐之耳。一国闻之者、见之者，希心而相告，人人冀幸，以为吾至亦可以得此，将以坏其目，一饵。匈奴之使至者，若大降者也，大众之所聚也，上必有所召赐食焉。饭物故四五盛，美臛膹炙肉⑤，具醯醢⑥。方数尺于前，令一人坐此。胡人欲观者，固百数在旁。得赐者之喜也，且笑且饭，味皆所嗜而所未尝得也。令来者时时得此而飨之耳。一国闻之者、见之者，垂㳻而相告⑦，人憛憛其所自⑧，以吾至亦将得此，将以此坏其口，一饵。降者之杰也，若使者至也，上必使人有所召客焉。令得召其知识，胡人之欲观者勿禁。令妇人傅白墨黑，绣衣而侍其堂者二三十人，或薄或掩⑨，为其胡戏以相饭。上使乐府幸假之但乐⑩，吹箫鼓鞀⑪，倒挈面者更进⑫，舞者、蹋者时作，少间击鼓，舞其偶人。昔时乃为戎乐，携手胥强上客之后⑬，妇人先后扶侍之者固十余人，使降者时或得此而乐之耳。一国闻之者、见之者，希盱相告⑭，人人伮伮唯恐其后来至也⑮，将以此坏其耳，一饵。凡降者，陛下之所召幸，若所以约致也。陛下必时有所富，必令此有高堂邃宇，善厨处，大囷京⑯，厩有编马，库有阵车，奴婢、诸婴儿、畜生具。令此时大具召胡客，飨胡使，上幸令官助之具，假之乐。令此其居处乐虞、困京之畜，皆过其故王，虑出其单于或，时时赐此而为家耳。匈奴一国倾心而冀，人人伋伋唯恐其后来至也，将以此坏其腹，一饵。于来降者，上必时时而有所召幸拊循，而后得入官。夫胡大人难亲也，若上于胡婴儿及贵人子好可爱者，上必召幸大数十人，为此绣衣好闲⑰，且出则从，居则更侍。上即飨胡人也，大觳抵也⑱，客胡使也，力士武士固近侍傍，胡婴儿得近侍侧，胡贵人更进得佐酒前，上乃幸自御此薄，使付酒钱，时人偶之。为间则出绣衣，具带服宾余⑲，时以赐之。上即幸拊胡婴儿，捣遒之⑳，戏弄之，乃授炙幸自啖之，出好衣闲且自为赣之㉑。上起，胡婴儿或前或后，胡贵人既得奉酒，出则服衣佩绶，贵人而立于前，令数人得此而居耳。一国闻者、见者，希盱而欲，人人伋伋唯恐其后来至也，将以此坏其心，一饵。故牵其耳、牵其目、牵其口、牵其腹，四者已牵，又引其心，安得不来？下胡抑抎也㉒。此谓五饵。

【注释】

①窾（kuǎn）：空。

②踔（chuō）：指践踏。

③驳轹（lì）：指参差不齐。

④都：居。

⑤胾（zì）：大块肉。膹：音义不详。孙诒让认为是"膹（fēn）"之误。膹，肉羹。

⑥醯（xī）：醋。醢（hǎi）：肉酱。

⑦湙：同"涎"。

⑧惏悷(tú tán)：贪欲，贪图。

⑨薄：通"博"，六博，古代的一种十二子棋。掩：猜钱的游戏。

⑩乐府：汉代掌管采诗配乐的官署。但乐：又称"但歌"，古乐曲名。

⑪鞀(táo)：同"鼗"，一种手摇的小鼓。

⑫倒挈(qiè)：翻筋斗一类的杂技。面：戴着面具。

⑬胥强：未详。疑强读为将，互相带领。胥，相。将，带领。

⑭希盱(xū)：喜悦的样子。希，读为睎。睎、盱皆有仰望义，引申为
　　仰慕、爱欲。

⑮伋伋(jí)：迫切的样子。

⑯囷(qūn)京：谷仓。囷，圆形谷仓。京，大囷。

⑰闲：本指养马之所，这里指室所、住所。

⑱觳(jué)抵：也作"角抵"，古代一种斗力摔跤的游戏。

⑲宾余：也作"比余"，栉的别称，发辫上的铜制饰物。

⑳掐道：滕倒，指哄逗小儿翻转的动作。

㉑赣：通"赐"。

㉒抑：往下按压。扏：通"陨"，坠落。

【译文】

凡是由国家颁赏的，不可以普遍行赏，普遍行赏国家财力会空虚，赏赐太少又不能打动人心。因此善于行赏的人对受赏者先压后抬，赏赐参差不齐，有时重重奖赏。奖赏要让人们都能看到，互相传播消息，讲起来津津乐道，才能打动整个国家的人心。陛下有幸采纳臣下的计策，我会让国家财物有剩余。匈奴投降过来的人，家主以上一定让他们穿丝绸绣衣，家里小的让他们穿绣花锦缎，给他五辆银饰的马车，雕刻绘画非常华丽，一辆车驾四匹马，装有绿色的车盖，跟从几名骑士，并配备专人驾车。即使单于的出入，也不能轻易具备这些。让匈奴投降过来的人时常得到这些赏赐。匈奴整个国家听说的人、看到的人，都心怀美慕奔走相告，人人都想得到宠爱，认为自己到汉朝也可以得到这些，

用这些来破坏他们的视觉，这是一种诱饵。匈奴来的使者，以及带着大批人马来投降的，皇上必定亲自召见并赏赐食物。主食菜肴摆上四五种，美味的大块煮肉肉羹烤肉，配上醋和肉酱。几尺见方的地方，让一个人坐下享用。外族人想来观看的，自然有几百人。接受赏赐的人很高兴，笑着吃着，那些美味都是想吃而没有吃过的。让投降来的人常常得到这种享受。匈奴整个国家听说的人、看到的人，流着口水奔走相告，人人都贪图这种享受，认为自己到汉朝也可以得到这些，用这些来破坏他们的味觉，这是一种诱饵。匈奴来投降的其中杰出的人，以及使者来，皇上必定亲自召见并当贵客款待。让他们邀请亲朋故旧，外族人想来观看的也不禁止。派二三十个女子涂脂抹粉，穿着绣花衣裳在厅堂上侍候，有的下棋，有的猜钱，表演外国戏曲为吃饭助兴。皇上派乐府表演但乐，吹箫摇鼓，翻筋斗的、戴着面具的轮番上场，穿插表演舞蹈，间歇时间击鼓作乐，上演木偶戏。夜间表演少数民族音乐，演员们手拉手邀请客人入座，女子几十人前前后后搀扶侍候，让来投降的人时常得到这种快乐。匈奴整个国家听说的人、看到的人，都心怀羡慕奔走相告，人人唯恐来得太晚，用这些来破坏他们的听觉，这是一种诱饵。凡是来投降的，皇上召见的以及约定见面的，一定时时给他们财物，让他们拥有大房子，好厨房，大仓库，马厩里有成队的马，仓库里有整列的车，奴婢、养育小孩、牲口的用品一应俱全。让他们在这时大摆宴席招待自己的客人和来出使的人，皇上派官府送去用品，派送乐队。让他们快乐无忧，仓库里的储备，都超过原来的上级，大概也超过了单于，时时赏赐让他们养家。匈奴整个国家都心怀羡慕，人人急急忙忙地唯恐自己来得太晚了，用这些来破坏他们的食欲，这是一种诱饵。对于来投降的人，皇上一定时常召见加以安抚，托付有关部门处理。匈奴的成人难以亲近，皇上对于匈奴的小孩以及贵族的儿子长得可爱的，一定要召见好几十人，穿上锦绣衣裳，住在漂亮的房子里，外出时让他们跟着，在宫中让他们伴随。皇上若是宴请外族人或使者，表演角抵戏，力士武士贴身护卫,让匈奴的小孩在旁边侍卫,匈奴的贵人轮番在皇帝面前陪酒,皇上亲自参观棋局猜钱的游戏,派人付酒钱,时时有人陪伴在他身边。不时拿些绣花衣裳、腰带装饰和发饰赏赐他们。皇上不时摸摸匈奴小孩,抱抱他们,哄逗哄逗,亲手喂烤肉给他们吃,拿出衣服房子赏赐他们。皇上起驾,让匈奴小孩前后跟随。匈奴贵人陪酒之后,穿上赏赐的衣服腰带站在前面,让几个贵人得到这样的待遇。匈奴整个国家听说的人、看到的人,都心怀美慕想要得到这些,人人急急忙忙地唯恐自己来得太晚了,用这些来破坏他们的思想,这是一种诱饵。牵制住他们的耳朵、眼睛、嘴巴和肚腹,四个方面牵制住了,又牵引他们的心,他们怎么能不来呢? 拿下匈奴就像往下推坠落的东西一样容易。这叫作五种诱饵。

　　若夫大变之应,大约以权决塞,因宜而行,不可豫形。尊翁主①,重相室②,多其长吏;众门大夫皆谋士也,必足之财。且用吾人,且用其尊,观其限,窥其谋,中外符节适缚拘也③。夫或人且安得久悍若此! 故三表已谕,五饵既明,则匈奴之中乖而相疑矣,使单于寝不聊寐,食不甘口,挥剑挟弓,而蹲穷庐之隅④,左视右视,以为尽仇也。彼其群臣,虽欲毋走,若虎在后;众欲无来,恐或轩之⑤。此谓势然。其贵人之见单于,犹迒虎狼也⑥;其南面而归汉也,犹弱子之慕慈母也;其众之见将吏,犹噩迒仇雠也⑦;南乡而欲走汉,犹水流下也。将使单于无臣之使,无民之守,夫恶得不系颈顿颡⑧,请归陛下之义哉! 此谓战德。

【注释】

①翁主:汉代对诸侯王之女的称呼。

②相室：为翁主管理内务的家臣。

③缕（gōu）拘：互相连接，指符合。

④穹庐：游牧民族居住的帐篷。

⑤轩：先。

⑥迕（wǔ）：遇。

⑦罿：通"遌"，遇。

⑧顿颡（sǎng）：磕头。颡，额头。

【译文】

　　至于应付重大事变，大概要灵活地作出决断，根据实际情况行动，无法事先规划。提高翁主的地位，重视翁主家臣的作用，增多下属官员；各方面的大夫都是谋士，一定要让他们有足够的钱财。而且用我们自己人，利用他们的尊贵地位，窥探匈奴的关塞，探听匈奴的计划，国内国外掌握的情报正相符合。匈奴人怎么能长期像这样凶悍呢？三种表策、五种诱饵已经理解清楚，匈奴内部必然会出现分裂而互相猜疑，将使单于寝不能寐，饮食不香，挥着剑拿着弓，蹲在帐篷的角落里，左右看看，以为都是敌人。那些臣民，即使不想逃走，好像猛虎就在身后；不想来投降，恐怕别人占了先。这就叫形势使然。那些贵人遇到单于，好比遇到虎狼；往南边投奔汉朝，好比幼小的婴儿遇到慈爱的妈妈；那些臣民见到将领，好像遇上仇敌；往南边投奔汉朝，就好像水流向低处。将会使单于没有大臣可以指使，没有民众可以防守，怎么能不用绳索套着脖子磕头，请求归顺陛下的大仁大义呢？这叫作用恩德作战。

　　彼匈奴见略，且引众而远去，连此有数①。夫关市者，固匈奴所犯滑而深求也。愿上遣使厚与之和，以不得已许之大市。使者反，因于要险之所，多为凿开，众而延之，关吏卒使足以自守。大每一关，屠沽者、卖饭食者、美臞炙膹者②，每物各一二百人,则胡人著于长城下矣。是王将强北之,必攻其王矣。以匈奴之饥,饭羹啖膹炙,哹潗多饮酒③,此则亡竭可立待也。赐大而愈饥,多财而愈困,汉者所希心而慕也。则匈奴贵人,以其千人至者,显其二三;以其万人至者,显其十余人。夫显荣者,招民之机也。故远期五岁,近期三年之内,匈奴亡矣。此谓德胜。”

【注释】

①连:连接,这里指吸引。

②臛(hù):肉羹。膹(fēn):切成块的肉。

③哹(yǔn)潗:大口饕餮。哹,大口。潗,音义未详。

【译文】

匈奴那边见到人民被夺走,将会带着部属远远走开,吸引他们也有招数。边关的集市,本来就是匈奴侵扰并想占领的。希望皇上派遣使者以优厚的条件与匈奴订立和约,不到迫不得已不开放大的集市。使者回来之后,就在险要的地方开辟集市,利用人众来吸引他们,边关将士要足够防守。每个关市,屠夫酒家、卖饭食的、卖肉羹烤肉的,每样各派一二百人,那么胡人就聚集在长城之下了。这时匈奴王要强行把他们往北边赶,他们必定会攻击他们的王。根据匈奴人的饥饿程度,吃肉喝汤,大口喝酒,这样看来,财源枯竭离灭亡就已经不远了。赏赐越多越饥饿,钱财越多越贫困,汉朝人民的生活是他们倾心向往的。那么匈奴的上层人物,带着上千人来投降的,让他们中间二三个获得显贵的地位;带领上万人来投降的,让他们中间十来个获得显贵的地位。显贵荣华,是招徕民众的关键。所以远则五年,近在三年之内,匈奴就会灭亡。这叫作凭恩德取胜。”

或曰："建三表，明五饵，盛资翁主，禽敌国而后止，费至多也，恶得财用而足之？"对曰："请无敢费御府铢金尺帛，然而臣有余资。"问曰："何以？"对曰："国有二族①，方乱天下，甚于匈奴之为边患也，使上下踳逆②，天下竂贫③，盗贼、罪人蓄积无已，此二族为祟也。上去二族，弗使乱国，天下治富矣。臣赐二族，使祟匈奴过足。"言者或曰："天子下临，人民悹之④。"曰："苟或非天子民，尚岂天子也？《诗》曰：'普天之下，莫非王土；率土之滨，莫非王臣。'王者，天子也。苟舟车之所至，人迹之所及，虽蛮夷戎狄，孰非天子之所哉？而惛渠颇率天子之民⑤，以不听天子，则惛渠大罪也。今天子自为怀其民，天子之理也，岂下临人之民哉？"

【注释】

①二族：指吴王濞和邓通。

②踳(chuǎn)：同"舛"，违背。

③竂(kuǎn)：空。

④悹(guàn)：忧虑。

⑤惛(xù)渠："休屠"(音如朽储)的异译。休屠，匈奴单于。

【译文】

有人说："建立三种表策，明确五种诱饵，大力资助翁主，擒拿敌国才停止，费用太多了，哪有那么多钱财来用呢？"我的回答是："请让我不花费国库里分毫资金，这样我还有多余的钱财。"有人问道："从哪来的呢？"我的回答是："国中有两大家族，正在危害国家，比匈奴在边境上制造的祸害厉害得多，使上下颠倒，使天下贫困，盗贼、罪人积蓄没有休止，这是两大家族形成的祸害。皇上去除两大家族，不让他们祸害国家，天下就安定和富裕了。我用这两大家族的钱财去危害匈奴足够了。"又有人说:"天子去治理别国臣民,人民为此担忧。"回答是:"如果还有不是天子的臣民,那还算是天子吗?《诗经》里说:'普天之下,都是君王的土地;所有土地上生活的人,都是君王的臣民。'王,就是天子。只要车船到达的地方,人能走到的地方,即使是南蛮东夷西戎北狄,哪里不是天子管辖的范围呢? 可是休屠率领天子的民众,不听从天子的命令,这是休屠的大罪。现在天子招徕自己的人民,是天子的职责,哪里是统治别国的人民呢?"

势卑事势

【题解】

"势卑",权势卑下。指汉朝每年向匈奴进贡黄金丝帛,是汉朝权势卑辱,贾谊请求担任典属国的官职,主管少数民族事务,解决匈奴之患。劝文帝放弃小的快乐,考虑大的忧患。爱国之心,跃然纸上。

匈奴侵甚、侮甚,遇天子至不敬也;为天下患,至无已也。以汉而岁致金絮缯彩①,是入贡职于蛮夷也②。顾为戎人诸侯也,势既卑辱,而祸且不息,长此何穷! 陛下胡忍以帝皇之号特居此?

【注释】

①絮:丝绵。缯彩:有花纹的丝织品。

②职:贡。《淮南子·原道训》:"四夷纳职。"高诱注:"职,贡也。"

【译文】

匈奴对汉朝的侵犯、欺侮非常厉害,对待汉天子很不恭敬;造成天下的危害,完全没有止息的时候。汉朝每年向他们送去黄金、丝绵和锦绣,这是向蛮夷进贡。汉朝反而成了外族人的诸侯了,权势已经低下受屈辱,而祸害没有止息,长期这样下去哪里是个尽头?陛下怎么能忍心拥有帝皇的称号而只是处在这种境地呢？

臣窃料匈奴之众不过汉一千石大县，以天下之大而困于一县之小，甚窃为执事羞之。陛下有意，胡不使臣一试理此？夫胡人于古小诸侯之所铚权而服也①，奚宜敢悍若此？以臣为属国之官，以主匈奴。因幸行臣之计，半岁之内，休屠饭失其口矣；少假之间，休屠系颈以草，膝行顿颡，请归陛下之义。唯上财幸。而后复罢属国之官，臣赐归伏田庐，不复洿末廷②，则忠臣之志快矣。今不獵猛兽而獵田兔③，不搏反寇而搏蓄菟④，所獵得毋小，所搏得毋不急乎？玩细虞⑤，不图大患，非所以为安。

【注释】

①铚（zhì）权：意义不详。孙诒让、刘师培认为当作"铚获"，意思是用短镰刀割草。肖旭认为读为"挃捲"，指收拢五指捣击。

②洿（wū）：同"污"。

③獵（liè）：同"猎"，狩猎。

④菟（tù）：通"兔"。

⑤虞：通"娱"，乐。

【译文】

臣下私下估计匈奴的人众不超过汉朝一个俸禄千石的县令管辖的大县，凭借汉朝这样一个大国受困于一个县这么小的匈奴，私下很是为替陛下办事的那些人感到羞愧。陛下如果想改变这种状况，为什么不派臣下我试着处理看看。那些匈奴人，古代一个小诸侯能像割草一样轻易征服它，哪敢如此凶悍呢？如果陛下任用我为主管附属国的官职，来主持处理匈奴事务。有幸按我的计划实施，半年之内，休屠就没有饭吃了;再稍微多给点时间,休屠就会草绳套着脖子,跪着爬行,磕头请求归服陛下的仁义统治了。希望陛下赏赐财物,之后罢免我负责的附属国的官职,让我回家种田,不再占据官位而使朝廷受污,那么臣下的一片忠心就满足了。如今不去捕猎凶猛的野兽而去捕猎跑到田间的猪,不去攻打反叛的敌寇而去捕猎家养的兔子,捕猎的岂不是太小,攻打的不是不急迫吗? 贪求小的快乐,不考虑大的忧患,无法达到安定。

淮难_{事势}

【题解】

"淮难",淮南王造成的灾难。文帝因为淮南王是高帝最喜欢的小儿子,对他特别好,因此有过错总是宽赦,导致淮南王横行无忌,自作令,无视汉法,危害天下。本篇列举大量事实,论证并不是朝廷有负于淮南王,而是淮南王有负于朝廷。针对文帝八年(前172)分封淮南王的四个儿子为列侯,打算继续封王而发论,证明这样做无疑为谋反提供了资本,所谓假贼兵为虎翼。

窃恐陛下接王淮南王子,曾不与如臣者孰计之也。淮南王之悖逆亡道,陛下为顿颡谢罪皇太后之前,淮南王曾不诮让^①,敷留之罪无加身者^②。舍人横制等室之门^③,追而赦之,吏曾不得捕。王人于天子国横行不辜而无谴,乃赐美人多载黄金而归。侯邑之在其国者,毕徙之他所。陛下于淮南王不可谓薄矣。然而淮南王,天子之法咫蹙促而弗用也^④,皇帝之令咫批倾而不行^⑤,天下孰不知?天子选功臣有职者,以为之相吏,王僵不踏蹴而逐耳,无不称病而走者,天下孰弗知?日接持怨言以诽谤陛下之为,皇太后之馈赐逆拒而不受，天子使者奉诏而弗得见，僵卧以发诏书，天下孰不知？聚罪人奇狡少年，通栈奇之徒、启章之等而谋为东帝⑥，天下孰弗知？淮南王罪已明，陛下赦其死罪，解之金道以为之神⑦，其人自病死，陛下何负？天下大指孰能以王之死为不当？陛下无负也！

【注释】

①淮南王：高帝十一年（前196），封刘长为淮南厉王，领地大致在今安徽淮河一带。刘长，刘邦的小儿子，文帝的弟弟。诮（qiào）让：批评，责备。这里指受到责备。

②敷留：即逋留，与"稽留"、"迟留"同义。

③舍人：左右亲近侍从。等室：孙诒让认为当作"寺室"，官寺官室。

④即：则。蹂促：同"蹂蹴"，践踏。

⑤批倾：击倒，指推翻。

⑥栈奇：即"柴奇"，汉初棘蒲侯柴武之子，曾参与淮南王刘长的叛乱。启章：淮南厉王刘长的部属，曾参与叛乱。

⑦金道：当作"严道"，地名，在今四川荣县。神：通"申"，约束。

【译文】

　　我私下担心皇上接下来要封淮南王的儿子为诸侯王，竟然不与像臣下我一样的人进一步商议一下这件事。淮南王叛逆无道，皇上为他在皇太后面前磕头谢罪，淮南王因此没有受到责备，稽留京城的罪过也没有给予处罚。他的左右侍从在官署门前横行霸道，皇上事后跟着赦免，官吏们竟然不能逮捕他们。诸侯王的人在天子国都横行不法不受处罚，竟然赏赐美女并装载很多黄金回去。一些侯爵的城邑在淮南国中的，全部迁移到其它地方。皇上对淮南王可谓不薄。可是淮南王践踏天子的法律而不去使用，推翻皇帝的命令而不执行，天下人谁不知道？天子选派功臣能胜任职务的做他的相国和官吏，淮南王只是不蹂躏驱赶罢了，没有不自称有病逃走的，天下人谁不知道？朝廷每天接到怨言诽谤皇上的行为，拒绝接受皇太后对他的馈赠，天子使者带着诏书却见不到他，直挺挺地躺着打开诏书，天下人谁不知道？聚集罪人和奸猾的青年，勾结柴奇、启章之流阴谋自立为东帝，天下人谁不知道？淮南王罪行已经非常明显，皇上赦免他的死罪，把他解送到严道作为约束，那人自己病死了，皇上有什么对不起他的呢？天下谁又能认为淮南厉王的死是不应该的呢？皇上没有对不起他的地方。

如是，咫淮南王罪人之身也，淮南子罪人之子也。奉尊罪人之子，适足以负谤于天下耳，无解细于前事。且世人不以肉为心则已，若以肉为心，人之心可知也。今淮南子少壮，闻父辱状，是立咫泣沾衿，卧咫泣交项，肠至腰肘如缪维耳[①]，岂能须臾忘哉？是而不如是，非人也。陛下制天下之命，而淮南王至如此极，其子舍陛下而更安所归其怨尔。特曰势未便，事未发，含乱而不敢言。若诚其心，岂能忘陛下哉？白公胜所为父报仇者[②]，报大父与诸伯父、叔父也。令尹子西、司马子綦皆亲群父也，无不尽伤。昔者白公之为乱也，非欲取国代王也，为发愤快志尔，故挟匕首以冲仇人之匈，固为要俱靡而已耳[③]，固非冀生也。

【注释】

①肘：疑当作"肘"，同"脏"。缪：缠。维：大绳。

②白公胜：春秋时楚平王的孙子，太子建的儿子。太子建与楚平王不合，出逃后死在郑国。白公胜为父亲报仇，杀死伯父令尹子西和叔父司马子綦，夺取了王权。不久，又被叶公杀死。

③靡：碎，指死亡。

【译文】

如此说来，淮南王是个罪人，那么他的儿子就是罪人的儿子。把罪人的儿子提拔到高位，只能是招来天下的指责，对过去的事情一点弥补作用都没有。再说，世上人的心不是肉长的就算了，只要是肉长的，人心就可以推测了。现在淮南王的儿子刚刚成年，听说父亲受辱的情形，站着泪水会沾湿衣襟，躺下泪水会流过脖子，肚肠腰腹之间如同绳索捆绑，怎么能一会儿就忘记呢？要是不这样，他们就不是人了。陛下制定治理国家诏命，淮南王落到如此下场，他的儿子们不怨恨陛下您还怨恨谁呢？只是说形势还不利，事情还没有发作，心怀作乱的想法还不敢说出来。如果说真实的想法，他们能忘记陛下您吗？白公胜为父亲报仇，报复的是祖父和那些伯父、叔父。令尹子西、司马子綦都是他的亲伯父、叔父，没有不受到伤害的。从前白公胜发动叛乱，并不是想夺取楚国政权而取代楚王的位置，为了抒发愤怒满足其报仇的愿望罢了，所以他拿着匕首捅进仇人的胸膛，本来是要与仇人同归于尽的，并没有想要活下来。

今淮南土虽小，黥布尝用之矣①，汉存特幸耳。夫擅仇人足以危汉之资②，于策安便？虽割而为四，四子一心也。豫让为智伯报赵襄子③，五起而不取者，无他，资力少也。子胥之报楚也④，有吴之众也；白公成乱也，有白公之众也。阖闾富故⑤，然使专诸刺吴王僚⑥；燕太子丹富故⑦，然使荆轲杀秦王政。今陛下将尊不亿之人⑧，与之众，积之财，此非有白公、子胥之报于广都之中者，即疑有专诸、荆轲起两柱之间。其策安便哉！此所谓假贼兵为虎翼者，愿陛下少留意计之。

【注释】

①黥布:即英布。因曾受黥刑,故称黥布。汉初封为淮南王,高祖十一年,因叛乱被杀。

②擅:通"禅",禅让。

③豫让为智伯报赵襄子:豫让,春秋战国之际晋国人,初为晋六卿之一中行氏的家臣,智伯瑶消灭中行氏后,豫让又改事智伯瑶,赵襄子消灭智伯瑶,豫让刺杀赵襄子未果,自杀。

④子胥:伍子胥,春秋时楚国人,他的父亲、哥哥被楚平王杀害,他逃往吴国,借用吴国的力量报仇,攻下楚国国都。

⑤阖闾:春秋时吴国国王。

⑥吴王僚:阖闾的哥哥。

⑦燕太子丹:燕国太子,名丹,因国家弱小,派荆轲刺杀秦始皇嬴政。

⑧亿:度,推测,揣测。

【译文】

现在淮南的国土虽然小,黥布曾经利用它造反,汉朝的存在只是侥幸罢了。让仇人继位拥有危害汉朝的资本,这种决策有什么好处?即使将封地划分为四块,四个儿子仍是一条心。豫让为智伯报复赵襄子,五次行刺都没有成功,没有别的原因,缺少力量支持罢了。伍子胥报复楚平王,有吴国的人众;白公胜叛乱取得成功,有他的军队。阖闾富有资财,这才使专诸刺杀吴王僚;燕太子丹富有资财,这才使荆轲刺杀秦王嬴政。如今陛下将提高奸邪不可揣测之人的地位,赐给他们民众,让他们积聚财富,这样,不是让白公胜、伍子胥那样的人在大都市公开报仇的话,就是让专诸、荆轲那样的人在殿堂之上行刺。封淮南厉王之子的打算有什么好处呢?这就是通常所说的借给强盗兵器、为老虎插上翅膀的做法,希望陛下稍稍留心考虑考虑。

无蓄事势

【题解】

"无蓄",缺乏积蓄。本篇根据当时国家背本趋末、世风奢靡、缺乏粮食积蓄的事实,论述粮食积蓄对国家存亡的重大意义,提出"蓄积者,天下之大命"的重要观点。国家粮食有积蓄,攻战就能夺取,防守就能守得牢固,使远方人民归服。据《汉书·食货志》记载,贾谊奏上此疏之后,文帝亲自耕种鼓励百姓,到汉武帝时,百姓家给人足,太仓之粟,陈陈相因。本篇可与《忧民》篇参看。

禹有十年之蓄,故免九年之水;汤有十年之积,故胜七岁之旱。夫蓄积者,天下之大命也。苟粟多而财有余,何向而不济?以攻则取,以守则固,以战则胜,怀柔附远,何招而不至?管子曰:"仓廪实,知礼节;衣食足,知荣辱①。"民非足也,而可治之者,自古及今,未之尝闻。古人曰:"一夫不耕,或为之饥;一妇不织,或为之寒。"生之有时而用之无节,则物力必屈。古之为天下者至悉也,故其蓄积足恃。今背本而以末,食者甚众,是天下之大残也;从生之害者甚盛,是天下之大贼也;汰流、淫佚、侈靡之俗日以长②,是天下之大祟也。残贼公行,莫之或止;大命泛败③,莫之振救。生之者甚少而靡之者甚众,天下之势何以不危!汉之为汉几四十岁矣,公私之积犹可哀痛也。故失时不雨,民且狼顾矣;岁恶不入,请卖爵鬻子。既或闻耳矣,安有为天下阽危若此而上不惊者④!

【注释】

①"仓廪实"四句:语见《管子·牧民》篇,文字少有不同。

②汰:奢侈。流:淫放,指过度放纵。

③泛:同"覂(fěng)",倾覆。

④阽(diàn):危险。

【译文】

　　夏禹时代有十年的积蓄,所以能渡过九年的水灾;商汤有十年的积蓄,所以能战胜七年的旱灾。粮食物资积蓄,是国家的根本命脉。如果粮食多并且钱财有积余,做什么事不能成功呢?用来进攻就能夺取,用来防守就能守得牢固,用来打仗就能胜利,安抚远方让民众归服,招谁谁又会不来呢?管子说:"仓库里充实了,百姓会懂得礼节;衣食富足了,百姓便知道荣辱。"人民不富足而能治理的,从古到今,没有听到过。古人说过:"一个农夫不耕种,就有人为此而挨饿;一个女子不织布,就有人为此而受冻。"生产有季节可是用起来没有节制,那么物资必然缺乏。古代治理天下的人考虑得非常周密,所以国家的积蓄足以依靠。如今背弃农业根本而从事工商业,吃饭的人很多,这是国家的大害;从事有害民生的人很多,这是国家的大贼;奢侈放纵淫逸的风气一天天增长,这是天下的大祸害。祸害公开泛滥,没有人去制止;命脉即将崩溃,没有人去拯救。生产的人很少而消费的人很多,天下的形势怎么会不危险呢?汉朝的建立将近四十年了,国家和个人的积蓄还是少得让人痛心。因此要是错过生产季节不下雨，人们就会惊慌失措；年成不好交不了赋税，就有人要卖掉爵位或儿女。已经听说这些情况了，哪有天下治理到如此危险的地步而皇上还不吃惊的呢？

世之有饥荒，天下之常也，禹、汤被之矣。即不幸有方二三千里之旱，国何以相恤？卒然边境有急，数十百万之众，国何以馈之矣？兵旱相乘，天下大屈，勇力者聚徒而横击，罢夫赢老易子孙而咬其骨①。政法未毕通也，远方之疑者并举而争起矣。为人上者，乃试而图之。岂将有及乎？可以为富安天下，而直以为此廪廪也②，窃为陛下惜之。

【注释】

①罢：疲惫。赢(léi)：瘦弱。

②廪廪：通"懔懔"，危险的样子。

【译文】

世间有饥荒，这是自然规律，夏禹、商汤已经遭遇过了。假如不幸有方圆两三千里的大旱，国家拿什么来救济呢？突然边境上有紧急的战事，几十数百万的军队，国家拿什么来当粮饷呢？战争和旱灾紧密相连，国家财力极其匮乏，有胆量有力气的人聚集人众发动暴乱，老弱病残的人交换子孙啃吃人肉骨头。政策法令没有完全贯彻到各地，远方那些想争权比势的人就会一齐造反。到那时作为人君的才试图想办法对付，难道会来得及吗？本来可以使天下安定富裕，却只是目前这样危险的状况，我私下为陛下感到可惜。

铸钱事势

【题解】

　　孝文帝五年，废除盗铸钱令，让百姓私自铸钱。本文论述民间私自铸钱的危害，铸钱造假处罚黥罪，与禁止铸钱处罚死罪，都是百姓的陷阱；且民间私自铸钱，荒废农业，导致国家粮食匮乏。主张铸钱收归国有，可以统一币制、稳定物价，对巩固国家政权大有好处。本篇可与《铜布》篇参看。

　　法使天下公得顾租铸钱[1]，敢杂以铅铁为他巧者，其罪黥。然铸钱之情，非殽铅铁及石杂铜也[2]，不可得赢；而殽之甚微，其利甚厚。名曰顾租公铸，法也，而实皆黥罪也。有法若此，上将何赖焉？夫事有召祸而法有起奸，今令细民操造币之势，各隐屏其家而铸作，因欲禁其厚利微奸，虽黥罪日报，其势不止。为民设阱，孰积于是？曩禁铸钱，死罪积下；今公铸钱，黥罪积下，虽少异乎，末具也。民方陷溺，上且弗救乎？

【注释】

①顾：通"雇"，雇用。

②殽：混杂。

【译文】

法律宣布天下人可以公开雇人租铜铸造铜钱，敢掺杂铅和铁玩弄其他诈巧的，判处黥罪。可是铸钱的实际情形，铜中不混杂铅、铁以及石头，就无法盈利；而掺杂手法巧妙，获得的利润很丰厚。名义上说允许公开雇人租铜铸造铜钱是合法的，而实际上因在原料中掺假被处黥罪。法律这样，皇上又将依靠什么呢？做事不妥会招来灾祸，而法律有缺陷也会有人利用它做奸邪之事，如今让老百姓掌握铸造钱币的权力，各自隐藏在家中铸造钱币，在这种情况下，要制止他们为获得厚利而做得精巧的奸邪之事，即使天天判处黥罪，那种情况也制止不了。这无疑于为百姓设置陷阱，为什么会这样呢？以前禁止私人铸造钱币，犯死罪的很多；现在政府允许公开铸造钱币，犯黥罪的也很多。虽然二者稍有不同，也只是细微末节。老百姓正在陷入泥潭，皇上不打算救他们吗？

　　且世民用钱，县异而郡不同：或用轻钱，百加若干；或用重钱，平称不受。法钱不立①，吏急而一之乎，则大烦苛而民弗任，且力不能而势不可施；纵而弗苛乎，则郡县异而市肆不同，小大异用，钱文大乱。夫苟非其术，则何向而可哉？

【注释】

①法钱：质量、重量符合法律规定的标准钱。

【译文】

况且世人使用钱币，各个郡县都不相同：有的用轻薄钱币，一百个外还要加若干个；有的用厚重钱币，同等称重而不愿被接受。法定的钱币标准不建立,官员们急忙统一钱币,那么工作太繁杂琐碎而百姓不胜其扰,既做不了也难以施行;即便统一办法不严苛,因郡县和市场的不同,小钱大钱同时混用,各种钱币也会混乱。假如真没有恰当的办法,那么怎么做才能行得通呢?

　　夫农事不为,而采铜日蕃,释其耒耨①,冶镕炉炭。奸钱日繁,正钱日亡。善人怵而为奸邪,愿民陷而之刑戮。黥罪繁积,吏民且日斗矣。将甚不祥,奈何而忽? 国知患此,吏议必曰"禁之"。禁之不得其术,其伤必大,何以圉之②? 令禁铸钱,钱必还重,四钱之粟,必还二钱耳。重则盗铸钱如云而起,则弃市之罪又不足以禁矣。奸不胜而法禁数溃。

【注释】

①耒耨(lěi nòu):泛指农具。耒,翻地的农具。耨,锄草的农具。
②圉(yǔ):阻止。

【译文】

　　人们不从事农业生产,采铜的一天天增多,农民们丢掉农具,去烧炭炼铜铸钱。私铸的成色不足的钱一天天增多,足色钱一天天消失。好人受引诱去干非法的事情,善良人落入陷阱遭受刑罚。犯黥罪的非常多,官吏和民众每天都要争斗。这将导致很不利的结果,怎么能不加重视呢? 国家认识到这种危害,官员们讨论一定会说"禁掉它"。禁止铸钱如果不得法,带来的伤害一定很大,怎样来防止伤害呢? 下令禁止铸钱,钱币币值必然提高,现在四个铜钱能买到的粟米,必定只要两个钱就能买到。钱币价值提高了,偷偷铸钱的人又会像云层一样涌现,那么弃市的处罚也无法禁止私铸钱了。犯法的事制止不了,法律禁令就会屡屡失去效力。

卷 五

傅职连语

【题解】

"傅职",辅佐的职责。傅是帝王的家臣,负责教育帝王的太子。教育太子的内容有"学"、"教"、"顺",教育太子的人,要选择贤能者。具体官职有太师、太傅、太保、少师、少傅、少保、诏工、太史,各负其责。《保傅》篇谈到,太子之善在于早谕教与选左右,本篇重在选左右,可与《保傅》篇参看。

或称《春秋》①,而为之耸善而抑恶,以革劝其心。教之《礼》②,使知上下之则。或为之称《诗》③,而广道显德,以驯明其志。教之《乐》④,以疏其秽,而填其浮气。教之语⑤,使明于上世,而知先王之务明德于民也。教之故志,使知废兴者而戒惧焉。教之任术,使能纪万官之职任,而知治化之仪。教之训典,使知族类疏戚,而隐比驯焉⑥。此所谓学太子以圣人之德者也⑦。

【注释】

①《春秋》:儒家经典,相传为孔子根据鲁国史书改编,对历史事件

和人物多有褒贬,所谓微言大义,是第一部编年体史书。

②《礼》:儒家经典,今存《周礼》、《仪礼》、《礼记》,合称"三礼",记录
了职官和交接的礼仪制度。

③《诗》:即《诗经》,儒家经典,收录了三〇五篇诗歌,富含教化
内容。

④《乐》:即《乐经》,儒家经典,秦以后失传。

⑤语:指《尚书》,儒家经典,书中记录了很多帝王诰语。

⑥隐:暗含。比驯:亲爱顺从。

⑦学(xiào):同"敩",教。

【译文】

有人讲述《春秋》,教人抑恶扬善,来劝导他的思想。教他《礼经》,
使他懂得上下尊卑的原则。有人讲述《诗经》,从而彰显道德,培养正确
的志向。教他《乐经》,疏通污秽之气,压制轻浮之气。教他先王语录,
使他知道古代的事情,了解先王努力向民众显示德行。教他古代史志,
使他知道兴废的原因而心生警戒恐惧。教他治理的方法,使他能掌握
各类官员的职能,从而知道治理教化的规则。教他古代典章制度,使他
知道宗族的类别和关系的亲疏,从而懂得亲近顺从。这就是所说的用
圣人的德行教太子的方法。

　　或明惠施以道之忠,明长复以道之信,明度量以道之
义,明等级以道之礼,明恭俭以道之孝,明敬戒以道之事,明
慈爱以道之仁,明倜雅以道之文①,明除害以道之武,明精直
以道之罚,明正德以道之赏,明斋肃以道之教②。此所谓教
太子也。

【注释】

①佡(xián)雅：指思想正确，言语得体。本书《道术》篇："容志审道谓之佡，反佡为野；辞令就得谓之雅，反雅为陋。"佡，通"娴"。

②教：当从潭本作"敬"。

【译文】

有人阐明施予恩惠的道理引导他做到忠，阐明时间久长不忘记诺言引导他做到信，阐明度量制度引导他做到义，阐明等级制度引导他做到礼，阐明恭敬简朴引导他做到孝，阐明敬重和警戒引导他如何做事，阐明慈善友爱引导他做到仁，阐明思想言语的雅正引导他做到文，阐明除害的道理引导他做到武，阐明周密正直引导他如何实施处罚，阐明公正和恩德引导他如何实行奖赏，阐明斋戒严肃的道理引导他做到敬。这就是所说的教太子的方法。

左右前后，莫非贤人以辅相之，揔威仪以先后之①，摄体貌以左右之②，制义行以宣翼之③，章恭敬以监行之④，勤劳以勤之，孝顺以内之，敦笃以固之，忠信以发之，德言以扬之。此所谓顺者也。

【注释】

①揔：同"总"，持。

②摄：整顿，整饬。

③宣：遍。

④章：表彰，显扬。

【译文】

太子的左右前后，都要有贤能人来辅助他。持庄重的仪容举止前后引导他，整饬身体外表左右护持他，作出合乎事理的行为全面帮助他,彰显出恭敬来监督他,用辛苦劳累来磨练他,以孝敬父母之礼节教导他让他接纳,用忠厚诚实来巩固他,用忠诚守信来激励他,用高尚的言论来激发他。这就是所说的训导。

　　此傅人之道也,非贤者不能行。

【译文】

这些是教育太子的途径,不是贤能的人做不到。

　　天子不谕于先圣人之德,不知君国畜民之道,不见礼义之正,不察应事之理,不博古之典传,不倜于威仪之数①,《诗》、《书》、《礼》、《乐》无经,天子学业之不法:凡此其属,太师之任也②。古者齐太公职之③。

【注释】

①倜:通"娴",习,熟悉。

②太师:"三公"之一,天子的老师。

③齐太公:姜尚,周文王的老师,辅佐周武王伐商,被尊为"师尚父",封于齐。

【译文】

天子不知晓前代圣人的高尚品德,不知道统治国家养育百姓的道理,不懂得礼义的正确与否,不考察应付事变的道理,不广泛地学习古代的历史经典,不熟悉行为仪表的规则,《诗》、《书》、《礼》、《乐》的学习不合常理,学业不合章法:凡是有这一类的情况,都是太师的责任。古代齐太公主管这一项工作。

天子不姻于亲戚①，不惠于庶民，无礼于大臣，不忠于刑狱，无经于百官②，不哀于丧，不敬于祭，不诚于戎事，不信于诸侯，不诚于赏罚，不厚于德，不强于行；赐予侈于左右近臣，吝授于疏远卑贱③；不能惩忿忘欲④，大行、大礼、大义、大道，不从太师之教：凡此其属，太傅之任也。古者鲁周公职之⑤。

【注释】

①姻：亲。

②经：纪，治理。

③吝：同"吝"，吝惜。

④惩：止。忘：王谟本作"窒"。

⑤鲁周公：姓姬名旦，周文王之子，周武王之弟，辅佐周武王灭商有功，封于鲁。武王崩，成王幼小，周公代理国政。

【译文】

天子对父母不亲，对平民百姓不爱，对大臣无礼，对断狱不公正，居丧不哀痛，祭祀不诚敬，对战争不警戒，对诸侯不讲信誉，对赏罚不讲诚信，德行不深厚，做事没有魄力；赏赐多给左右亲近大臣，舍不得给关系疏远和地位低下的人；不能克制忿怒抑制欲望，行为、礼节、道义等大的方面，不听从太师的教诲：凡是有这一类的情况，都是太傅的责任。古代鲁周公主管这一项工作。

天子处位不端，受业不敬，教诲讽诵《诗》、《书》、《礼》、《乐》之不经、不法、不古，言语不序，音声不中律；将学趋让进退即席不以礼，登降揖让无容，视瞻、俯仰、周旋无节，妄咳唾，数顾趋行，色不比顺①，隐琴肆瑟②：凡此其属，太保之任也③。古者燕召公职之④。

【注释】

①比：和。

②隐琴肆瑟：倚在琴上，瑟放在一边，指不练习琴瑟。隐，凭依。肆，放置。

③太保："三公"之一，仅次于太傅。

④燕召公：即姬奭(shì)，周文王庶子，封邑在召，武王封于北燕。

【译文】

天子坐立的姿势不端正，学习态度不严肃，教导学习诵读《诗》、《书》、《礼》、《乐》时不合规范、不合章法、不合古代的意义，言语没有条理，声音不合音律；学习快走、避让、前进、后退、就座不合礼仪，上升、下降、作揖相让不成样子，近观远望、俯身、后仰、左转右转不合礼节，随便咳嗽吐痰，频频回头走路小跑，脸色不和顺，琴瑟不温习：凡是有这一类的情况，都是太保的责任。古代燕召公主管这一项工作。

天子燕辟废其学①，左右之习诡其师②；答远方诸侯、遇贵大人，不知大雅之辞；答左右近臣，不知已诺之适；佪问小诵之不博不习③：凡此其属，少师之任也④。古者史佚职之⑤。

【注释】

①燕：通"宴"，游乐。辟：邪僻。

②诡：狎，调笑。

③佪问：别本作"简闻"，闻于简策。

④少师："三公"的副官，辅佐天子。

⑤史佚：周史官尹佚，与姜太公、周公、召公并称四圣。

【译文】

天子游乐无度荒废学业，受身边人的挑唆调笑老师；应对远方来的诸侯，接待地位高贵的客人，不知道运用高雅的言辞；应答身边左右的臣子，不知道许诺的适度；简牍的学习和小时记诵的知识不广博不熟悉：凡是有这一类的情况，都是少师的责任。古代史佚主管这一项工作。

天子居处出入不以礼，衣服冠带不以制，御器在侧不以度，杂彩从美不以章^①，忿怒说喜不以义，赋与噍让不以节^②，小行、小礼、小义、小道^③：凡此其属，少傅之任也^④。

【注释】

①从：同"纵"，放纵，指追求。章：文采。

②噍（jiào）让：用言语责备。

③小行、小礼、小义、小道：此句下当从孔广森所见本补"不从少师之教"六字。

④少傅："三公"的副官，次于少师，辅佐天子。

【译文】

天子居住和出入不按礼节，衣服帽子腰带不按制度规定，身边的用品不按度量规定，服饰颜色追求华美不按文采规定，生气高兴不考虑合不合时宜，赏赐、责备没有节制，行为、礼节、道义等小的方面，不听从少师的教诲：凡是有这一类的情况，都是少傅的责任。

天子居处燕私安所易^①，乐而湛，夜漏屏人而数^②，饮酒而醉，食肉而饱，饱而强食，饥而惏^③，暑而喝^④，寒而懦^⑤，寝而莫宥⑥,坐而莫侍,行而莫先莫后;帝自为开户,自取玩好,自执器皿,亟顾还面,而器御之不举不臧⑦,折毁丧伤:凡此其属,少保之任也⑧。

【注释】

①燕私:平时的生活。易:指马虎、散漫。

②夜漏屏人而数(shuò):此句下,卢文弨认为有脱文。祁玉章认为当连下句读。李尔钢认为此句指性生活。数,多次。

③惏(lán):贪婪,指暴食。

④暍(yē):中暑。

⑤懦:当从别本作"嗽"。

⑥宥:通"侑",帮助。

⑦臧:同"藏"。

⑧少保:"三公"的副官,次于少傅,辅佐天子。

【译文】

天子日常生活安逸并且散漫,沉溺于快乐,夜深时赶走身边人,喝酒喝醉,吃肉过饱,吃饱了还要硬撑,饿了猛吃,天热中暑,天冷咳嗽,睡觉时无人帮忙,坐着无人侍候,行走时前后没有人;亲自开门,亲自拿玩赏的东西,亲自端器皿,快速回头转身,御用器物不齐全保管不好,毁坏遗失:凡是有这一类的情况,都是少保的责任。

干戚戈羽之舞,管籥琴瑟之会①,号呼歌谣声音不中律,燕乐雅讼逆乐序②:凡此其属,诏工之任也③。

【注释】

①管籥(yuè):笙箫之类的吹奏乐器。

②燕乐：房中之乐。雅：正声之乐。讼：同"颂"，祭祀先祖之乐。

③诏工：乐官之长。

【译文】

手持斧、盾、戈、羽的文舞、武舞，管弦演奏的音乐会，朗诵歌唱的声音不合音律，燕乐、雅乐和颂乐违反了次序：凡是有这一类的情况，都是诏工的责任。

不知日月之不时节，不知先王之讳与国之大忌①，不知风雨雷电之眚②：凡此其属，太史之任也③。

【注释】

①讳：忌讳，指名讳。

②眚（shěng）：灾祸。

③太史：史官之长，掌管历法和历史文书，记录国家的重大活动。

【译文】

不了解日月运行不合季节，不知道先王的名讳和国家的重大禁忌，不知道风雨雷电预示的灾祸：凡是有这一类的情况，都是太史的责任。

保傅连语

【题解】

"保傅",太保、太傅,辅佐教育太子的两位官员,借此论述太子的教育。从商、周两代长久而秦王朝短命的历史,阐述教育太子的重要性。初生时的教育,入学后的教育,成人后的教育,都有商、周好的事例,秦王朝之所以快速灭亡的原因之一,在于教育不得法。因为天下的命运,关系于太子,太子正则能天子定,而太子之善在于早期就施加教育并且选择好身边的人,这是贾谊把教育同治国相结合,寄天下于理想君主的一种政治规划。章太炎说,《保傅》篇大概出于古代的礼经,所以汉代与《孝经》《论语》一起教太子,而后人又以《贾子新书》语掺入到里面。《大戴礼记》中也有此篇,内容略有不同。

殷为天子,二十余世①,而周受之。周为天子,三十余世②,而秦受之。秦为天子,二世而亡③。人性非甚相远也,何殷、周之君有道之长,而秦无道之暴也④?其故可知也。

【注释】

①殷为天子,二十余世:据《汉书·律历志》记载:"凡殷世继嗣三十一王,六百二十九岁。"

②周为天子,三十余世:据李善注《文选》引《战国策》吕不韦云:"周凡三十七王,八百六十七年。"

③秦为天子,二世而亡:从秦始皇到胡亥,一共十五年。

④暴:短暂,短促。

【译文】

商朝统治天下,二十多代,周朝取代了它。周朝统治天下,三十多代,秦朝取代了它。秦朝统治天下,两代就灭亡了。人的生性相差不远,为什么商朝、周朝的君主符合规律就能统治长久,而秦朝的君主不符合规律就快速灭亡了呢? 其中的缘故是可以知晓的。

古之王者,太子初生,固举以礼,使士负之,有司斋肃端冕①,见之南郊,见于天也。过阙则下②,过庙则趋,孝子之道也,故自为赤子而教固已行矣③。昔者周成王幼在襁褓之中④,召公为太保⑤,周公为太傅⑥,太公为太师⑦。保,保其身体;傅,傅之德义;师,道之教训:三公之职也。于是为置三少,皆上大夫也,曰少保、少傅、少师⑧,是与太子燕者也⑨,故孩提有识⑩。三公、三少固明孝仁礼义,以道习之,逐去邪人,不使见恶行。于是皆选天下之端士,孝悌博闻有道术者,以卫翼之,使与太子居处出入。故太子初生而见正事,闻正言,行正道,左右前后皆正人也。习与正人居之,不能无正也,犹生长于齐之不能不齐言也;习与不正人居之,不能无不正也,犹生长于楚之不能不楚言也。故择其所嗜,必先受业,乃得尝之;择其所乐,必先有习,乃得为之。孔子曰:"少成若天性,习贯如自然。"是殷、周之所以长有道也。

【注释】

①斋:斋戒,一种清净身心以示虔诚的活动,不饮酒,不食荤腥,沐
　浴独居。端冕:穿礼服,戴礼帽。端,玄端,礼服。冕,礼帽。

②阙:古代宫殿正门前两侧的高楼。

③赤子:婴儿。婴儿出生时皮肤呈红色,故称赤子。

④周成王:姬诵,周武王之子。襁褓:背负和包裹婴儿的布兜被毯
　之类。

⑤召公:燕召公,即姬奭(shì),周文王庶子,封邑在召,武王封于北
　燕。太保:"三公"之一,仅次于太傅。

⑥周公:鲁周公,姓姬名旦,周文王之子,周武王之弟,辅佐周武王
　灭商有功,封于鲁。武王崩,成王幼小,周公代理国政。太傅:太
　子的老师。

⑦太公:齐太公姜尚,周文王的老师,辅佐周武王伐商,尊为"师尚
　父",封于齐。太师:"三公"之一,天子的老师。

⑧少保:"三公"的副官,次于少傅,辅佐天子。少傅:"三公"的副
　官,次于少师,辅佐天子。少师:"三公"的副官,辅佐天子。

⑨燕:闲居,指日常生活。

⑩孩提:二三岁的幼儿。孩,小儿笑。提,提抱。

【译文】

　　古代的君王,太子刚刚出生,一定要举行礼仪来培养他,派士人背
着他,主持祭祀的人斋戒后虔诚地穿着礼服戴着礼帽,带他到南郊,向
上天祷告。经过宫殿的两阙下车表示敬意,经过祖宗庙门要快步走过,
这是做孝子的道理,所以自从婴儿的时候教育就已经开始进行了。从
前周成王还在襁褓里的时候,召公担任太保,周公担任太傅,姜太公担
任太师。保,就是保育身体;傅,就是辅导道德仁义;师,就是用教育和
训诲来引导;这是三公的职责。于是为太子设置三少官员,身份都是上
大夫,叫作少保、少傅、少师,这些是与太子平时一起生活的人,所以太

子在幼儿的时候就有知识。三公三少务必让太子明白孝顺仁爱礼仪道义,用合乎道的言行去训练他,赶走那些不正经的人,不让太子见到坏的行为。于是选派天下正直的学人,孝顺父母友爱兄弟见多识广有智有谋的人,来保护扶持他,让他们与太子一起生活一同出入。所以太子刚刚生下来看见的是正经事,听到的是正确的言论,走的是正道,左右前后都是正派的人。一向同正派人生活在一起,不可能不正派,就像生长在齐国不可能不说齐国话一样;一向与不正派的人生活,不可能正派,就像生长在楚国不可能不说楚国话一样。所以太子选择自己喜欢吃的,一定先要让老师教点什么,才能让他去尝一尝;太子选择自己快乐的事,一定先要温习功课,才能让他去做。孔子说:"小时候养成的就像天生的一样,习惯的事情就像自然生成的一样。"这就是商朝、周朝能长久符合道的原因。

及太子少长,知好色,则入于学。学者,所学之官也。《学礼》曰①:"帝入东学,上亲而贵仁,则亲疏有序而恩相及矣;帝入南学,上齿而贵信,则长幼有差而民不诬矣;帝入西学,上贤而贵德,则圣智在位而功不遗矣;帝入北学,上贵而尊爵,则贵贱有等而下不逾矣;帝入太学,承师问道,退习而考于太傅,太傅罚其不则而匡其不及,则德智长而治道得矣:此五学者既成于上,则百姓黎民化辑于下矣②。"学成治就,是殷、周所以长有道也。

【注释】

①《学礼》:《礼古经》五十六篇之一。

②辑:和。

【译文】

等到太子稍稍长大，懂得喜欢女色，就让他进学校。学校，就是传授知识的官府。《学礼》上说："帝君进入东学，崇尚血缘关系提倡仁爱，于是亲疏关系有秩序而恩泽能够施及；帝君进入南学，尊重长者讲究诚信，于是长幼有别而人们不会行骗；帝君进入西学，崇尚贤能而提倡道德，于是圣人智者能在其位而功劳不会遗漏；帝君进入北学，崇尚高贵尊重爵位，于是贵贱有等级而下级不会超越上级；帝君进入太学，向老师咨询大道，回去温习接受太傅的考试，太傅处罚不合法则之处纠正没有做到的，于是德行智慧增长而掌握治理的方法；君主这五个方面学习成功了，那么黎民百姓就会受到教化变得和顺了。"学业有成治理有方，这就是商朝、周朝能长久符合道的原因。

及太子既冠成人①，免于保傅之严，则有司直之史②，有亏膳之宰③。天子有过，史必书之，史之义，不得书过则死；而宰收其膳，宰之义，不得收膳则死。于是有进善之旌④，有诽谤之木⑤，有敢谏之鼓⑥，瞽史诵诗⑦，工诵箴谏⑧，大夫进谋，士传民语。习与智长，故切而不愧；化与心成，故中道若性。是殷、周之所以长有道也。

【注释】

①冠：古代天子诸侯十九岁举行加冠的礼仪，普通士人二十岁举行加冠的礼仪，表示成年。
②司直之史：秉笔直书的史官。
③亏膳之宰：主管减少膳食的职官。
④进善之旌：为进献善言者设置的旗帜。
⑤诽谤之木：为平民提意见设置的木牌。诽谤，批评、评议。

⑥敢谏之鼓：为进谏者设置的鼓。进谏先击鼓。

⑦瞽（gǔ）史：掌乐之官，多以盲人担任。

⑧工：乐师。箴（zhēn）：劝诫。

【译文】

等到太子举行冠礼已经成年，不再接受保傅们的严格管束，就有秉笔直书的史官来记录他的言行，有主管膳食的官员掌握膳食的增减。天子有过错，史官一定记录下来，史官的职责，不能记录过错就得以身殉职；同时膳宰减少膳食，膳宰的职责，不能减少膳食就得以身殉职。于是又有为进献善言的人设置的旗帜，有为普通百姓提意见设置的木牌，有为进谏的人设置的鼓，盲人乐官为天子朗诵诗，有乐师为天子诵读劝诫的警句，有大夫进献谋略，有士人转达平民意见。通过不断学习与智慧同步增长，所以处理事务能恰到好处没有愧疚；教化与思想同步成熟，行为符合大道如同天性生成。这就是商朝、周朝能长久符合道的原因。

三代之礼：天子春朝朝日，秋暮夕月，所以明有敬也；春秋入学，坐国老①，执酱而亲馈之，所以明有孝也；行以鸾和②，步中《采茅》③，趋中《肆夏》④，所以明有度也；其于禽兽也，见其生不忍其死，闻其声不尝其肉，故远庖厨，所以长恩，且明有仁也。食以礼，彻以乐⑤。失度，则史书之，工诵之，三公进而读之，宰夫减其膳，是天子不得为非也。《明堂之位》曰⑥："笃仁而好学，多闻而道顺。天子疑则问，应而不穷者谓之道。道者，道天下以道者也，常立于前，是周公也。诚立而敢断，辅善而相义者谓之辅。辅者，辅天子之意者也，常立于左，是太公也。洁廉而切直，匡过而谏邪者谓之拂。拂者，拂天子之过者也，常立于右，是召公也。博闻强记，捷给而善对者谓之承。承者，承天子之遗忘者也，常立于后，是史佚也⑦。"故成王中立听朝，则四圣维之，是以虑无失计而举无过事。殷、周之所以长久者，其辅翼太子有此具也。

【注释】

①国老：告老退职的卿大夫。

②鸾和：悬挂在车上的两种铃。鸾在车衡上，和在车轼上。根据鸾和发出的响声控制行车的速度。

③《采茅》：古乐名。

④《肆夏》：古乐名。

⑤彻：吃完后撤去食具。

⑥《明堂之位》：《礼古经》的篇名。今《礼记》中有《明堂位》篇。

⑦史佚：周史官尹佚，与姜太公、周公、召公并称四圣。

【译文】

夏、商、周三代的礼仪：天子在立春的早晨朝拜太阳，立秋的晚上祭祀月亮，是为了彰明天子对天地的敬意；春秋时节进入国学，请国老们就座，手拿肉酱亲自赠送给他们，是为了彰明天子的孝道；行车符合鸾和的节奏，行步符合《采茅》的乐律，快走符合《肆夏》的节拍，是为了表明天子的节度；对于禽兽，看到它们活着不忍心看见它们死去，听到它们的叫声不忍心吃它们的肉，所以把厨房建造在很远的地方，是为了增长恩德，并且表明有仁爱之心。饮食时按照礼节，撤席时按照音乐。失去节度，史官就要记录下来，乐师背诵下来，三公到天子跟前宣读，膳宰减少膳食，这是为了天子不能做不正当的事情。《明堂之位》里说："仁德深厚而爱好学习，见多识广而治理有方。天子有疑问就请教，应答没有穷尽叫做道。道，就是用大道来引导天子的人，常常在天子跟前，这人就是周公。真诚地建立并敢于决断，用善行来辅导用合理来扶助的人叫作辅。辅，就是帮助实现天子的想法，常常站在左边，这人就是太公。廉洁并且耿直，匡正过错劝诫邪恶的人叫作拂。拂，就是拂除天子的过错的人，常常站在右边，这人就是召公。博闻强记，应答敏捷的人叫作承。承，就是承接天子遗忘的人，常常站在后边，这人就是史佚。"所以周成王站在中间治理朝政，四位圣人辅助他，所以考虑没有失策而且行动没有过错。商朝、周朝能长久的原因，是辅助太子有这些方法。

及秦而不然。其俗固非贵辞让也，所上者告讦也①；固非贵礼义也，所上者刑罚也。使赵高傅胡亥而教之狱②，所习者非斩劓人③，则夷人之三族也④。故今日即位，明日射人，忠谏者谓之诽谤，深为之计者谓之妖言，其视杀人若艾草菅然⑤。岂胡亥之性恶哉？其所以习道之者非理故也。

【注释】

①讦(jié)：告发，告密。

②赵高：秦始皇的宦官，胡亥的老师。胡亥：秦始皇的小儿子，前210—前207年在位。

③劓(yì)：割鼻。

④三族：指父族、母族、妻族。

⑤艾：通"刈"(yì)，割。菅(jiān)：茅草。

【译文】

到了秦朝却不是这样。秦朝的风气本来就不提倡谦让，所崇尚的是暗地告密；本来就不看重礼义，所崇尚的是刑罚。让赵高辅助胡亥而教他断案，所熟悉的不是砍人的头割人的鼻子，就是灭掉人的父族、母族和妻族。所以今日即位，明日就射杀人，忠心进谏的人称为诽谤，为他出长久之计的称为妖言，他看杀人就像割草差不多。难道是胡亥的本性恶劣吗？是他接触的学说导致他的行为不合正理的缘故。

鄙谚曰："不习为史，而视已事。"又曰："前车覆而后车戒。"夫殷、周之所以长久者，其已事可知也；然而不能从，是不法圣智也。秦之亟绝者，其轨迹可见也；然而不避，是后车又覆也。夫存亡之反，治乱之机，其要在是矣。天下之命，县于太子；太子之善，在于蚤谕教与选左右①。心未滥而先谕教，则化易成也；夫开于道术，知义之指，则教之功也。若其服习积贯，则左右而已矣。夫胡越之人，生而同声，嗜欲不异，及其长而成俗也，累数译而不能相通，行有虽死而不相为者，则教习然也。臣故曰"选左右、蚤谕教最急"。夫教得而左右正，则太子正矣，太子正而天下定矣。《书》曰："一人有庆，兆民赖之。"②此时务也。

【注释】

①蚤：通"早"。

②一人有庆，兆民赖之：引文见《尚书·吕刑》。庆，善。

【译文】

民间谚语说："不熟悉做史官，可以看看已经过去的事。"又说："前面的车子翻掉了，后面的车子会引起警惕。"商朝、周朝之所以能够长久的原因，那些过去的事情可以了解了；可是不能跟着做，这是因为不效法圣人和智者。秦朝很快就灭亡的原因，它的轨迹是可以看到的；可是看到了又不躲开，后面的车子又翻掉了。或存或亡的反转点，或治或乱的关键，根本的要点就在这里。天下的命脉，悬系在太子身上；太子的好品质，在于早期教育和选择身边左右的人。思想还没有变坏时就先进行教育，那么教化就容易成功；开通道术，懂得义的宗旨所在，是教育的功劳。至于习惯的养成，则是身边左右人的影响。胡人和越人，生下来声音相同，嗜欲没有差别，等到长大形成习俗之后，多次翻译言语和思想都不能沟通，宁愿死也不肯去做对方做的事情，那是教育和习惯使他们这样。臣下所以说"选择身边左右的人和早早进行教育最急迫"。教育得法并且身边的人思想行为端正，太子也就思想行为端正了，太子思想行为端正了天下就安定了。《尚书》里说："一个人有善行，亿万百姓都依赖他。"这是当下的事务。

连语连语

　　本篇篇目疑脱,"连语"大概是原来的小题,后来传写为大题,又有人加为小标目。宋代王应麟《玉海》有"昭纪"的题目,怀疑是本篇的题目。文中用纣王的百姓反叛纣王、梁王决断疑狱的历史故事,说明统治国家畜养百姓施行政教的人,对待百姓应该宽厚。又从人主分上中下三等,说明选择左右的急迫性,引起下文辅佐的内容,这大概是"连语"的意思。从写作手法看,"连语"有借古讽今的意味。

　　纣,圣天子之后也①。有天下而宜然。苟背道弃义,释敬慎而行骄肆,则天下之人,其离之若崩,其背之也不约而若期。夫为人主者,诚奈何而不慎哉?纣将与武王战,纣陈其卒,左臆右臆②,鼓之不进,皆还其刃,顾以乡纣也。纣走还于寝庙之上,身斗而死,左右弗肯助也。纣之官卫舆纣之躯,弃之玉门之外③。民之观者皆进蹴之,蹈其腹,�其肾,践其肺,履其肝。周武王乃使人帷而守之。民之观者撺帷而入④,提石之者犹未肯止⑤。可悲也!夫埶为民主⑥,直与民为仇,殃忿若此。夫民尚践盘其躯⑦,而况有其民政教乎!

臣窃闻之曰："善不可谓小而无益，不善不可谓小而无伤。"夫牛之为胎也，细若鼷鼠⑧，纣损天下自象箸始⑨。故小恶大恶一类也，过败虽小，皆己之罪也。周谚曰："前车覆而后车戒。"今前车已覆矣，而后车不知戒，不可不察也。

【注释】

①纣：商朝最后一位君主。《谥法》："残义损善曰纣。"天子：原作"天下"，据别本改。

②臆：胸肉，指身边的人。

③玉门：纣的宫殿门名。

④搴（qiān）：掀起，撩起。

⑤提（dǐ）：投掷。

⑥埶：同"势"。

⑦践盘：指反复踩踏。

⑧鼷（xī）鼠：一种小鼠。

⑨象箸：象牙筷子。箸，筷子。

【译文】

　　纣王，是圣明天子的后代，享有天下是应该的。如果背叛抛弃道义，放弃恭敬谨慎而行为骄横放纵，那么天下的人民，背离他就会不约而同，像山垮塌一样。为人君主的人，怎么能不谨慎呢？纣王将和周武王开战的时候，纣王把士卒摆开阵势，左右两边的军队，击鼓不前进，都掉转兵器，反过来对准纣王。纣王逃回到宗庙台阶上面，搏斗而死，身边的人不肯帮助他。纣王的侍卫官兵抬着纣王的尸体，将之抛弃在玉门的外面。来观看的民众都上前去踢他，踩他的肚子，踩他的肾脏，踩踏他的肺和肝。周武王派人用布围挡住纣王的尸体让士兵看守。围观的民众掀开帷布进去，拿石头砸他的还制止不住。可悲啊！权势是人民的君主，竟然同人民是仇敌，人民忿怒到如此地步。人民对他的身体

都这样反复践踏,还谈得上对人民的治理和教化吗?臣下私下听说:
"善事不能因为小就认为没有益处,坏事不能因为小就认为没有伤害。"
牛在胚胎的时候,小得像小老鼠,纣王损害天下是从象牙筷子开始的。
所以大恶小恶是一类的,过失毁坏虽然小,都是自己犯的罪。周代的谚
语说:"前面的车子翻掉了,后面的车子会引起警惕。"现在前面的车子
翻掉了,可是后面的车子不知道警惕,不能不加以审察。

　　梁尝有疑狱①,半以为当罪,半以为不当。梁王曰:"陶
朱之叟②,以布衣而富侔国③,是必有奇智。"乃召朱公而问之
曰:"梁有疑狱,吏半以为当罪,半以为不当,虽寡人亦疑焉,
吾决是奈何?"朱公曰:"臣鄙人也,不知当狱。然臣家有二
白璧,其色相如也,其径相如也,其泽相如也。然其价也,一
者千金,一者五百金。"王曰:"径与色泽皆相如也,一者千
金,一者五百金,何也?"朱公曰:"侧而视之,其一者厚倍之,
是以千金。"王曰:"善。"故狱疑则从去,赏疑则从予,梁国
说。以臣谊窃观之,墙薄咫亟坏④,缯薄咫亟裂⑤,器薄咫亟
毁,酒薄咫亟酸。夫薄而可以旷日持久者,殆未有也。故有
国畜民施政教者,臣窃以为厚之而可耳。

【注释】
①梁:战国时魏国。魏惠王于公元前362年迁都大梁,故称梁。
②陶朱之叟:即范蠡。范蠡帮助越王勾践消灭吴国后,改名换姓逃
　到齐国陶地(今山东定陶),经商致富,号称"陶朱公"。
③侔(móu):相当。
④咫:则。
⑤缯(zēng):古代丝织品的总称。

【译文】

梁国曾经有疑案，断案者一半认为应该判罪，一半以为不应该判罪。梁王说："陶朱公那个老头，以平民的身份积聚的财富与国家相等，这个人肯定有奇特的智慧。"于是把陶朱公召来问他说："梁国有疑案，断案者一半认为应该判罪，一半认为不应该判罪，即使是我也感到疑惑，我怎么来断这个案子呢？"陶朱公说："臣下是个乡村野夫，不知道如何断案。可是臣下家里有两块白色的碧玉，它的颜色是一样的，直径是一样的，光泽也是一样的。可是它们的价格，一块值一千斤黄金，一块值五百斤黄金。"梁王说："直径与颜色、光泽都一样，一块值一千斤黄金，一块值五百斤黄金，为什么呢？"陶朱公说："从侧面看，其中一块厚一倍，所以值一千斤黄金。"梁王说："说得好。"因此案子有疑惑就抛开不论，奖赏有疑惑就给予，梁国人都很高兴。按照臣下看来，墙薄了会很快损坏，丝绸薄了会很快破裂，器皿薄了会很快毁坏，酒浓度低了会很快变酸。薄的东西能经历很长时间的，大概没有。所以享有国家畜养人民施行政教的，臣下私自认为宽厚好一些。

抑臣又窃闻之曰，有上主者，有中主者，有下主者。上主者，可引而上，不可引而下；下主者，可以引而下，不可引而上；中主者，可引而上，可引而下。故上主者，尧、舜是也①，夏禹、契、后稷与之为善则行②，鲧、谨兜欲引而为恶则诛③。故可与为善，而不可与为恶。下主者，桀、纣是也④，推侈、恶来进与为恶则行⑤，比干、龙逢欲引而为善则诛⑥。故可与为恶，而不可与为善。所谓中主者，齐桓公是也⑦，得管仲、隰朋则九合诸侯⑧，竖貂、易牙则饿死胡宫⑨，虫流而不得葬。故材性乃上主也，贤人必合，而不肖人必离，国家必治，无可忧者也。若材性下主也，邪人必合，贤正必远，坐而须

亡耳,又不可胜忧矣。故其可忧者,唯中主尔,又似练丝,染
之蓝则青,染之缁则黑⑩,得善佐则存,不得善佐则亡,此其
不可不忧者耳。《诗》云⑪:"芃芃棫朴⑫,薪之槱之⑬;济济辟
王⑭,左右趋之。"此言左右日以善趋也,故臣窃以为练左右
急也⑮。

【注释】

①尧、舜:古代的两位圣君。

②禹:夏朝的开国君主。契(xiè):商辛氏之子,尧时任司徒,殷的始
祖。后稷:周的始祖,传说母亲姜嫄踩了巨人的脚印而怀孕,生
下来以为不吉祥,丢在僻野的巷道,牛马不踩踏他,丢到冰上,飞
鸟用翅膀盖护他,于是再抱回来,取名叫作弃。长大后尧任他为
农官,封于邰,号后稷。

③鲧(gǔn):禹的父亲,尧封为崇伯。尧派他去治水,他性情不好,
胡作非为,错误地运用堙塞和阻挡的方法,九年没有成绩;又窃
取上帝的至宝"息壤",上帝派火神祝融在羽山把他杀死。谨
(huān)兜:也作"驩兜",本是神话中动物,人面鸟嘴,有翅膀,吃
鱼,后变为尧时四凶之一。

④桀:夏朝最后一位君主,暴君。《谥法》:"贼人多杀曰桀。"纣:商
朝最后一位君主,暴君。

⑤推侈:也作"推哆"、"推移",桀的佞臣。恶来:纣的大臣。

⑥比干:纣的伯父,忠谏被杀。龙逢(páng):即关龙逢,纣的大臣,
忠谏被囚禁而死。

⑦齐桓公:春秋时齐国国君,五霸之一,公元前685—前643年在
位,曾九次联合诸侯,平定天下。

⑧管仲:即管子,春秋时政治家,齐国国相,辅佐齐桓公成就霸业,

有《管子》一书传世。隰(xí)朋:齐桓公的良臣之一。

⑨竖貂:也作"竖刁",齐桓公的佞臣。管仲死后,他与易牙、开方专权,导致齐国大乱。易牙:齐桓公的佞臣。善于调味,管仲死后,他与竖貂、开方专权,导致齐国大乱。胡宫:寿宫。

⑩缁(zī):黑色。

⑪《诗》:即《诗经·大雅·棫朴》。

⑫芃芃(péng):茂盛的样子。棫(yù):木名,白桵。朴:枹木。

⑬槱(yǒu):聚积。

⑭济济:庄严恭敬的样子。辟:君。

⑮练:拣,选择。

【译文】

　　臣下又私下听说,有上等的君主,有中等的君主,有下等的君主。上等的君主,可以引导他向上,不可以引导他向下;下等的君主,可以引导他向下,不可以引导他向上;中等的君主,既可以引导他向上,也可以引导他向下。所以上等的君主,尧、舜就是的,夏禹、契、后稷同他一起做善事,善事就能实行,鲧、谨兜想带领他们做坏事就受到惩处。所以可以一起做善事,而不能一起做坏事。下等的君主,桀、纣就是的,推侈、恶来前来一起做坏事,坏事就能做成,比干、龙逢想带领他们一起做善事就受到惩处。所以可以一起做坏事,不能同他一起做善事。所谓中等的君主,齐桓公就是的,得到管仲、隰朋就能九次会合诸侯,任用竖貂、易牙就只好饿死在寿宫,尸体生蛆没有人埋葬。所以才能秉性是上等的君主,贤能的人必定来依附,而不肖的人必定会离开,国家必定治理得好,没有什么忧愁的。如果才能秉性是下等的君主,奸邪的人必定来依附,贤能正直的人必定远远离开,坐在那里等着灭亡,又有无穷无尽的忧愁。所以值得忧虑的,只有中等的君主罢了,又像染丝,用蓝草染就变成了青色,用黑染料染就变成了黑色,得到好的辅佐就能生存,得不到好的辅佐就会灭亡,这是不能不担忧的。《诗经·大雅·棫朴》

里说:"茂盛的棫树朴树,砍来做柴火堆积在一起;庄严恭敬的君王,左右的大臣都来敦促他。"这是说左右大臣每天用善行来敦促他,所以臣下认为选择身边的大臣是紧急的事情。

辅佐连语

【题解】

"辅佐",即朝廷的众官。本篇陈述了大相、大拂、大辅、道行、调谇、典方、奉常、桃师八种职官执掌的范围与职责,除了"大相"与汉代所承袭秦国中的相国略微相似,"奉常"完全相同外,其他官名则完全不同。这大概是贾谊"为官名"之作。章太炎说:"按《辅佐》篇官名,既非周制,又非汉制,是春秋新法也。当与《荀子·王制》篇互详。"

大相上承大义而启治道①,总百官之要,以调天下之宜;正身行,广教化,修礼乐,以美风俗;兼领而和一之,以合治安。故天下失宜,国家不治,则大相之任也。上执正职②。

【注释】

①大相:贾谊所作官名,相当于汉朝的相国、丞相。

②执正:执掌权柄的人。

【译文】

大相对上接受国君治国的大原则而开通治国之道,总管各个部门的机要,来调和天下的事宜;端正自身的行为,推广教育风化,修治礼乐,从而使风俗淳朴美好;多方面治理从而使得调和统一,合于治安之

道。所以天下失去和谐，国家治理不善，就是大相的责任。这是上等执
政者的职责。

　　大拂秉义立诚①，以翼上志；直议正辞，以持上行；批天
下之患②，匡诸侯之过。令或郁而不通③，臣或盭而不义④，
大拂之任也。中执政职。

【注释】

　　①大拂(bì)：贾谊所作官名，位低于大相，纠正君主过失，相当于汉
　　　　代的御史大夫。拂，通"弼"。

　　②批：排除。

　　③郁：阻塞。

　　④盭(lì)：同"戾"，乖违。

【译文】

　　大拂秉持大义立志忠诚，来辅助主上的愿望；议论正直措辞严正，
来护持主上的行为；排除天下的患难，匡正诸侯的过错。政令有时阻塞
不通，大臣有人违背旨意不合道义，就是大拂的责任。这是中等执政者
的职责。

　　大辅闻善则以献①，知善则以献；明号令，正法则，颁度
量，论贤良，次官职，以时巡循②，使百吏敬率其业。故经义
不衰③，贤不肖失序④，大辅之任也。下执事职。

【注释】

　　①大辅：贾谊所作官名，辅佐国君督察具体执行事宜的官，大致相
　　　　当于副丞相。

②巡循：巡视，视察。

③经：常。

④不肖：指坏人。肖，本指儿女的外貌像父母，引申为才能品德方面相像。

【译文】

大辅听到好人好事就报告给主上，了解到好人就推荐给主上；申明号令，端正法则，颁布度量标准，评定人才等级，排定官职等第，使大小百官忠于自己的职守。所以通行的大义不正确，贤人不肖的人不分，这是大辅的责任。这是下等执政者的职责。

道行典知变化①，以为规是非②，明利害；掌仆及舆马之度，羽旄旌旗之制，步骤徐疾之节，春夏秋冬用之伦色③；居车之容，登降之礼，见规宜谕，见过则调④。故职不率义，则道行之任也。

【注释】

①道行：贾谊所作官名，掌管出行礼法之官，相当于汉代九卿中的太仆。道，引导。

②规：纠正。

③伦：类。

④调：通"谏"，劝告。

【译文】

道行主管了解事情的变化，用来纠正是非，说明利害；主管君主的驭手和车马的制度，仪仗旗帜的制度，行进速度快慢的节奏，春夏秋冬四季使用马匹的种类和毛色；在车上的仪表，上下车的礼节，看到合于规则的做法就要说明，发现有过失加以劝谏。所以履行职责不合道义，就是道行的责任。

　　调谇典博闻①,以掌驷乘,领时从,比贤能,天子出则为车右,坐立则为位,承圣帝之德,畜民之道。礼义之正,应事之理,则职以箴;刑狱之衷,赏罚之诚,已诺之信,百官之经,丧祭之共,戎事之诚,身行之强,则职以谂②;遇大臣之敬,遇小臣之惠,坐立之端,言默之序,音声之适,揖让之容,俯仰之节,立事之色,则职以证③;出入不从礼,衣服不从制,御器不以度,迎送非其章,忿说忘其义,取予失其节,安易而乐湛,则职以谏。故善不徹,过不闻,侍从不谏,则调谇之任也。

【注释】

①调谇(suì):贾谊所作官名,君主手下咨询进谏的官员。

②谂(shěn):深谏。

③证:谏。

【译文】

　　调谇主管广见博闻,用来掌管车马,率领随行人员,考核贤能人士,天子出行就担任天子的车右,天子坐立安排位置,接受圣明君主的德行,畜养百姓的方略。适宜的礼仪,行事的理据,以劝谏来克尽职守。断案要公正,赏罚要公平合理,许诺要讲信用,百官的管理要合于规章,丧祭的供奉,兵事的戒备,立身行事要得当合理,对这些要通过劝谏以尽到职责;对待大臣的诚敬,礼遇小臣的恩惠,坐立时的姿势端正,说话和沉默的次序,声音的高低适度,揖让行礼的姿态,弯腰起身的幅度,行事的神色态度,负责进行劝谏;出入不按礼节,穿衣服不按制度,御用器皿不按标准,送往迎来不合规定,喜怒忘记了道义,取予失去节制,贪图享受过分享乐，负责进行劝谏。所以好事不能通行，过错不向君主报告，随从人员不提意见，就是调谇的责任。

　　典方典容仪①，以掌诸侯、远方之君，撰之班爵、列位、轨伍之约②，朝觐、宗遇、会同、享聘、贡职之数③；辨其民人之众寡，政之治乱；率意道顺，僻淫犯禁之差第；天子巡守则先循于其方。故或有功德而弗举，或有淫僻犯禁而不知，典方之任也。

【注释】

①典方：贾谊所作官名，主管四方交往事务的官员，相当于汉代九卿中的典客。

②轨伍：当从程本作"轨任"，指职责。

③朝觐、宗遇：诸侯四季朝见天子的名称。春曰朝，夏曰宗，秋曰觐，冬曰遇。会同：诸侯朝见天子的名称。一方诸侯朝见叫会，四方诸侯朝见叫同。

【译文】

　　典方执掌礼仪，主管诸侯和远方来的国君，按爵位高低安排他们的位次以及职责的约定，诸侯春夏秋冬四季朝见或一方或几方的朝见，招待来客以及出访、进贡的物品的数量；弄清他们国家人口的多少，政治的治乱；是遵循道德民众和顺，还是邪僻奢淫违反禁令等各种不同情况；天子外出巡狩，典方先作考察。所以有功德而没有被推荐，或者有邪僻奢淫违反禁令而不知道的，就是典方的责任。

　　奉常典天①，以掌宗庙社稷之祀，天神地祇人鬼，凡山川四望国之诸祭②，吉凶妖祥占相之事；序礼乐丧纪，国之礼仪

毕居其宜,以识宗室;观民风俗,审诗商,修宪命③,禁邪言,
息淫声;于四时之交,有事于南郊,以报祈天明④。故历天时
不得,事鬼神不序,经礼仪人伦不正,奉常之任也。

【注释】

①奉常:掌管宗庙礼仪的官。

②四望:遥望四方的祭祀。

③修宪:二字原无,据俞樾《诸子平议》说补。

④报:祭。天明:天命。

【译文】

奉常主管天事,用来执掌宗庙社稷的祭祀,祭祀天神地神和人的亡
灵。凡是山川四方的望祭和国家的各种祭祀,吉凶灾祸吉祥预测的事
情;安排礼乐和丧事,国家的各种礼仪都安排合适,以分别宗室族里;观
察民众的风俗,审核采集的民歌,修订宪法和命令,禁止邪僻的言论,消
除邪淫的音乐;在四季交替的时刻,在南郊举行祭祀,祭祀上天,祈求天
神赐福。所以推算自然变化不准确,事奉神灵没有次序,不能正确规范
礼仪人伦,就是奉常的责任。

祧师典春①,以掌国之众庶,四民之序,以礼义伦理教训
人民;方春三月,缓施生遂,动作百物,是时有事于皇祖
皇考②。

【注释】

①祧(tiāo)师:负责祭祀祖先的官员。祧,远祖的庙。

②此下有脱文,《大戴礼·千乘篇》有相似的文字,作"司徒典春",
　　下文不同,至"方春三月"下有"缓施生育,动作百物,于时有事,

享于皇祖皇考。朝孤子八人,以成春事";"司马司夏"云云"方夏三月,养长秀蕃庶物,于时有事,享于皇祖皇考,爵士之有庆者七人,以成夏事";"司寇司秋"云云"方秋三月,收敛以时,于时有事,尝于皇祖皇考,食农夫九人,以成秋事";"司空司冬"云云"方冬三月,草木落庶虞藏,五谷必入于仓,于时有事,蒸于皇祖皇考,息国老六人,以成冬事"。

【译文】

桃师主管春季的节令,来执掌国家的民众,安排士、农、工、商四个阶层人的次序,用礼义伦理教育人民;春季三月,阳气慢慢上升促使万物生长,各种生物开始活动,在这个时候祭祀祖先。

问孝(阙)

卷　六

礼连语

【题解】

　　治国以道德仁义，是贾谊的政治理想，要国治必须民安而礼是上至人君下至庶民的行为规范，所以治国必须用礼。道德仁义，非礼不成；君臣上下，非礼不定。礼是巩固国家安定社稷的要道。人君守礼，有利于民，在天地间会引起善的反应，使阴阳协调，万物生长顺畅，民众安乐。本篇详细地论述了礼的各种规范及其作用，可与《容经》、《礼容语下》等篇参看。

　　昔周文王使太公望傅太子发①。太子嗜鲍鱼②，而太公弗与，曰："礼，鲍鱼不登于俎③，岂有非礼而可以养太子哉？"寻常之室无奥剽之位④，则父子不别；六尺之舆无左右之义，则君臣不明。寻常之室、六尺之舆处无礼，即上下蹿逆⑤，父子悖乱，而况其大者乎！故道德仁义，非礼不成；教训正俗，非礼不备；分争辩讼，非礼不决；君臣、上下、父子、兄弟，非礼不定；宦学事师，非礼不亲；班朝治军、莅官行法⑥，非礼威严不行；祷祠祭祀，供给鬼神，非礼不诚不庄。是以君子恭敬、撙节、退让以明礼⑦。

【注释】

①周文王:姬昌。周朝的始祖,周武王的父亲。太公望:即姜尚,周文王的老师,辅佐周武王伐商,尊为"师尚父",封于齐。太子发:周武王姬发。

②鲍鱼:盐腌制的海鱼,味道腥臭,不用于祭祀。

③俎(zǔ):盛放祭品的礼器,木制,有四足。

④寻常:长度单位。八尺为寻,两寻为常。奥:室中西南角。剽:通"表"。

⑤踳(chuǎn)逆:乖违,颠倒。踳,通"舛"。

⑥莅官:指居官。莅,临。

⑦撙(zǔn)节:抑损,指自我约束。

【译文】

从前周文王派姜太公当老师辅导太子姬发。太子特别喜欢吃腌渍鱼,可是姜太公不给,说:"按照礼,腌渍鱼不能放到俎上祭祀,哪有不按礼可以培养太子的呢?"宽八尺长一丈六尺的房室如果没有西南角落表示尊者的位置,那么父子就没有区别;六尺见方的车厢如果不分左右,那么君臣就不分明。房室、车子的安排不合礼仪,就会上下颠倒,父子混乱,何况在大的方面呢?所以道德仁义,不遵照礼就不能完成;教育训导端正风气,不遵照礼就不能完善;处理纠纷和诉讼,不遵照礼就不能决断;君臣、上下、父子、兄弟的关系,不遵照礼就不能安定;从师学习做官与六艺,不遵照礼就不能亲近;朝中官员排位和军队的治理,推行法治,不遵照礼就不能施展威严;祭祀祷告,贡享鬼神,不遵照礼就不能诚敬庄严。所以有地位、有教养的人恭敬、自我约束、退让来表明礼仪。

礼者,所以固国家,定社稷,使君无失其民者也。主主臣臣,礼之正也;威德在君,礼之分也;尊卑大小,强弱有位,礼之数也。礼,天子爱天下,诸侯爱境内,大夫爱官属,士庶各爱其家，失爱不仁，过爱不义。故礼者，所以守尊卑之经、强弱之称者也。礼，天子适诸侯之宫①，诸侯不敢自阼阶②。阼阶者，主之阶也。天子适诸侯，诸侯不敢有宫，不敢为主人礼也。君仁臣忠，父慈子孝，兄爱弟敬，夫和妻柔，姑慈妇听③，礼之至也。君仁则不厉，臣忠则不贰，父慈则教，子孝则协，兄爱则友，弟敬则顺，夫和则义，妻柔则正，姑慈则从，妇听则婉，礼之质也。

【注释】

①宫：室。《尔雅·释宫》："宫谓之室，室谓之宫。"

②阼（zuò）阶：厅堂东面的台阶。

③姑：公婆，女子丈夫的妈妈。

【译文】

礼的作用，是用来巩固国家，安定社稷，使国君不丧失掉他的人民。把君主当作君主，把臣下当作臣下，这是礼的正途；威严和恩德由君主掌握，这是礼的本分；尊卑大小强弱各有自己的地位，这是礼的定数；按照礼，天子爱护天下，诸侯爱护封国，大夫爱护管辖的部属，士人百姓各自爱护自己的家庭，失去了爱叫作不仁，爱过了份叫作不义。所以礼是用来守住尊卑强弱等级秩序的常法。按照礼，天子到诸侯的家里，诸侯不敢从东边的台阶上下。东边的台阶，是君主走的台阶。天子到诸侯的家里，诸侯不敢拥有自己的家，不敢认为自己是主人来行礼。君主仁爱，臣下忠诚，父亲仁慈，儿子孝顺，兄长爱护，弟弟恭敬，丈夫和蔼，妻子温柔，婆婆仁慈，妻子听话，这是礼的最高境界。君主仁爱就不会残暴，臣下忠诚就不会怀有二心，父亲仁慈就能教育有方，儿子孝顺就能和谐，兄长爱护就能友善，弟弟恭敬就能和顺，丈夫和蔼就能做事得理，妻子温柔就能符合正道，婆婆仁慈就能让人听从，媳妇听话就能温顺，这是礼的本质。

礼者，臣下所以承其上也。故《诗》云："一发五豝，吁嗟乎驺虞①。"驺者，天子之囿也；虞者，囿之司兽者也。天子佐舆十乘，以明贵也。佴牲而食②，以优饱也。虞人翼五豝以待一发③，所以复中也。人臣于其所尊敬，不敢以节待，敬之至也。甚尊其主，敬慎其所掌职，而志厚尽矣。作此《诗》者，以其事深见良臣顺上之志也。良臣顺上之志者，可谓义矣。故其叹之也长，曰"吁嗟乎"。虽古之善为人臣者，亦若此而已。

【注释】

① 一发五豝(bā)，吁嗟乎驺(zōu)虞：见《诗经·召南·驺虞》。豝，小猪。驺虞，园林中管理禽兽的官。

② 佴：同"贰"。

③ 翼：围赶。

【译文】

礼，是臣下用来应承主上的。所以《诗经·召南·驺虞》里说："一支箭射向五头小猪，哎呀呀管园林的虞人啊！"驺，是天子的园林；虞，是管理禽兽的官员。天子游猎有十辆车子陪同，为了表明天子的尊贵。吃饭时有两种肉食，为了天子能吃得饱些。虞人围赶五头小猪，等待天子射一支箭，是为了能射中几个目标。人臣对于他尊敬的君主，不敢用节俭来对待，这是最高的尊敬。人臣特别尊敬他的君主，恭敬谨慎地对待自己执掌的工作，忠厚的心意就尽到了。作这首诗的，通过射猎的事情深深地表现出良臣顺从主上的心意。良臣顺从主上的心意，可以称作义了。所以他的感叹很深长，说"哎呀呀"。即使古代善于做人臣的，也不过像这样罢了。

　　礼者，所以节义而没不还。故飨饮之礼，先爵于卑贱而后贵者始羞，殽膳下浃而乐人始奏。觞不下遍，君不尝羞。殽不下浃，上不举乐。故礼者，所以恤下也。由余曰①："干肉不腐，则左右亲；苞苴时有②，筐篚时至③，则群臣附；官无蔚藏④，淹陈时发，则戴其上。"《诗》曰："投我以木瓜，报之以琼琚⑤；匪报也，永以为好也。"上少投之，则下以躯偿矣；弗敢谓报，愿长以为好。古之蓄其下者，其施报如此。国无九年之蓄，谓之不足；无六年之蓄，谓之急；无三年之蓄，国非其国也。民三年耕，必余一年之食；九年，而余三年之食；三十岁相通，而有十年之积。虽有凶旱水溢，民无饥馑。然后天子备味而食，日举以乐⑥。诸侯食珍不失，钟鼓之县可使乐也。乐也者，上下同之。故礼，国有饥人，人主不飧；国有冻人，人主不裘；报囚之日，人主不举乐。岁凶谷不登，台扉不涂，榭彻干侯⑦，马不食谷，驰道不除，食减膳，飨祭有阙。故礼者，自行之义，养民之道也。受计之礼，主所亲拜者二：闻生民之数则拜之，闻登谷则拜之。《诗》曰："君子乐胥，受天之祜⑧。"胥者，相也。祜，大福也。夫忧民之忧者，民必忧其忧；乐民之乐者，民亦乐其乐。与士民若此者，受天之福矣。

【注释】

①由余：春秋时晋人，亡命入戎，秦穆公用计使其归降。后秦用由余之计伐戎，开地千里，征服西戎。

②苞苴(jū)：包裹物品的草包，引申指馈赠的食品。

③筐筥(fěi)：盛放物品的竹器器皿，筐呈方形，筥呈圆形。引申指
　　馈赠的礼物。

④蔚：本指草木茂盛，这里指丰富。

⑤投我以木瓜，报之以琼琚(jū)：见《诗经·卫风·木瓜》。琼琚，佩
　　带的玉饰。琼，美玉。琚，佩玉名。

⑥举：特指杀牲摆上丰盛的美食。

⑦榭：筑在高台上的房子，这里指射箭练武的场所。彻：通"撤"。
　　干侯：即豻(àn)侯，用豻皮制作的靶心。

⑧君子乐胥，受天之祜(hù)：见《诗经·小雅·桑户》。

【译文】

礼是用来规定合宜的事情而没有不涉及到的。所以乡饮酒的礼节，先请地位低贱的人饮酒然后地位高的人才吃食物，菜肴食物传给客人吃遍了乐师才开始奏乐。所有的人没有全都喝到酒，君主不吃食物。菜肴食物没有传遍每个人，君主不许演奏音乐。所以，礼是用来优抚下级的。由余说："干肉不等到变坏就给大家分享，那么左右大臣就会亲近君主；礼物和钱财常常赏赐，那么群臣就会亲附；官家仓库没有过多的储藏，腌制的陈货随时拿出来分发，臣下就会拥戴主上。"《诗经·卫风·木瓜》里说："送给我一个木瓜，我用佩玉来报答；并不是为了报答，而是为了关系长久友好。"主上稍微给臣下一些好处，那么臣下就会用整个身心来偿还；不敢说这是报答，是希望君臣关系长久友好。古代养育下级的人，他们的施予和回报就是这样的。国家没有九年的积蓄，叫作不足；没有六年的积蓄，叫作紧急；没有三年的积蓄，国家就不叫国家了。人民耕种三年，必定剩余一年的粮食；耕种九年，必定剩余三年的粮食；耕种三十年，总共有十年的积蓄。即使有水旱灾荒，人民没有挨饿的。这样天子才上齐各种美味，每天杀猪宰羊摆上丰盛的酒食并演奏音乐。诸侯也可以吃上美味，架起钟鼓演奏音乐。音乐，是上下级共同享受的。所以按照礼，国家中还有饥饿的人，君主就不能吃饱饭；国

家中还有挨冻的人，君主就不能穿裘皮衣服；处决囚犯的日子，君主不杀猪宰羊摆上丰盛的酒食并演奏音乐。年成饥荒谷物歉收，台墙和门户不加粉刷，练武的台榭撤除豻侯制作的靶心，马匹不吃谷物，行车的大路不作修整，饮食减少菜肴品种，祭祀的贡品不上周全。所以礼这种行为，是自己做到的合理，是养育百姓的途径。接受各地上报统计的礼节，君主亲自行拜谢礼的有两项：听到人口的数量就行拜礼，听到粮食丰收就行拜礼。《诗经·小雅·桑扈》里说："君子与民同乐，接受上天赐予的大福。"胥，就是互相一起的意思。祜，就是大福的意思。君主为百姓的忧虑而忧虑，百姓必定为君主的忧虑而忧虑；君主为百姓的快乐而快乐，百姓必定为君主的快乐而快乐。君主与士人民众这样相处的，就会接受上天赐予的大福。

礼，圣王之于禽兽也，见其生不忍见其死，闻其声不尝其肉，隐弗忍也①。故远庖厨，仁之至也。不合围，不掩群，不射宿，不涸泽。貙不祭兽②，不田猎；獭不祭鱼③，不设网罟④；鹰隼不鸷⑤，眂而不逮⑥，不出颖罗⑦；草木不零落，斧斤不入山林；昆虫不蛰，不以火田；不麛⑧，不卵，不刳胎⑨，不殀夭⑩，鱼肉不入庙门，鸟兽不成毫毛不登庖厨。取之有时，用之有节，则物蕃多。汤曰："昔蛛蝥作罟⑪，不高顺、不用命者，宁丁我网⑫。"其惮害物也如是。《诗》曰："王在灵囿，麀鹿攸伏⑬。麀鹿濯濯⑭，白鸟皜皜⑮。王在灵沼，于牣鱼跃⑯。"言德至也。圣主所在，鱼鳖禽兽犹得其所，况于人民乎！

【注释】

①隐：恻隐，同情。忍：狠心。

②貙：一种肉食野兽，比狼小。祭兽：貙捕杀小兽储备过冬，四面摆

开,有似祭祀时摆上祭品,故称祭兽。

③獭(tǎ):水獭,一种水居小兽。祭鱼:初春时獭捕杀鱼,四面摆开,有似祭祀时摆上祭品,故称祭鱼。

④网罟(gǔ):泛指鱼网。

⑤隼(sǔn):一种猛禽。鸷(zhì):攻击。

⑥睢(huī):注视的样子。

⑦颖罗:卢文弨怀疑是"颎罗"之误。颎罗,罗网。肖旭认为颖读为倾,即今侧挂之网。

⑧麛(mí):鹿子,泛指小兽。这里作动词,捕杀小兽。

⑨刳(kū):剖。

⑩殀(yǎo):指杀害。夭:幼小的生物。

⑪蛛蝥(wú):蜘蛛。

⑫宁:乃,就。丁:当,指碰上,撞上。

⑬麀(yōu)鹿:母鹿。

⑭濯濯(zhuó):欢快游玩的样子。

⑮皜皜(hào):肥壮润泽的样子。

⑯牣:充满。

【译文】

按照礼,圣明的君王对于飞禽走兽,看见它们活着不忍心看见它们死去,听见它们的声音不忍心吃它们的肉,因为同情而不忍心的缘故。所以厨房安排在很远的地方,这是仁爱到了极点。狩猎不四面包围,不偷袭捕捉兽群,不射睡觉的鸟,不抽干水泽捕鱼。不到豺祭兽的时候,不捕猎;不到獭祭鱼的时候,不撒网捕鱼;鹰隼不开始捕捉动物,看见飞鸟也不捕获,不设罗网抓捕;不到秋天草木凋零时,不带斧斤进入山林砍伐;在昆虫未冬眠的季节,不放火烧荒;不捕猎小兽,不取鸟蛋,不剖取鸟兽的胎儿,不残杀幼小的鸟兽,产子的鱼儿不作祭祀的贡品,鸟兽的羽毛没有长齐不进入厨房。获取有一定的时节,享用有一定的节制,这样物类就会繁衍增多。商汤说："从前蜘蛛结网,不到高处去,不听从命运安排的,就碰到我的网里面。"商汤害怕伤害生物到了如此地步。《诗经·大雅·灵台》里说:"文王在园林,母鹿悠闲地伏在那儿。母鹿快乐地游玩,白鸟肥壮又有光泽。文王在沼泽,到处是鱼在欢跃。"这是说恩德到了极点。圣明的君主所在之处,鱼鳖鸟兽都能各得其所,何况人民呢?

故仁人行其礼,则天下安而万里得矣。逮至德渥泽洽①,调和大畅,则天清澈,地富煴②,物时熟;民心不挟诈贼,气脉淳化;攫啮搏击之兽鲜③,毒蠚猛蚋之虫密④,毒山不蕃⑤,草木少薄矣。铄乎大仁之化也⑥。

【注释】

①逮:及。

②富煴(yūn):指富饶。

③鲜(xiǎn):少。

④蠚(hē):毒虫咬刺,螫痛。蚋(dāo):蝤蛑,螳螂。密:通"宓",安处不妄动。

⑤毒:厚。

⑥铄:美。

【译文】

因而仁慈的人施行礼教,天下就会安宁而各种事情都合乎规律了。等到道德深厚恩惠广博,和谐畅通,那么天气清澈,大地富饶,谷物按季节成熟;人民内心不怀奸诈狠毒,社会风气淳厚;抓咬搏击的野兽很少,毒虫害虫安伏不动,深山不长害人的毒草,有用的草木生长茂盛。大仁的化育真是美好啊!

容经连语

"容经",仪容的规则。本篇前半部分记述了在各种场合中的体态仪表规则,多为古礼,后半部分论述了礼仪的相关理论及其意义。廖平说:"容经共分十六门,有韵言以便诵习。容即《汉书》徐生善为颂之颂,谓容仪也。此经以《洪范》五事为纲:一曰貌,二曰言,三曰视,四曰听,五曰思。以《周礼·保氏》六仪为纬:一曰祭祀之容,二曰宾客之容,三曰朝廷之容,四曰丧纪之容,五曰军旅之容,六曰车马之容。按经多详四仪,车马有专目,宾客则略。"

志有四兴:朝廷之志,渊然清以严;祭祀之志,愉然思以和①;军旅之志,怫然愠然精以厉②;丧纪之志,漻然懤然忧以湫③。四志形中,四色发外,维如④。

志色之经

【注释】

①思:忧愁。

②怫然愠然:都是发怒的样子。精:精壮。厉:严厉。

③漻(liáo)然:寂静的样子。懤(chóu)然:忧愁的样子。湫(qiū):忧

愁悲伤的样子。

④维如：卢文弨日此下当有缺文。维，绳索。

【译文】

思想意念有四种表现：在朝廷上表现的思想意念，非常深邃神圣而严肃；祭祀时表现的思想意念，心情平静忧伤而随和；在军队中表现的思想意念，庄严整肃而坚定；在丧事中表现的思想意念，肃穆而忧愁。四种思想意念在心中产生，四种表情在外表体现，如同绳索一样相连。

以上是意念和表情的准则。

容有四起：朝廷之容，师师然翼翼然整以敬①；祭祀之容，遂遂然粥粥然敬以婉②；军旅之容，湢然肃然固以猛③；丧纪之容，恂然懅然若不遝④。

容经

【注释】

①师师然：互相仿效的样子。翼翼然：恭敬谨慎的样子。

②遂遂然：随行的样子。粥粥然：谦卑敬畏的样子。

③湢（bì）然：诚敬的样子。湢，通"愊"，诚敬。

④恂（yōu）然：忧愁的样子。懅然：恐惧的样子。遝（tà）：原作"还"，据俞樾说改。遝，及，到。

【译文】

容貌有四种表现：在朝廷中的容貌，互相仿效小心谨慎严肃而恭敬；在祭祀时的容貌，跟随众人谦卑恭敬而和顺；在军队的容貌，忠诚严肃矫健而勇猛；在丧事中的容貌，忧愁恐惧如同死者一去不复还。

以上是容貌的准则。

视有四则：朝廷之视，端汧平衡①；祭祀之视，视如有将②；军旅之视，固植虎张③；丧纪之视，下汧垂纲④。

视经

【注释】

①汧：同"流"，流动，指目光。

②将：传达，表达。

③固植：坚定的意志。植，通"志"。虎张：像猛虎张大眼睛。

④纲：本指网上的大绳，这里特指系帽子的带子，垂在脖子下。

【译文】

目光的注视有四种准则：在朝廷中的目光，端正平视；祭祀时的目光，注视好像表达什么；在军队中的目光，表现出坚定的意志，像猛虎一样张开双眼；在丧事中的目光，对着帽带注视下方。

以上是注视目光的准则。

言有四术：言敬以和，朝廷之言也；文言有序，祭祀之言也；屏气折声①，军旅之言也；言若不足，丧纪之言也。

言经

【注释】

①屏：憋住。折声：压低声音。

【译文】

言语有四种表达方式：言语恭敬而温和，是朝廷中的表达方式；文饰的言语表达有次序，是祭祀时的表达方式；憋住气息压低声音，是在军队中的表达方式；言语有气无力，是丧事中的表达方式。

以上是言语的准则。

固颐正视①，平肩正背，臂如抱鼓，足间二寸，端面摄缨②，端股整足。体不摇肘曰经立，因以微磬曰共立③，因以磬折曰肃立，因以垂佩曰卑立。

立容

【注释】

①颐：腮，面颊。

②摄：整理。

③磬：古代的一种打击乐器，形同曲尺。

【译文】

固定两腮目光平视，两肩平齐脊背挺直，手臂如同抱鼓，两脚相距二寸，端正面部整理帽带，两腿站直两脚并齐。身体手臂不摇动叫作经立，微微前倾叫作恭立，弯腰如磬叫作肃立，弯到玉佩下垂叫作卑立。

以上是站立的姿态。

坐以经立之容，胻不差而足不跌①。视平衡曰经坐，微俯视尊者之膝曰共坐，仰首视不出寻常之内曰肃坐，废首仾肘曰卑坐②。

坐容

【注释】

①胻（héng）：小腿。差：通"蹉"，不齐。跌：指脚歪斜。

②废：伏，偃。仾：同"低"。

【译文】

按照经立的姿势跪坐，两腿两足并齐不歪斜。目光平视叫作经坐，略微俯视尊长的膝盖叫作恭坐，仰视时目光不出身边数尺叫作肃坐，低头往下手肘下垂叫作卑坐。

以上是坐的姿态。

行以微磬之容，臂不摇掉^①，肩不下上，身似不则^②，从容而任。

行容

【注释】

①掉：摇动。

②则：同"侧"。

【译文】

行走时身体微微往前倾，双手手臂不摇动，两肩不上下晃动，看起来身体没有倾斜，从从容容慢步行。

以上是行走的姿态。

趋以微磬之容，飘然翼然^①，肩状若沉，足如射箭。

趋容

【注释】

①飘然：轻松自如的样子。翼然：如鸟展开翅膀的样子，是形容快步走时衣袖摆动的状态。

【译文】

快步走时身体微微前倾，衣袖摆动轻松自然，两肩自然下垂衣衫如同流动的水，两脚向前快步直行。

以上是快步行走的姿态。

旋以微磬之容，其始动也，穆如惊倏^①；其固复也^②，庞如濯丝^③。

踤旋之容^④

【注释】

①穆如：和美的样子。惊倏(shū)：形容动作突然快速。

②固：指身体不动。复：指回到原点。

③庞：通"貌"。濯(zhuó)：洗涤。

④踤旋：通"盘旋"。

【译文】

转弯转圈时身体微微前倾，开始转动身体时，表情和美，突然加快；结束动作时，体貌像水中洗丝那样流畅自然。

以上是盘旋的姿态。

跪以微磬之容，揄右而下^①，进左而起，手有抑扬，各尊其纪^②。

跪容

【注释】

①揄：引，曳，指拖动。

②尊：同"遵"。纪：纲纪，指规定。

【译文】

跪下时身体微微前倾，右脚滑地跪下，左脚向前起身，两手各有高低，手脚各自遵守动作的规定。

以上是跪的姿态。

拜以磬折之容,吉事上左,凶事上右,随前以举,项衡以下,宁速无迟,背项之状如屋之丘①。

拜容

【注释】

①丘:高坡,这里指屋脊。

【译文】

拜的时候身体微微前倾,喜庆的事左手包在右手上,凶丧的事右手包在左手上,拱手向前方举起,颈项低到佩带的玉衡之下,宁可快速不能缓慢,脊背和颈项的形状像屋脊一样。

以上是拜的姿态。

拜而未起①。

伏容

【注释】

①卢文弨认为此条有脱文。

【译文】

拜下去不起身。

以上是伏身的姿态。

坐乘以经坐之容,手抚式①,视五旅②,欲无顾,顾不过毂③。小礼动,中礼式,大礼下。

坐车之容

【注释】

①式：同"轼"，车前横木，即扶手。

②视五旅：卢文弨认为即《曲礼》所云"立视五巂"。巂（guì），陆德明《经典释文》云车轮转一周为巂，一周一丈八尺九寸，则五巂即九丈四尺五寸，约今三十多米。

③毂（gǔ）：车轮的代称。

【译文】

坐车按照经坐的姿势，手扶着车前的横木，目光前视约三十多米远，不要回头看，要回头也不要超过车轮中心的位置。行小礼时只要动一动身体，行中礼时手扶横木俯身，行大礼时要下车。

以上是坐车的姿态。

立乘以经立之容，右持绥而左臂诎①，存剑之纬②，欲无顾，顾不过毂。小礼据③，中礼式，大礼下。

立车之容

【注释】

①绥：系在车上的绳索，上车时作拉手用。诎：通"屈"，弯曲。

②纬：剑鞘上作为装饰的丝带。

③据：倚靠。

【译文】

站着乘车按照经坐的姿势，右手抓着上车的绳子，左臂弯曲，手放在剑鞘上丝带的位置，不要回头看，要回头也不要超过车轮中心的位置。行小礼时身体靠在车前横木上，行中礼时手扶横木俯身，行大礼时要下车。

以上是站着乘车的姿态。

礼,介者不拜①,兵车不式。不顾不言,反抑式以应武容也。

兵车之容

【注释】

①介:披着铠甲。

【译文】

按照礼,穿着铠甲不行拜礼,在兵车上不手扶横木俯身行礼。不回头,不说话,双手向下按着车轼与勇武的仪容相呼应。

以上是战车上的姿态。

若夫立而跂①,坐而蹁②,体息懈,志骄傲,趮视数顾③,容色不比④,动静不以度,妄咳唾,疾言嗟,气不顺,皆禁也。

【注释】

①跂(qǐ):踮起脚。

②蹁(pián):脚不正。

③趮(zào):同"躁"。

④比:和顺。

【译文】

至于站立踮起脚,坐着脚摆放不正,身体松松垮垮,神气傲慢,眼睛四处乱看,频频回头,表情不和顺,动作和停顿不按规定,随意咳嗽吐痰,说话太快,叹气,呼吸不平和,这些都是不允许的。

古者年九岁入就小学,蹍小节焉①,业小道焉②;束发就大学,蹍大节焉,业大道焉。是以邪放非辟,无因人之焉。

谚曰:"君子重袭,小人无由入;正人十倍,邪辟无由来。"古之人其谨于所近乎！《诗》曰③:"芃芃棫朴④,薪之槱之⑤;济济辟王⑥,左右趋之。"此言左右日以善趋也。

【注释】

①蹑:指履行。

②小道:指洒扫应对等方面的技艺。

③《诗》:见《诗经·大雅·棫朴》。

④芃芃(péng):茂盛的样子。棫(yù):木名,白桵。朴:枹木。

⑤槱(yǒu):聚积。

⑥济济:庄严恭敬的样子。辟:君。

【译文】

古代九岁进入小学阶段的学习,履行小的礼节,反复练习洒扫应对等方面的技艺;到了十五岁束发的年龄进入大学阶段的学习,履行大的礼节,学习治国安邦的大道理。所以邪辟放纵错误的东西,没有机会接触到。谚语说:"君子一层又一层,小人没有机会进入;正人多达十倍,邪辟没有机会来到。"古时候的人对身边亲近的人大概很谨慎吧。《诗经·大雅·棫朴》里说:"茂盛的棫树朴树,砍来做柴火堆积在一起;庄严恭敬的君王,左右的大臣都来敦促他。"这是说左右大臣每天用善行来敦促他。

古者圣王居有法则,动有文章①,位执戒辅②,鸣玉以行。鸣玉者,佩玉也,上有双珩③,下有双璜④,冲牙蠙珠⑤,以纳其间,琚瑀以杂之⑥。行以《采荠》⑦,趋以《肆夏》⑧,步中规⑨,折中矩⑩。登车,则马行而鸾鸣⑪,鸾鸣而和应⑫,声曰和,和则敬。故《诗》曰:"和鸾雝雝,万福攸同⑬。"言动以纪度,则万福之所聚也。故曰:明君在位可畏,施舍可爱,进退可度,周旋可则,容貌可观,作事可法,德行可象,声气可乐,动作有文,言语有章,以承其上,以接其等,以临其下,以畜其民。故为之上者敬而信之,等者亲而重之,下者畏而爱之,民者肃而乐之,是以上下和协而士庶顺壹。故能宗揖其国以藩卫天子,而行义足法。夫有威而可畏谓之威,有仪而可象谓之文。富不可为量,多不可为数。故《诗》曰:"威仪棣棣,不可选也⑭。"棣棣,富也。不可选,众也。言接君臣、上下、父子、兄弟、内外、大小品事之各有容志也。

【注释】

①文章:文采,指车服旌旗的文采。

②戒:警戒之命。辅:辅佐。

③珩(héng):玉佩上端的一种玉饰,据《国语·晋语》韦昭注,似磬而小。

④璜(huáng):半璧形的玉。玉佩由三组玉系联而成,璜在左右组的末端。

⑤冲牙:玉佩由三组玉系联而成,中组中间的玉为冲,左右两边的玉为牙。蠙(pín)珠:在珩之下,冲牙之上的玉。

⑥琚瑀:在珩璜之间的玉。琚,赤色的美玉。瑀,白色的玉。

⑦《采荠》:古乐名。

⑧《肆夏》:古乐名。

⑨规:画圆的工具。

⑩矩:画直线的工具。

⑪鸾:在车衡上悬挂的铃。

⑫和:在车轼上悬挂的铃。

⑬和鸾雝雝(yōng)，万福攸同：见《诗经·小雅·蓼萧》。

⑭威仪棣棣，不可选也：见《诗经·邶风·柏舟》。棣棣，形容文雅
　而有风度。

【译文】

古时候圣明的君王平时安居的时候有一定的规则，出行的时候车服旌旗有一定的文采，在朝廷上有一定的警戒之命和辅佐的护持，行走时身带玉佩叮当有声。叮当有声的美玉，是他的玉佩，玉佩上方左右有两块珩玉，下方对应有两块玉璜，玉璜上各有牙玉和蠙珠，琚瑀夹杂其间，行走时佩玉发出的声音与《采荠》的乐律相应，快步走时佩玉发出的声音与《肆夏》的乐律相应，转身时弧度如同圆规所画，行礼时合乎曲尺的度量。上车后，马儿行走挂在车衡上的铃发出响声，与挂在车轼上的铃发出的响声呼应，铃声相应叫作和，和就表示诚敬。所以《诗经·小雅·蓼萧》里说："不同的铃儿声音相应，各种福气聚积在一起。"这是说行动有法度可循，各种福气就会因此聚集。所以说：贤明的君主在他的位置上让人感到敬畏，赏赐施舍让人觉得可爱，行动进退合乎法度，转动身子有规矩可循，外表体态让人欣赏，处理事情值得效法，品德行为值得学习，声音语气令人愉快，动作富有文雅的气质，言语有章法可循，以此来侍奉上级，来接待地位相等的人，来管理下级，来治理百姓。因而他的上级敬重他信任他，同等地位的人亲近他看重他，他的下属敬畏他爱戴他，百姓敬仰他乐于跟从他，所以上下和谐，士民和顺同心，所以能使国家安定和睦来护卫天子，做事合义能被人效法。有威严令人敬畏叫作威，有仪容让人效法叫作仪。丰富得无法度量，多得无法计算。所以《诗经·邶风·柏舟》里说："威严和仪容非常丰富，多得无法计算。"棣棣，就是丰富的意思。不可选，就是众多的意思。这是说处理君臣、上下、父子、兄弟、内外、大小各种事情各有不同的仪表和心情。

子赣由其家来①，谒于孔子，孔子正颜举杖，磬折而立，

曰："子之大亲毋乃不宁乎?"放杖而立,曰:"子之兄弟亦得
无恙乎?"曳杖倍下而行,曰:"妻子家中得毋病乎?"故身之
倨佝②,手之高下,颜色声气,各有宜称,所以明尊卑,别疏
戚也。

【注释】

①子赣:即子贡,孔子学生端木赐的字,春秋魏国人。

②倨佝(gōu):弯曲。

【译文】

子贡从家里回来,拜见孔子。孔子表情庄重举起手杖弯腰站着,
说:"你的父母亲没有什么不好吧?"放下手杖站着说:"你的兄弟身体也
好吧?"拖着手杖边走边说:"你家里妻子孩子没有谁生病吧?"因而身体
弯曲的程度,手位置的高低,表情语气,各自相宜合适,用来表明尊卑,
分别关系的亲疏。

　　子路见孔子之背①,磬折举褎②,曰:"唯由也见。"孔子闻
之,曰:"由也,何以遗忘也③?"故过犹不及,有余犹不足也。

【注释】

①子路:孔子学生仲由的字。

②褎(xiù):同"袖",衣袖。

③何以遗忘也:此句遗忘的内容指在尊长的正面应该行礼,在背后
　　就不必行礼,要免去繁文缛节。

【译文】

　　子路从背后看到孔子,弯下身子举起衣袖向孔子行礼,说:"仲由拜
见老师。"孔子听到后,说:"仲由,你怎么忘记了我的嘱咐呢?"因而礼仪

应当适中,太过了如同不及,有余如同不足。

语曰:"审乎明王,执中履衡。"言秉中适而据乎宜。故威胜德则淳①,德胜威则施②。威之与德,交若缪缰③,且畏且怀,君道正矣。"质胜文则野,文胜质则史,文质彬彬④,然后君子。"

【注释】

①淳:通"憨(duì)",恶。

②施:通"弛",松懈。

③缪缰(jiū mò):绳索。缪,通"纠",三股绳。缰,绳索。

④彬彬:文质各占一半的样子。

【译文】

俗语说:"明智的君王非常明察,处理问题把握分寸中正公平。"说的是掌握适中的火候而处理适当。因而威严超过恩德就会导致作恶,恩德超过威严就会导致废弛。威严与恩德,如同绳索相互纠缠在一起,既使之敬畏又使之感恩,君主治理的方法就正确了。"质朴超过了文采就会显得粗野,文采超过质朴就会显得刻板,文采与质朴配合适度,这样才是君子的气度。"

龙也者,人主之辟也①。亢龙往而不返②,故《易》曰"有悔"。悔者,凶也。潜龙入而不能出,故曰"勿用"。勿用者,不可也。龙之神也,其惟蜚龙乎③? 能与细细,能与巨巨,能与高高,能与下下。吾故曰:龙变无常,能幽能章。故至人者,在小不宝④,在大不窕⑤;狎而不能作,习而不能顺;姚不惛⑥,卒不妄⑦;饶裕不赢⑧,迫不自丧;明是审非,察中居宜,此之谓有威仪。

【注释】

①辟:通"譬",比喻。

②亢龙:高位之龙,在易卦中处在上爻的位置,比喻居高位而自傲的君主。亢,高。

③蜚:通"飞"。

④宝:通"槬",大。

⑤窊:小。

⑥姚:通"佻",仓猝。惛:同"昏"。

⑦卒:同"猝",仓猝。

⑧赢:满足。

【译文】

龙,是人主的比方。居高位的龙一直往天上去不返回,所以《易经》里说"有悔"。悔,是凶的意思。潜伏的龙进入深渊不能出来,所以说"勿用"。勿用,是不可以行动的意思。龙中神奇的,大概只有飞龙吧?能与小的一起变小,能与大的一起变大,能与高处的一起升高,能与下面的一起降下。我所以说:龙变化无常,能够隐藏能够飞扬。所以最高境界的人,处在微小时不彰显强大,处在强大时不故作微小;即使比较亲近,也不能随便让他干什么,即使比较熟悉,也不能使他顺从;遇到紧急情况时不会慌乱;处境优越时不会自满,穷困急迫时不会沮丧;能明辨是非,辨察适中的分寸处理得当,这就叫作有威仪。

　　古之为路舆也①,盖圜以象天,二十八橑以象列星②,轸方以象地③,三十辐以象月④。故仰则观天文,俯则察地理,前视则睹鸾和之声、四时之运。此舆教之道也。

【注释】

①路舆：车。

②橑(lǎo)：车盖上支撑的木条，即车盖弓。

③轸(zhěn)：车厢。

④辐：连接车轴心与车轮的木条。

【译文】

古时候制作车子，车盖呈圆形象征天，二十八根盖弓骨象征二十八星宿，车厢呈方形象征大地，三十根辐条象征月亮。因而抬头就能看到天文，低头就能察看地理，往前看就能听到车铃合奏的声音，看到一年四季的运行。这便是天子之车形制的意义。

人主太浅则知暗①，太博则业厌②，二者异□同败③，其伤必至。故师傅之道，既美其施，又慎其齐④；适疾徐，任多少；造而勿趣⑤，稍而勿苦；省其所省，而堪其所堪。故力不劳而身大盛，此圣人之化也。

【注释】

①暗：晦暗，不亮。

②厌：损抑，减损。

③此句《春秋繁露·玉杯》作"二者异失而同败"，则□处当作"失"字。

④齐：同"剂"，剂量，指份量。

⑤造：致，达到。趣：催促。

【译文】

人主的知识太浅薄就会糊涂，太广博就会荒废学业，两种过失不同而失败相同，必然带来伤害。所以辅导君主的方法，既要教学美善的内容,又要慎重地调节教学的份量;快慢的进度要适中,负担的任务多少要适当;达到教学目的不能催促进度,循序渐进不能过于苦累;了解他的教学能力,让他承担可以承担的教学任务。因而心力不劳苦而有很大的成就,这就是圣人的教化。

春秋连语

【题解】

　　"春秋",指春秋时期,代指历史。本篇记录了春秋时期楚惠王、卫懿公、邹穆公、宋康公、晋文公、楚怀王、齐桓公、胡亥以及孙叔敖等人的一些历史轶事,从正反两个方面说明君主用仁德治国,就会得到人民的拥护、上天的福佑,从而逢凶化吉,国家昌盛;反之则人民背离,国家衰败。这些资料大概是贾谊作太傅时所用的教材,其目的是使君主从中汲取历史的经验和教训。

　　楚惠王食寒菹而得蛭①,因遂吞之,腹有疾而不能食。令尹入问曰②:"王安得此疾?"王曰:"我食寒菹而得蛭,念遣之而不行其罪乎,是法废而威不立也;遣而行其诛,则庖宰、监食者,法皆当死,心又弗忍也。故吾恐蛭之见也,遂吞之。"令尹避席再拜而贺曰:"臣闻皇天无亲,惟德是辅。王有仁德,天之所奉也,病不为伤。"是昔也,惠王之后而蛭出③,故其久病心腹之积皆愈。故天之视听,不可谓不察。

【注释】

①楚惠王：楚昭王之子，名章，春秋时楚国国君，公元前488—前431年在位。寒菹（zū）：腌菜。蛭：水蛭，环节动物，居池沼或水田中，吸食人或动物的血液，俗称蚂蟥。

②令尹：楚国最高的军政长官。

③后：后宫。这里指后宫的厕所。

【译文】

　　楚惠王吃腌菜时发现有条蚂蟥，就吞了下去，后来肚子疼不能吃饭。令尹来到王宫看望，说："王上怎么得的这个病？"楚惠王说："我吃腌菜发现有条蚂蟥，心想谴责厨师而不加处罚吧，这是废除法令而威严不能树立，这样处理没有听说过；加以谴责并施行处罚，那么厨师、监督的官员，依法就该判处死罪，我又于心不忍。所以我害怕蚂蟥被发现了，于是就吞下去了。"令尹离开席位拜了两拜祝贺说："臣下听说皇天不亲近任何人，只是辅助有德行的人。王上有仁德，是上天辅助的对象，得病不要紧的。"这天晚上，楚惠王到后宫上厕所蚂蟥排出来了，因此长时间心腹积滞的病痛全都好了。所以上天的监察倾听，不能说不明察。

　　卫懿公喜鹤①。鹤有饰以文绣而乘轩者，赋敛繁多而不顾其民，贵优而轻大臣②。群臣或谏，则面叱之。及翟伐卫③，寇挟城堞矣④。卫君垂泣而拜其臣民曰："寇迫矣，士民其勉之。"士民曰："君亦使君之贵优，将君之爱鹤，以为君战矣。我侪弃人也⑤，安能守战？"乃溃门而出走。翟寇遂入，卫君奔死，遂丧其国。故贤主者，不以草木禽兽妨害人民，进忠正而远邪伪，故民顺附而臣下为用。今释人民而爱鸟兽，远忠道而贵优笑，反甚矣。人主之为人主也，举错而不偾者⑥，杖贤也。今背其所主而弃其所杖，其偾仆也，不亦宜乎？语曰："祸出者祸反，恶人者人亦恶之。"管子曰⑦："不行其野，不违其马。"此违其马者也。

【注释】

①卫懿公：春秋时卫国国君，卫惠公之子，名亦。公元前668—前661年在位。其丧国事《左传》闵公二年及《史记·卫康叔世家》有记载。

②优：俳优，倡伎。

③翟伐卫：据《左传》闵公二年记载在公元前660年。翟，春秋时小国，在今河南汝南一带。

④挟：接，接近。城堞（dié）：城墙。堞，城墙上的矮墙。

⑤侪（chái）：辈。

⑥偾（fèn）：仆倒，指灭亡。

⑦管子：即管仲，春秋时政治家，齐国国相，辅佐齐桓公成就霸业，有《管子》一书传世。

【译文】

卫懿公喜爱鹤。养的鹤中有用文采锦绣来装饰并让鹤乘坐大夫的车子，收取的租税种类繁多不管老百姓的死活，看重倡优而轻视大臣。群臣有人提出劝告，就当面斥责他。等到翟国进攻卫国，兵寇已经接近城墙了。卫懿公流着眼泪对大臣和百姓行拜礼，说："敌军已经迫近了，希望士兵和百姓努力作战啊！"士兵和百姓说："君王还是派您的宠爱的倡优，带领君王您喜欢的鹤，为您作战吧。我们都是被抛弃的人，哪能守城作战呢？"于是大家都冲破城门逃走。翟国的侵略军于是攻进了卫国都城，卫懿公逃了出去死在国外，最终丧失了他的国家。所以贤明的君主不因为草木禽兽而伤害他的人民，进用中正的人而远离邪僻虚伪的人，因而人民顺从依附而臣下为他效力。于今放弃人民而喜爱鸟兽，疏远忠诚有道的人而看重俳优倡伎，真是颠倒得厉害呀！人主之所以成为人主,举动有过错不至于垮台,是因为倚仗贤能的人。于今背弃所主宰的并抛弃所倚仗的,垮台灭亡,不是应该的吗? 俗语说:"制造灾祸的,灾祸一定会还报给他;憎恶别人的人,别人一定会憎恶他。"管子说:"不要在田野中行走,不要离开你的马。"卫懿公就是离开他的马的人。

　　邹穆公有令①,食凫雁者必以秕②,毋敢以粟。于是仓无秕而求易于民,二石粟而易一石秕。吏请曰:"以秕食雁,为无费也。今求秕于民,二石粟而易一石秕,以秕食雁,则费甚矣。请以粟食之。"公曰:"去! 非而所知也。夫百姓煦牛而耕③,曝背而耘,苦勤而不敢惰者,岂为鸟兽也哉? 粟米,人之上食也,奈何其以养鸟也? 且汝知小计而不知大计。周谚曰:'囊漏贮中',而独弗闻欤? 夫君者,民之父母也,取仓之粟移之与民,此非吾粟乎? 鸟苟食邹之秕不害邹之粟而已。粟之在仓与其在民,于吾何择?"邹民闻之,皆知其私积之与公家为一体也。

【注释】

①邹穆公:春秋时邹国国君。邹在今山东邹、费、济宁、金乡等县境。

②凫:鸭子。雁:鹅。秕(bǐ):瘪谷。

③煦:通"呴",即"吁",出气声。

【译文】

　　邹穆公下命令,喂养鸭鹅一律用瘪谷,不敢用粟米。于是仓库里没有瘪谷就跟百姓去交换,两石粟米换一石瘪谷。管事的官吏请求说:"用瘪谷喂养鸭鹅,是不浪费。现在向百姓换瘪谷,两石粟米换一石瘪谷,用瘪谷喂养鸭鹅,浪费就多了。请直接用粟米喂养吧。"邹穆公说:

"走开！这不是你所知道的。老百姓用牛费力耕种，在大太阳下暴晒锄草，辛苦不敢偷懒，难道是为了鸟兽吗？粟米，是人最好的食物，怎么能用来养鸭鹅呢？再说你只知道算小账不知道算大账。周代的谚语说：'口袋漏了漏在粮仓里'，你难道没有听说吗？国君，是人民的父母，拿谷仓里的粟米给老百姓，这不是我的粟米吗？让鸭鹅吃国家的瘪谷不过是不影响国家的粟米罢了。粟米在仓库里与在百姓手里，对我来说有什么区别呢？"邹国的百姓听说后，都知道私人的积蓄与国家的积蓄是一个整体。

楚王欲淫邹君，乃遗之技乐美女四人①。穆公朝观，而夕毕以妻死事之孤。故妇人年弗称者弗蓄，节于身而弗众也。王舆不衣皮帛，御马不食禾菽，无淫僻之事，无骄熙之行②，食不众味，衣不杂采，自刻以广民，亲贤以定国，亲民如子。邹国之治，路不拾遗，臣下顺从，若手之投心。是故以邹子之细，鲁、卫不敢轻，齐、楚不能胁。邹穆公死，邹之百姓若失慈父，行哭三月。四境之邻于邹者，士民乡方而道哭③，抱手而忧行。酤家不雠其酒④，屠者罢列而归，傲童不讴歌，舂筑者不相杵，妇女抉珠瑱⑤，丈夫释玦镡⑥，琴瑟无音，期年而后始复。故爱出者爱反，福往者福来。《易》曰："鸣鹤在阴，其子和之⑦。"其此之谓乎！故曰：天子有道，守在四夷；诸侯有道，守在四邻。

【注释】

①遗（wèi）：赠送。技乐：乐工。
②熙：通"嬉"，玩乐。
③乡：向。

④雠：卖。

⑤抉：去掉。珠瑱(tiàn)：镶嵌珍珠的耳饰。

⑥玦：扳指，戴在拇指上，开弓时钩住弓弦拉开弓，平时作装饰。靬(kān)：装弓的袋子。

⑦鸣鹤在阴，其子和之：见《周易·中孚》。

【译文】

楚王想要邹穆公变得荒淫，就送给他四个表演乐舞的美女。邹穆公早上看过四个美女的表演后，晚上就把她们送给了为国事死去的烈士的遗孤做妻子。所以女子年龄与自己不相称的不收作妻妾，自我节制不占有过多的女子。邹穆公乘坐的车子不用皮革丝帛作装饰，驾车的马匹不喂食稻谷的禾苗，没有淫乱邪僻的事情，没有骄奢游乐的行为，吃饭不上众多的美味，衣服不穿五颜六色，自我约束节俭让老百姓富裕，亲近贤能来安定国家，爱护百姓如同爱护自己的孩子。邹国的治理，路不拾遗，臣下顺从，像手与心相投。因为这些缘故，凭邹国的弱小，鲁国、卫国不敢轻视，齐国、楚国不能威胁。邹穆公死后，邹国的老百姓好像失去了仁慈的父亲，痛哭吊唁了三个月。四方与邹国相邻的国家，士人民众对着邹国在路上痛哭，双手拊心忧伤地行走。酒家停止卖酒，屠户不摆肉摊回了家，嬉笑的儿童不唱歌，舂米筑版的人不呼喊号子，妇女摘去了珍珠耳饰，男子脱下了扳指弓袋，琴瑟不发出声音，一年以后才开始恢复。这是施予爱的得到爱的回报，予人幸福的自己也得到幸福。《易经·中孚》里说："鹤在暗处鸣叫，小鹤与之相和。"大概说的是这种情况吧！所以说：天子有道，四方民族为他守卫；诸侯有道，四周邻国为他守护。

宋康王时①，有爵生鹯于城之陬②。使史占之，曰："小而生大，必伯于天下③。"康王大喜。于是灭滕④，伐诸侯⑤，取淮北之城⑥，乃愈自信，欲霸之亟成。故射天笞地，伐社稷而焚之，曰威服天地鬼神；骂国老之谏者为无头之棺，以视有勇；剖伛者之背⑦，斫朝涉之胫⑧，国人大骇。齐王闻而伐之，民散城不守。王乃逃于郳侯之馆⑨，遂得而死。故见祥而为不可，祥反为祸。

【注释】

①宋康王：名偃，春秋时宋国的末代国君。

②爵：通"雀"。鹯（zhān）：一种猛禽，似鹞，毛色青黄，常捕击斑鸠、鸽子、燕子、麻雀等为食。陬（zōu）：角落。

③伯：通"霸"。

④滕：国名，在今山东滕县西南。

⑤诸侯：《战国策》卷三十二、《新序·杂事》四皆作"薛"。

⑥淮北：泛指淮河以北的地区。

⑦伛（yǔ）：驼背。

⑧斫（zhuó）：砍。

⑨郳（ní）侯：郳国国君，侯是爵位。郳，春秋时的小国，在今山东滕县、峄县一带。

【译文】

宋康王的时候，有一只小雀在城边的角落里生下了一只大鸟。宋康王派史官占卜，说："小雀生出了大鸟，预示您一定会称霸天下。"宋康王非常高兴。于是消灭滕国，讨伐诸侯，夺取淮北的城池，就更加自信，想要称霸赶快成功。因而用箭射天，用鞭子鞭打大地，拆掉土神和谷神庙放火焚烧，说是"用威力压服天地鬼神"；骂那些提出忠告的国家元老是没有头的棺材，以显示有勇气；剖开驼背人的背，砍断早晨过河人的小腿，宋国的百姓非常惊骇。齐王听说后前来讨伐，宋国百姓四处逃散都城失守。宋康王逃到郳国国君的客舍，最终被捕获杀死。所以见到吉祥的预兆却去做不能做的事情，吉祥反而成为灾祸。

晋文公出畋①,前驱还白,前有大蛇,高若堤,横道而处。文公曰:"还车而归。"其御曰:"臣闻祥则迎之,妖则凌之。今前有妖,请以从吾者攻之。"文公曰:"不可。吾闻之曰:天子梦恶则修道,诸侯梦恶则修政,大夫梦恶则修官,庶人梦恶则修身。若是,则祸不至。今我有失行,而天招以妖我,我若攻之,是逆天命。"乃归。斋宿而请于庙曰②:"孤实不佞,不能尊道,吾罪一;执政不贤,左右不良,吾罪二;饬政不谨,民人不信,吾罪三;本务不修,以咎百姓,吾罪四;斋肃不庄③,粢盛不洁④,吾罪五。请兴贤遂能而章德行善,以导百姓,毋复前过。"乃退而修政。居三月,而梦天诛大蛇,曰:"尔何敢当明君之路!"文公觉,使人视之,蛇已鱼烂矣。文公大说,信其道而行之不解,遂至于伯。故曰:见妖而迎以德,妖反为福也。

【注释】

①晋文公:名重耳,晋献公之子,春秋时五霸之一,公元前636—前621年在位。畋(tián):打猎。

②斋:一种清净身心以示虔诚的活动,不饮酒,不食荤腥,沐浴独居。宿:静居。

③斋肃:同"斋宿"。

④粢(zī)盛:祭器中盛放的谷物。

【译文】

晋文公出外打猎,在前面开路的人回来报告说,前面有一条大蛇,有堤坝那么高,横在道路上挡住了路。晋文公说:"调转车子回去。"他的驭手说:"臣下听说见到吉祥的东西就迎上去,见到怪异的东西就制服它。现在前面有怪异的东西,请让我带着随从的人去攻打它。"晋文公说:"不行。我听说,天子梦见不好的东西就改进治理的方略,诸侯梦见不好的东西就改进执政的技巧,大夫梦见不好的东西就改进管理的行为,平民梦见不好的东西就改进自身的言行。像这样,灾祸就不会到来。现在我有不当的行为,而上天用怪异的东西提醒我,我如果攻打它,这是违背上天的命令。"于是就回去了。静居斋戒之后向宗庙请求说:"我实在没有才能,不能遵守大道,这是我的第一项罪过;负责主管事务的官员不贤能,左右的大臣也不贤良,这是我的第二项罪过;治理政事不慎重,没有取得人民的信赖,这是我的第三项罪过;农业生产没有抓好,以致于给百姓带来灾难,这是我的第四项罪过;静居斋戒不诚敬,祭祀的祭品不清洁,这是我的第五项罪过。请让我起用贤人发挥才干来发扬仁德施行善政,从而引导百姓,不再重复以前的过错。"于是回来改进政事。过了三个月,晋文公梦见上天杀死了大蛇,说:"你怎么敢挡住明君的道路!"晋文公醒来,派人前去查看,大蛇已经像鱼那样腐烂了。晋文公非常高兴,相信天道并坚持不懈,终于实现了霸业。所以说:见到怪异的现象而用仁德去对待,怪异的现象反而转变成福气。

　　楚怀王心矜好高人①,无道而欲有伯王之号。铸金以象诸侯人君,令大国之王编而先马,梁王御②,宋王骖乘,周、召、毕、陈、滕、薛、卫、中山之君皆象使随而趋③。诸侯闻之,以为不宜,故兴师而伐之。楚王见士民为用之不劝也④,乃征役万人,且掘国人之墓。国人闻之振动,昼旅而夜乱⑤。齐人袭之,楚师乃溃。怀王逃适秦,克尹杀之西河⑥,为天下笑。此好矜不让之罪也,不亦羞乎?

【注释】

①楚怀王:战国时楚国国君,名槐,楚威王之子,公元前328—前299

年在位。矜：骄傲。

②梁王：即魏王。魏惠王于公元前362年迁都大梁，故称梁。

③周、召、毕、陈、滕、薛、卫、中山：都是当时的小国。

④劝：努力。

⑤旅：排成阵列。

⑥克尹：人名，未详。西河：地名，在今陕西南部一带。

【译文】

楚怀王心气骄傲喜欢超过别人，没有道义却想要有霸王的称号。用金属铸造诸侯人君的塑像，让大国的君王编成马队在前面开路，魏王为他驾车，宋王做他的陪乘，周、召、毕、陈、滕、薛、卫、中山这些小国的国君都像随从的臣仆一样跟在车后行走。诸侯听说这件事，以为不恰当，因而起兵来讨伐。楚怀王看见将士和百姓为他作战不努力，就征召了上万名徒役，并挖掉国人的祖坟。国人听说这件事非常震惊，白天排列有序晚上就溃散了。齐国人袭击楚军，楚军大败。楚怀王逃往秦国，被克尹在西河杀死，为天下人耻笑。这就是喜欢骄傲不谦让的罪过，难道不是很羞耻的事吗？

　　齐桓公之始伯也①，翟人伐燕，桓公为燕北伐翟②，乃至于孤竹③，反，而使燕君复召公之职④。桓公归，燕君送桓公，入齐地百六十六里。桓公问于管仲曰⑤："礼，诸侯相送，固出境乎？"管仲曰："非天子不出境。"桓公曰："然则燕君畏而失礼也，寡人恐后世之以寡人为存燕而欺之也。"乃下车而令燕君还车，乃割燕君所至而与之，遂沟以为境而后去。诸侯闻桓公之义，口不言而心皆服矣。故九合诸侯，莫不乐听；扶兴天子，莫不劝从。诚退让，人孰弗戴也？

【注释】

①齐桓公：春秋时齐国国君，五霸之一，公元前685—前643年在位，曾九次联合诸侯，平定天下。

②燕：国名，在今河北、辽宁及朝鲜北部。

③孤竹：古国名，在今河北卢龙一带。

④召公：即姬奭(shì)，周文王庶子，封邑在召，武王封于北燕。

⑤管仲：即管子，春秋时政治家，齐国国相，辅佐齐桓公成就霸业，有《管子》一书传世。

【译文】

　　齐桓公开始称霸的时候，翟人攻打燕国，齐桓公为燕国往北方讨伐翟人，一直到达孤竹，回来后，让燕国国君重新继承召公的封位。齐桓公返国时，燕国国君送齐桓公，进入齐国的土地有一百六十六里。齐桓公问管仲说："按照礼制，诸侯相送，应该送出国境吗？"管仲说："不是天子不能送出境。"齐桓公说："这样说来燕国国君是因为害怕而失礼了，我害怕后代以为我是为了拯救燕国而欺负他。"就下车让燕国国君调转车子回去，把燕国国君所到的地方划割给他，挖了一条壕沟作为边境然后离开。诸侯们听说齐桓公的义行，口里不说但心里都信服了。所以齐桓公九次会合诸侯，没有不乐意听从的；扶持天子扩大势力，没有不努力跟从的。确实做到了退让，人们谁能不拥戴呢？

　　二世胡亥之为公子①，昆弟数人，诏置酒飨群臣，召诸子赐食先罢。胡亥下陛，视群臣陈履状善者，因行践败而去。诸侯闻之，莫不大息。及二世即位，皆知天下之弃之也。

【注释】

①二世胡亥：秦始皇的小儿子，公元前210—前207年在位。

【译文】

秦二世胡亥当公子的时候，有兄弟几个人，秦始皇命令摆酒宴招待各位大臣，喊几个儿子赐些食物先回去。胡亥走下台阶，看见那些大臣摆的鞋子好看的，就把它踩踏坏了才离开。诸侯们听说这件事，没有人不为之叹息的。等到二世即位，都知道天下人会抛弃胡亥了。

孙叔敖之为婴儿也①，出游而还，忧而不食。其母问其故，泣而对曰："今日吾见两头蛇，恐去死无日矣。"其母曰："今蛇安在？"曰："吾闻见两头蛇者死，吾恐他人又见，吾已埋之也。"其母曰："无忧，汝不死。吾闻之，有阴德者②，天报以福。"人闻之，皆谕其能仁也。及为令尹③，未治而国人信之。

【注释】

①孙叔敖：春秋时楚国的令尹。此事《新序·杂事》一、《列女传》、《论衡·福虚》篇都有记载。

②阴德：暗中做的善事。

③令尹：最高的行政长官，相当于后代的宰相。

【译文】

孙叔敖还是小孩的时候，出外玩耍回来，闷闷不乐不吃饭。他妈妈问是什么原因，孙叔敖哭着对妈妈说："我今天看见两个头的蛇，恐怕离死期不远了。"他妈妈说："现在蛇在哪里？"孙叔敖说："我听说看见两头蛇的人会死，我害怕别人又看见了，已经把它埋了。"他妈妈说："不要担忧，你不会死的。我听说，积了阴德的人，上天会回报福气。"人们听说这件事，都知道孙叔敖能施行仁爱。等到他做令尹的时候，还没有开始治理国中的百姓已经信任他了。

卷 七

先醒连语

【题解】

"先醒",就是先觉悟。醒对醉而言,懂得国家兴衰存亡的道理为醒,反之为醉。文章用了楚庄王、宋昭公和虢公三个国君的事迹,从先醒、后醒和不醒三个方面说明认识国家兴衰存亡的道理的重要性。本篇是贾谊任梁怀王太傅时的教学资料,可与《春秋》篇参看。

怀王问于贾君曰①:"人之谓知道者先生,何也?"贾君对曰:"此博号也,大者在人主,中者在卿大夫,下者在布衣之士。乃其正名,非为先生也,为先醒也。彼世主不学道理,则嘿然惛于得失②,不知治乱存亡之所由,怆怆然犹醉也③。而贤主者学问不倦,好道不厌,锐然独先达乎道理矣。故未治也知所以治,未乱也知所以乱,未安也知所以安,未危也知所以危。故昭然先寤乎所以存亡矣,故曰'先醒',辟犹俱醉而独先醒也。故世主有先醒者,有后醒者,有不醒者。

【注释】

①怀王:汉文帝子刘揖,又名刘胜,封于梁。文帝三年(前177)立,

十一年(前169)坠马死。贾君:贾谊。文帝七年(前173),贾谊二十八岁,任梁怀王太傅。"君"字疑为后人所改。

②嘿:同"默"。惛(hūn):神志不清。

③忳忳(zhūn)然:无知的样子。

【译文】

梁怀王问贾谊说:"人们称懂得道理的人为先生,是为什么呢?"贾谊回答说:"这是广泛性的称呼,大可以称呼君主,中可以称呼卿大夫,下可以称呼未从政的读书人。至于确切的名称,不是称先生,而是称先醒。那些君主不学道理,就糊里糊涂不明白得失,不知道治乱存亡的根源,神志不清像喝醉了酒一样。而贤明的君主学习提问不知疲倦,喜爱真理不知满足,很快就能独自通晓道理。所以在尚未治理的时候就知道怎样能治理好,国家没有安定的时候就知道怎么能使之安定,国家没有出现危险的时候就知道危险会出在哪里。这是事先很清楚地知道存亡的原因,所以叫作'先醒',譬如喝酒大家都醉了而独自先清醒了。所以君主有先醒来的,有后醒来的,有最终不醒来的。

"昔楚庄王即位①,自静三年,以讲得失。乃退僻邪而进忠正,能者任事而后在高位,内领国政,治而外施教,百姓富,民恒一,路不拾遗,国无狱讼。当是时也,周室坏微,天子失制,宋、郑无道,欺昧诸侯。庄王围宋伐郑,郑伯肉袒牵羊,奉簪而献国。庄王曰:'古之伐者,乱则整之,服则舍之,非利之也。'遂弗受。乃南与晋人战于两棠②,大克晋人,会诸侯于汉阳③,申天子之辟禁,而诸侯说服。庄王归,过申侯之邑④。申侯进饭,日中而王不食。申侯请罪曰:'臣斋而具食甚洁,日中而不饭,臣敢请罪。'庄王喟然叹曰:'非子之罪也! 吾闻之曰:其君贤君也,而又有师者王;其君中君也,而有师者伯；其君下君也，而群臣又莫若者亡。今我下君也，而群臣又莫若不穀⑤，不穀恐亡无日也。吾闻之，世不绝贤。天下有贤，而我独不得，若吾生者，何以食为？'故庄王战服大国，义从诸侯，戚然忧恐，圣智在身，而自错不肖，思得贤佐，日中忘饭，可谓明君矣。谓'先寤所以存亡'，此先醒也。

【注释】

①楚庄王：春秋时楚国国君，名侣，公元前613—前591年在位，五霸之一。

②两棠：即狼汤，郑地。

③汉阳：地名，汉水的北面。

④申侯：申国国君。申，春秋时小国，侯爵，在今河南南阳一带。

⑤不穀：古代君王对自己的谦称。

【译文】

"从前楚庄王登上王位，自我静居三年，来研究政治得失。于是斥退奸邪小人而进用忠心正直的人，贤能的人让他们管理事务之后再提拔到高的职位，朝廷内部领导国家的政事，治理好了才对外施加教育给百姓，百姓富有，人民团结一心，路不拾遗，国内没有官司案件。正当这个时候，周王室崩坏势力微弱，天下失去控制，宋国、郑国没有道义，欺骗侵犯诸侯。楚庄王包围宋国讨伐郑国，郑国国君赤着胳膊牵着羊，取下发簪，献出国家投降。楚庄王说：'古时候讨伐别国，国家混乱就把它治理好，服罪了就不加追究，并不是为了获取利益。'最终没有接受郑国。于是向南进发在两棠与晋国军队作战，大败晋军，在汉水北面会合诸侯，伸张周天子的法律禁令，诸侯都高兴地服从。楚庄王回来，路过申侯的城邑。申侯献上饭食，到了中午楚庄王还没有吃。申侯请罪说：'臣下我斋戒之后准备的饭食非常干净，到了中午还不吃饭，臣下冒昧向您请罪。'楚庄王长叹一声说:'不是您的罪过。我听说,君主是贤君,又有师傅辅导的能够称王;君主是中等的君主,有师傅辅导的能称霸;君主是下等的君主,而群臣有不如我的会亡国。现在我是下等的君主,而群臣又不如我,我恐怕被灭亡没有多少时日了。我听说,世世代代贤人不会断绝。天下有贤人,偏偏我得不到,像我这样活着,还吃什么饭呢?'所以楚庄王征战使大国服从,义行使诸侯跟从,却忧心忡忡害怕危亡来临,拥有聪明智慧,却把自己摆在无能的位置,盼望得到贤能的辅佐,到了中午忘了吃饭,可以算是贤明的君主了。这叫作'先明白存亡的原因',这是先醒悟的人。

"昔宋昭公出亡至于境^①,喟然叹曰:'呜呼!吾知所以亡矣!吾被服而立,侍御者数百人,无不曰吾君丽者;吾发政举事,朝臣千人,无不曰吾君圣者。吾外内不闻吾过,吾是以至此,吾困宜矣。'于是革心易行,衣苴布^②,食麷馂^③,昼学道而夕讲之。二年,美闻于宋。宋人车徒迎而复位,卒为贤君,谥为昭公。既亡矣,而乃寤所以存,此后醒者也。

【注释】

①宋昭公:春秋时宋国国君。宋国有二昭公,一名杵臼,宋成公之少子,公元前619—前611年在位,因无道被弑。据《韩诗外传》记载,这里昭公应是昭公得。

②苴(jū)布:粗麻布。苴,麻。

③麷:音义未详。卢文弨怀疑是豆食的余屑。馂(jùn):剩饭。

【译文】

"从前宋昭公出逃到达边境,长长叹息说:'啊呀,我知道为什么灭亡了。我披着衣服站着,服侍我的有好几百人,没有谁不说我们的君主很美丽;我发布政令处理事务,朝廷中大臣有几千人,没有谁不说我们的君主很圣明。我在朝廷内外听不到我的过错,所以我到这种地步,我陷于困境是应该的。'于是改变思想和行为,穿粗麻布衣服,吃豆屑剩饭,白天学习治国的道理晚上温习研究。过了两年,美好的名声传遍了宋国。宋国人派车辆人马迎接他恢复君位,终于成为贤君,谥号称为昭公。已经亡国了,却能觉悟怎么生存,这是后醒悟的人。

“昔者虢君骄恣自伐①,谄谀亲贵,谏臣诘逐②,政治蹙乱③,国人不服。晋师伐之,虢人不守。虢君出走,至于泽中,曰:'吾渴而欲饮。'其御乃进清酒。曰:'吾饥而欲食。'御进腵脯、粱糗④。虢君喜曰:'何给也?'御曰:'储之久矣。'曰:'何故储之?'对曰:'为君出亡而道饥渴也。'君曰:'知寡人亡邪?'对曰:'知之。'曰:'知之何以不谏?'对曰:'君好谄谀而恶至言,臣愿谏,恐先虢亡。'虢君作色而怒。御谢曰:'臣之言过也。'为间,君曰:'吾之亡者,诚何也?'其御曰:'君弗知耶?君之所以亡者,以大贤也。'虢君曰:'贤,人之所以存也。乃亡,何也?'对曰:'天下之君皆不肖,夫疾吾君之独贤也,故亡。'虢君喜,据式而笑曰:'嗟!贤固若是苦耶!'遂徒行而于山中居,饥倦,枕御膝而卧。御以块自易,逃行而去。君遂饿死,为禽兽食。此已亡矣,犹不寤所以亡,此不醒者也。

【注释】

①虢(guó):春秋时的小国,在今河南三门峡和山西平陆一带,公元前655年被晋国消灭。伐:夸耀。

②诘：指责。

③踳（chuǎn）：同"舛"。

④腶（duàn）脯：一种加生姜、桂花捶打制成的干肉。粱：通"粱"，一
　　种好粟米。糗（qiǔ）：干米粉。

【译文】

　　"从前虢国的国君骄横放纵而且自负，阿谀奉承的人受到亲近提
拔，忠心劝谏的大臣受到指责驱逐，政治一片混乱，国中人都不服。晋
国的军队来讨伐，虢国人民不防守。虢君出逃，来到大泽中，说：'我渴
了想喝水。'他的驭手就进上清酒。又说：'我饿了想吃饭。'驭手又进上
干肉干粮。虢君高兴地说：'怎么会供给这样的好东西？'驭手回答说：
'储备了好长时间。'虢君问道：'为什么储备？'驭手回答说：'为了君王
您出逃在路上饥渴准备的。'虢君说：'知道我要灭亡吗？'驭手回答说：
'知道。'虢君说：'知道了为什么不提出劝告？'驭手回答说：'君王喜欢
阿谀奉承而憎恶正确的言论，臣下愿意进谏，恐怕在虢国灭亡之前就死
掉了。'虢君变了脸色很生气。驭手赶紧谢罪说：'臣下说的太过分了。'
过了一会，虢君说：'我灭亡的原因，到底是为什么呢？'驭手说：'君王难
道不知道吗？ 君王之所以灭亡，是因为您太贤明了。'虢君说：'贤明，是
人能存在的原因。竟然灭亡，为什么呢？'驭手回答说：'天下的君主都
不贤能，因而憎恶我们君王偏偏贤能，所以会灭亡。'虢君很高兴，靠着
车前横木笑着说：'哎，贤能原来像这样苦啊！'于是徒步到山中住下，饥
饿困倦，枕着驭手的膝盖睡着了。驭手用土块替换了自己，逃跑离开
了。虢君于是饿死，被鸟兽吃掉了。这是已经灭亡了，却仍然不觉悟为
什么灭亡的，这是不醒悟的人。

　　"故先醒者，当时而伯；后醒者，三年而复；不醒者，枕土
而死，为虎狼食。呜呼！ 戒之哉！"

【译文】

"所以先醒悟的,当时就能称霸;后醒悟的,三年以后恢复君位;不醒悟的,枕着土块死去,被虎狼吃掉。啊呀,要警戒啊!"

耳痹连语

【题解】

"耳痹",耳朵麻痹,比喻听不进忠言。文中用伍子胥为父亲报仇、勾践灭吴的历史故事,说明欺罔神灵、违背人道受到上天的惩罚,天在高处,但视听在下,不可不谨慎。表现出浓重的天人相应观念。本篇是贾谊作太傅时所用的教学资料,旨在用天人谴告说教导梁怀王敬天爱人。

窃闻之曰:目见正而口言枉则害①,阳言吉错之民而凶则败②,倍道则死③,障光则晦④,诬神而逆人⑤,则天必败其事。

【注释】

①枉:不正。

②阳:通"佯"。错:通"措"。

③倍:通"背"。

④晦:昏暗。

⑤诬:欺骗。

【译文】

我私下听到这种说法：眼睛看见是正确的可是嘴上说是不正确的就会有害，表面上说的是好的而施加给人民却是坏的就会失败，违背道义就会死亡，遮挡住光线就会昏暗，欺骗神灵并违背人道，那么上天一定会败坏他的事业。

故昔者楚平王有臣曰伍子胥①，王杀其父而无罪，奔走而之吴，曰："父死而不死，则非父之子也。死而非补，则过计也。与吾死而不一明，不若举天地以成名。"于是纡身而不□②，适阖闾③，治味以求亲。阖闾见而安之，说其谋④，果其举，反其听，用而任吴国之政也。民保命而不失，岁时熟而不凶，五官公而不私，上下调而无尤，天下服而□御⑤，四境静而无虞。然后，忿心发怒，出凶言，阴必死，提邦以伐楚。五战而五胜，伏尸数十万，城郢之门⑥，执高兵⑦，伤五藏之实⑧，毁十龙之钟，挞平王之墓。昭王失国而奔⑨，妻生虏而入吴。故楚平王怀阴贼，杀无罪，殃既至乎此矣。

【注释】

①楚平王：名居，春秋时楚国国君，公元前528—516年在位。伍子胥：名员。他的父兄被楚平王杀死，他逃到吴国，辅佐吴王阖闾五战攻破楚国国都，掘平王墓，鞭其尸。后又辅佐夫差大败越国，因夫差听信谗言，被逼自杀。其事《史记》记载较详。

②纡(yū)：屈，曲。不□：别本"不"作"乃"，不空字，连下句读。

③阖闾：名光，春秋末年吴国国君，公元前514—前490年在位。

④说：同"悦"。

⑤空缺处卢文弨云或补"在"字。

⑥郢：春秋时楚国国都，在今湖北江陵县纪南城。

⑦执："蓺"字之讹，烧。高兵：高库、兵库。高库为藏粟藏兵之所。

⑧五藏：五种仓库，包括车库、兵库、祭器库、乐器库、宴器库。

⑨昭王：楚昭王，名珍，楚平王之子，公元前515—前489年在位。

【译文】

所以从前楚平王有个臣子叫伍子胥，楚平王杀了他无罪的父亲，伍子胥逃到了吴国，说："父亲死了我却没有死，我就不是父亲的儿子了。与父亲一起死而于事无补，那么就是错误的想法。与其我死得不明不白，不如在天地间采取行动来成名。"于是委屈自己前去投奔阖闾，为阖闾烹调美食求得亲近。阖闾见到伍子胥，安慰他，乐意听取他的谋略，使他的行动得以实现，用心听取他的意见，任用他并让他执掌吴国的国政。人民得以安居而不出走，年成丰收没有饥荒，各类官府秉公执政不营私，上下协调没有冲突，天下服从在掌控之中，四方边境安静没有忧患。这样之后，伍子胥郁积在胸中的忿怒迸发出来，发布战争的文告，暗暗下定必死的决心，率领整个吴国的军队讨伐楚国。五战五胜，杀死了几十万人，攻占了楚国的郢都，焚烧了高库兵库，毁坏了五个仓库的积蓄，捣毁了刻有十条龙的宝钟，挖开楚平王墓，鞭打楚平王的尸体。楚昭王放弃国都逃亡，妻子和儿女被活捉带到吴国。所以楚平王心怀阴险害人之心，杀无罪之人，以致灾祸到了这种地步。

子胥发郁冒忿，辅阖闾而行大虐。还十五年，阖闾没而夫差即位①，乃与越人战江上，栖之会稽②。越王之穷至乎吃山草，饮腑水③，易子而食。于是履蹻戴璧④，号唫告毋罪⑤，呼皇天，使大夫种行成于吴王⑥。吴王将许，子胥曰："不可！越国之俗，勤劳而不愠，好乱胜而无礼，溪徼而轻绝⑦，俗好诅而倍盟。放此类者，鸟兽之侪徒，狐狸之丑类也⑧，生之为患，杀之无咎，请无与成。"大夫种拊心嗥啼，沫泣而言信，割白马而为牺，指九天而为证，请妇人为妾，丈夫为臣，百世名宝因闲官为积，孤身为关内诸侯，世为忠臣。吴王不忍，缩师与成，还谋而伐齐。子胥进争不听，忠言不用。越既得成，称善累德以求民心。于是，上帝降祸，绝吴命乎直江⑨。君臣乖而不调，置社稷而分裂，容台榭而掩败。犬群嗥而入渊，豦衔菹而适奥⑩，燕雀剖而虺蛇生⑪，食蘱菹而蛭口⑫，浴清水而遇蚤⑬。伍子胥见事之不可为也，何笼而自投水⑭，目抉而望东门，身鸱夷而浮江⑮。怀贼行虐，深报而殃不辜，祸至乎身矣！越于是果逆谋负约，袭剗夫差⑯，兼吴而拊⑰。事济功成，范蠡负室而归五湖⑱，大夫种系领谢室⑲，渠如处车裂回泉⑳。自此之后，勾践不乐，忧悲荐至，内崩而死。

【注释】

①夫差：春秋时吴国最后一位国君，阖闾之子，公元前495—前473年在位。

②会稽：山名，在今浙江绍兴东南。

③腑：通"腐"。

④甓（pì）：砖。

⑤号唫（yín）：哭诉。唫，同"吟"。

⑥种：文种，越国大夫，与范蠡辅佐勾践灭吴，被勾践赐剑自杀。行成：构和。

⑦溪徼：刻薄。

⑧丑：类。

⑨直江：刘师培疑是"胥江"之讹。胥江，在今浙江北部。

⑩奥：室的西南角，为尊者之位。

⑪虺（huǐ）：同"虺"，毒蛇。

⑫蘆菹（zū）：以芦笋为菹。蘆，"芦"的俗字。菹，腌菜。蛭：蚂蟥。

⑬虿（chài）：蝎子一类毒虫。

⑭何：同"荷"，背负。筥：竹筐。

⑮鸱夷：皮革口袋。

⑯剉（cuò）：折伤。

⑰拊：拊循，指占有。

⑱五湖：说法不一，按《国语·越语》韦昭注，指太湖以及附近的胥湖、蠡湖、洮湖、滆湖。

⑲谢室：即"请室"，关押犯罪官员之处。

⑳渠如：即皋如，《吴越春秋》作"句如"，越国大夫。回泉：地名，未详。

【译文】

伍子胥抒发郁积的愤怒，辅佐阖闾施行暴虐。过了十五年，阖闾死了，夫差即位，与越国人在长江边作战，把越国人围困在会稽山上。越王勾践走投无路，以致于吃山上的野草，喝腐臭的水，越人互相交换子女而食。在这个时候，勾践脚踩砖块头戴玉璧，哭诉自己无罪，号呼苍天，派大夫文种向吴王求和。吴王打算答应，伍子胥说："不能！越国的民俗，能够任劳任怨，喜欢乱中取胜，不讲礼义，生性刻薄容易翻脸，喜欢诅咒发誓又背弃盟约。依照这类行为，他们是鸟兽的同辈，狐狸的同类，让他们活着是祸害，杀掉他们没有祸患，请不要同他们讲和。"大夫文种捶胸痛哭，泪流满面表白诚心，杀白马作为祭品，指着上天发誓为证，请求让越国的妇女作吴国的奴婢，越国的男子作吴国的仆隶，百代珍藏的名贵宝物放入吴国空闲的仓库珍藏，越王只担当吴国境内的小侯，世世代代当吴国的忠臣。吴王不忍心，退兵与越国讲和，转而计划讨伐齐国。伍子胥提出的劝告吴王不听从，提出的忠告不采纳。越国与吴国讲和之后，加倍行善积德以收拢民心。从这以后，上天降下灾祸，在胥江断绝了吴国的命脉。吴国的君臣上下对立不能协调，听任社稷神坛垮塌，讲礼的台榭败坏。狗成群嚎叫跳入深渊，猪衔着野草进入室内西南角，剖开燕子麻雀肚子，从里面钻出了毒蛇，吃腌制的芦笋蚂蟥爬进嘴里，在清水里沐浴遇上了毒蝎。伍子胥知道败局已经无法挽回，背着竹筐负着重物投江自杀，叫人挖出自己的眼睛挂在吴国国都的东门，身体装在皮革口袋中在江上漂浮。心怀狠毒实行暴虐，报仇过分而殃及无辜，以致灾祸降临到自己身上。越人这个时候果然谋反背弃盟约，袭击夫差，占领了吴国。事业功名成就以后，范蠡带着家眷飘迹江湖，大夫文种脖子套绳被囚押在请室，大臣皋如在回泉被五马分尸。从此以后，勾践闷闷不乐，忧愁和悲伤接踵而至，五内俱焚而死亡。

　　故天之诛伐，不可为广虚幽间，攸远无人，虽重袭石中而居①，其必知之乎！若诛伐顺理而当辜，杀三军而无咎；诛杀不当辜，杀一匹夫，其罪闻皇天。故曰：天之处高，其听卑，其牧芒②，其视察。故凡自行，不可不谨慎也。

【注释】

①袭：重。

②牧：察。芒：通"荒"，广远。

【译文】

　　所以上天的惩罚，不能以为空旷幽深，悠远无人，即使住在重重石洞之中，上天大概也会知道吧！如果杀伐顺应事理应该处罚的，杀掉三军将士也没有过错；杀掉不当处罚的，即使杀一个匹夫，那罪过上天也能知道。所以说：老天高高在上，它能听到很低的声音，能看得很广远，能看得很清楚。所以人要干什么事，不能不谨慎。

谕诚 连语

【题解】

"谕诚",显示诚心让人知道。文中记述商汤、楚昭王、周文王、豫让四人五则故事,说明人主应该用诚心对待士民,士民才能亲近君上,信任君上,为君上所用。本篇是贾谊作太傅时所用的教学资料。

汤见设网者四面张,祝曰①:"自天下者,自地出者,自四方至者,皆罹我网②。"汤曰:"嘻!尽之矣!非桀其孰能如此?"令去三面,舍一面,而教之祝曰:"蛛蝥作网③,今之人循绪④。欲左者左,欲右者右,欲高者高,欲下者下。吾请受其犯命者。"士民闻之,曰:"汤之德及禽兽矣,而况我乎?"于是下亲其上。

【注释】

①祝:祷告。

②罹:通"离",附着。

③蛛蝥(wú):蜘蛛。

④循:依照。一本作"修"。绪:事。

【译文】

商汤看见捕获禽鸟的人四面张网,祷告说:"从天上下来,从地上出来,从四方来的,都落到我网中来。"商汤说:"哎呀,全部打尽了。不是夏桀那样的暴君谁能这样?"命令他去掉三面,留下一面,并教设网的人祷告说:"蜘蛛结网,现在的人仿照去做。想往左边去的到左边去,想往右边去的到右边去,想往高处去的到高处去,想往低处去的到低处去。我只接受那些命该倒霉的。"商朝的士人和民众听说这件事,说:"商汤的德行施加到禽兽身上了,何况我们呢?"从那以后下层人民亲附君主。

楚昭王当房而立①,愀然有寒色②,曰:"寡人朝饥时,酒二酰③,重裘而立,犹憯然有寒气④,将奈我元元之百姓何⑤?"是日也,出府之裘以衣寒者,出仓之粟以振饥者。居二年,阖闾袭郢⑥,昭王奔隋⑦。诸当房之赐者,请还致死于寇。阖闾一夕而五徙卧,不能赖楚⑧,曳师而去。昭王乃复,当房之德也。

【注释】

①楚昭王:名珍,楚平王之子,公元前515—前489年在位。

②愀(qiǎo)然:忧愁的样子。

③酰(dàn):同"觛",酒杯。

④憯(cǎn)然:痛苦的样子。

⑤元元:可怜爱的样子。

⑥阖闾:名光,春秋末年吴国国君,公元前514—前490年在位。
郢:春秋时楚国国都,在今湖北江陵县纪南城。

⑦隋:春秋时的一个小国,在今湖北随州一带。

⑧赖:取。

【译文】

楚昭王对着堂后的房室站着,面带愁容显出寒意,说道:"我早上饿的时候,喝两杯酒,穿着夹层皮衣站着,仍然觉得寒气逼人,这叫我那些可怜的百姓们怎么办呢?"这一天,就发放官府的皮衣给寒冷的人穿,发放仓库的粮食救助饥饿的人。过了两年,阖闾率领军队袭击郢都,楚昭王逃往隋国。那些当时受到楚昭王赏赐的人,请求回去跟敌寇拼命。阖闾一夜得换五个地方睡觉,不能夺取楚国,收兵回去。楚昭王于是收复了自己的国家,是当年站在房前施予恩德的结果。

　　昔楚昭王与吴人战。楚军败,昭王走,屦决眦而行①,失之,行三十步,复旋取屦。及至于隋,左右问曰:"王何曾惜一踦屦乎②?"昭王曰:"楚国虽贫,岂爱一踦屦哉? 思与偕反也。"自是之后,楚国之俗无相弃者。

【注释】

①屦(jù):用麻、葛制成的鞋子。决眦:开了口子。眦,本指眼眶,这里指裂口。
②踦(jī):单。

【译文】

从前楚昭王与吴国人作战。楚国军队失败了,昭王逃跑,麻布鞋裂开了口子,丢掉了一只,跑了三十步,再跑回来拿鞋子。等到了隋国,左右近臣问他说:"大王为什么竟然舍不得一只鞋子呢?"楚昭王说:"楚国虽然贫穷,难道吝惜一只鞋子吗? 只是想要和它一起回去。"从这以后,楚国的风气就没有互相抛弃的。

　　文王昼卧①,梦人登城而呼己曰:"我东北陬之槁骨也②,

速以王礼葬我。"文王曰："诺。"觉，召吏视之，信有焉。文王曰："速以人君礼葬之。"吏曰："此无主矣，请以五大夫③。"文王曰："吾梦中已许之矣，奈何其倍之也？"士民闻之，曰："我君不以梦之故而倍槁骨，况于生人乎！"于是下信其上。

【注释】

①文王：周文王姬昌，周朝的始祖，周武王的父亲。

②陬（zōu）：角落。

③五大夫：周朝官名，爵位为第九级。

【译文】

周文王白天睡觉，梦见有人登上城头呼喊他说："我是东北角的枯骨，快快用君王的礼仪安葬我。"周文王说："好的。"醒来之后，召来官吏前去查看，确实有枯骨在。周文王说："快用人君的礼仪安葬他。"官吏说："这是没有主的枯骨，请用五大夫的礼仪安葬吧。"周文王说："我梦中已经答应他了，怎么能违背诺言呢？"士人和民众听说这件事，说："我们的君主不因为是梦的缘故就违背对枯骨的诺言，何况对活人呢！"从那以后，下层人民信任君主。

豫让事中行之君①，智伯灭中行氏，豫让徙事智伯②。及赵襄子破智伯③，豫让剞面而变容④，吞炭而为喑⑤，乞其妻所而妻弗识，乃伏刺襄子，五起而弗中。襄子患之，食不甘味，一夕而五易卧，见不全身。人谓豫让曰："子不死中行而反事其雠，何无耻之甚也？今必碎身糜躯以为智伯⑥，何其与前异也？"豫让曰："我事中行之君，与帷而衣之，与关而枕之。夫众人畜我，我故众人事之。及智伯，分吾以衣服，馆吾以鼎实，举被而为礼⑦。大夫国士遇我，我故国士为之

报。"故曰："士为知己者死，女为悦己者容。"非冗言也，故在
主而已。

【注释】

①豫让：春秋战国之际晋国人，初为晋六卿之一中行氏的家臣，智
　伯瑶消灭中行氏后，豫让又改事智伯瑶，赵襄子消灭智伯瑶，豫
　让刺杀赵襄子未果，自杀。中行：中行氏，晋六卿之一。
②智伯：智伯瑶，晋国六卿之一。
③赵襄子：晋国六卿之一，他与韩、魏瓜分了晋国，史称"三家分晋"。
④剂：割。
⑤喑(yē)：声音嘶哑。别本作"哑"。
⑥糜：通"糜"，粉碎。
⑦被：当为"袂"。

【译文】

　　豫让侍奉中行氏，智伯瑶消灭了中行氏，豫让改事智伯瑶。等到赵
襄子消灭智伯瑶，豫让割破脸皮涂上漆改变了面容，吞下木炭改变了声
音，在妻子那儿乞讨妻子都不认识他，于是埋伏起来刺杀赵襄子，五次
行刺没有成功。赵襄子非常害怕，吃饭都没有味道，一夜要换五个地方
睡觉，不敢公开露面。有人对豫让说："你不为中行氏去死反而事奉仇
人，怎么这么无耻呢？如今一定要粉身碎骨为智伯瑶报仇，怎么与以前
不一样呢？"豫让说："我事奉中行氏，他给我一块帷布当衣裳，给我门闩
当枕头。中行氏按一般人蓄养我，我所以按一般人侍奉他。等到侍奉
智伯瑶，他分衣服给我穿，拿鼎中的美食给我吃，举起衣袖礼遇我。智
伯瑶按大夫、国士礼遇我，我按国士的作用报效他。"所以说："士人为知
己的人去死，女人为喜爱自己的人打扮。"这并不是多余的话，完全在于
主上如何对待臣下罢了。

退让 连语

【题解】

　　"退让",是中国古代道家文化以柔弱胜刚强的一种策略。文中记述梁亭和楚亭在边界种瓜发生纠纷、宋就以退让构欢以及翟使使楚的故事,说明退让能"转败而为功,因祸而为福"。本篇是贾谊作太傅时所用的教学资料。

　　梁大夫宋就者①,为边县令,与楚邻界。梁之边亭与楚之边亭皆种瓜②,各有数。梁之边亭劬力而数灌③,其瓜美。楚窳而希灌④,其瓜恶。楚令固以梁瓜之美,怒其亭瓜之恶也。楚亭恶梁瓜之贤己,因夜往,窃搔梁亭之瓜⑤,皆有死焦者矣。梁亭觉之,因请其尉⑥,亦欲窃往,报搔楚亭之瓜。尉以请,宋就曰:"恶!是何言也!是讲怨分祸之道也⑦。恶!何称之甚也!若我教子,必诲莫令人往,窃为楚亭夜善灌其瓜,令勿知也。"于是梁亭乃每夜往,窃灌楚亭之瓜。楚亭旦而行瓜⑧,则此已灌矣。瓜日以美,楚亭怪而察之,则乃梁亭也。楚令闻之大悦,具以闻。楚王闻之,恕然丑以志自惛也⑨,告吏曰:"微搔瓜⑩,得无他罪乎?"说梁之阴让也,乃谢以重币,而请交于梁王。楚王时则称说梁王以为信,故梁、楚之欢由宋就始。语曰:"转败而为功,因祸而为福。"老子曰⑪:"报怨以德。"此之谓乎? 夫人既不善,胡足效哉?

【注释】

①梁:战国时魏国。魏惠王于公元前 362 年迁都大梁,故称梁。宋
　就:事迹不详。

②亭:供行人停留食宿的处所。古制,十里一亭。在边境上作警戒
　守候之用。

③劬(qú)力:勤劳。数(shuò):多次。

④窳(yǔ):懒惰。

⑤搔:抓挠,指破坏。

⑥尉:县尉,主管军事及治安。

⑦讲:通"构",别本作"构",结成。

⑧行:察。

⑨恕:推己及人,指反思。丑:惭愧。惛(hūn):糊涂。

⑩微:除了……之外。

⑪老子:即老聃(dān),春秋时哲学家,道家学说的开创者,有《老
　子》一书传世。

【译文】

魏国的大夫有个叫宋就的,担任边境上的县令,与楚国相邻。魏国边境哨亭与楚国边境哨亭都种了瓜,各自有数。魏国边境哨亭勤劳多次灌溉,瓜长得很好。楚国边境哨亭懒惰很少灌溉,瓜长得很差。楚国的县令因为魏国边境哨亭瓜长得好,楚国边境哨亭瓜长得不好总是生气。楚国边境哨亭恨魏国边境哨亭的瓜长得比自己这边好,于是晚上过去,偷偷破坏魏国边境哨亭的瓜,许多瓜都枯死了。魏国边境哨亭发现了,于是向县尉请求,也要偷偷过去破坏楚国边境哨亭的瓜。县尉请

示宋就,宋就说:"嗯! 这是什么话! 这是结成怨恨召来祸患的做法。嗯! 怎么能这样冤冤相报呢! 如果我来教你,一定每晚派人前去,夜里偷偷为楚国边境哨亭好好地浇瓜,不要让他们知道。"于是魏国边境哨亭每天夜里都过去,偷偷浇灌楚国边境哨亭种的瓜。楚国边境哨亭早上去巡视他们的瓜,那些瓜已经浇灌过了。瓜一天天长好了,楚国边境哨亭觉得奇怪就暗中察看,原来是魏国边境哨亭干的。楚国的县令听说后非常高兴,把全部经过向上级禀报。楚国国君听说这件事,反思自己想法糊涂感到惭愧,问官吏说:"除了破坏瓜而外,没有其他罪过吧?"为魏国的暗地谦让感到高兴,于是用丰厚的礼物表示感谢,并请求与魏王结交。楚国国君常常向魏国国君提起这件事来加强相互的信任,所以魏国和楚国的交情是从宋就开始的。俗语说:"失败转变为成功,就着祸事变成福份。"老子说:"用恩德去回报怨恨。"说的就是这样吧? 别人已经做得不好了,哪里还值得你去仿效呢?

　　翟王使使至楚①。楚王欲夸之②,故飨客于章华之台上③。上者三休,而乃至其上。楚王曰:"翟国亦有此台乎?"使者曰:"否。翟,窭国也④,恶见此台也? 翟王之自为室也,堂高三尺,壤陛三絫⑤,茅茨弗剪⑥,采椽弗刮⑦。且翟王犹以作之者大苦,居之者大佚,翟国恶见此台也!"楚王媿⑧。

【注释】

①翟:春秋时小国,在今河南汝南一带。

②楚王:楚灵王,初名围,即王位后改名虔。楚共王的儿子,楚康王的弟弟,杀了侄儿楚郏敖自立。公元前540—前529年在位。

③章华之台:亦名乾溪台,又称汝阳台。在今湖北商水县北章华台村下。

④窭(jù):穷。

⑤絫(lěi):同"累",层。

⑥茆(máo)茨:用芦苇、茅草盖的屋顶。茆,同"茅"。

⑦采椽:栎木椽子。

⑧媿(kuì):惭愧。

【译文】

　　翟国国君派使者到楚国去。楚灵王想在使者面前摆阔,因而在章华台上设宴招待使者。登台的人要休息三次,才能够到达台上。楚灵王对使者说:"翟国也有这样的台吗?"使者回答说:"没有。翟国,是个穷国家,哪能见到这样的高台呢?翟王为自己建造的房屋,厅堂只有三尺高,土台阶只有三层,茅草屋顶边都没有修建,栎木椽子没有磨刮。翟王还认为造房子的人太辛苦,住的人太安逸快乐,翟国哪能见到这样的高台呢?"楚灵王听了觉得很惭愧。

君道连语

【题解】

"君道",为君之道,即治国之道。文中记述两则周文王受到人民拥戴的轶事,说明为君应当具有圣王的德行,为人民的父母,才能达到君民关系的最佳境界。本篇是贾谊作太傅时所用的教学资料。

纣作梏数千①,睨诸侯之不谄己者②,杖而梏之,文王桎梏因于羑里③,七年而后得免。及武王克殷④,既定,令殷之民投撤桎梏而流之于河。民输梏者,以手撤之,弗敢坠也;跪之入水,弗敢投也。曰:"昔者文王狱常拥此。"故爱思文王,犹敬其梏,况于其法教乎!

【注释】

①纣:商朝最后一位残暴的君主。《谥法》:"残义损善曰纣。"梏(gù):木制手铐。

②睨(nì):斜视。谄:巴结,讨好。

③文王:周文王,姬昌。周朝的始祖,周武王的父亲。桎(zhì):木制脚镣。羑(yǒu)里:地名,在今河南汤阴北。

④武王:姬发,周朝的开国君主。

【译文】

商纣王制作了几千个手铐,看见诸侯有不讨好自己的,用棍棒拷打后把手铐起来,周文王被戴上脚镣手铐囚禁在羑里,七年以后才得以释放。等到周武王消灭了商朝,安定天下之后,命令商朝的百姓拆掉脚镣手铐投到河里飘走。那些运送脚镣手铐的人,用手拆除,不敢掉在地上;跪着放入水中,不敢投掷。说:"从前文王在狱中常常戴着它。"因敬爱思念文王,还敬重他戴过的镣铐,何况对他的法令和教诲呢!

《诗》曰:"济济多士,文王以宁①。"言辅翼贤正,则身必安也。又曰:"弗识弗知,顺帝之则②。"言士民说其德义,则效而象之也。文王志之所在,意之所欲,百姓不爱其死,不惮其劳,从之如集。《诗》曰:"经始灵台","庶民攻之,不日成之。经始勿亟,庶民子来"③。文王有志为台,令近境之民闻之者裹粮而至④,问业而作之,日日以众。故弗趋而疾,弗期而成。命其台曰灵台,命其囿曰灵囿,谓其沼曰灵沼,爱敬之至也。《诗》曰:"王在灵囿,麀鹿攸伏。麀鹿濯濯,白鸟皜皜。王在灵沼,于牣鱼跃⑤。"文王之泽下被禽兽,洽于鱼鳖,故禽兽鱼鳖攸若攸乐⑥,而况士民乎!

【注释】

①济济多士,文王以宁:见《诗经·大雅·文王之什·文王》。济济,威仪很盛的样子。

②弗识弗知,顺帝之则:见《诗经·大雅·文王之什·皇矣》。则,法。

③"经始灵台"几句:见《诗经·大雅·文王之什·灵台》。灵台,周

文王所建台名。《毛传》解释说："神之精明者称灵，四方而高者
曰台。"

④近境：当作"匠规"。

⑤"王在灵囿"几句：见《诗经·大雅·文王之什·灵台》。麀（yōu）
鹿，母鹿。濯濯（zhuó），欢快游玩的样子。皜皜（hào），肥壮润泽
的样子。牣（rèn），充满。

⑥若：顺。

【译文】

《诗经·大雅·文王》里说："威仪很盛的众多贤士，文王依靠他们
得到安宁。"说的是身边的辅佐贤明正直，自己就必定得到安宁。又说：
"没有识见没有知识，遵循上帝的法则行事。"说的是士人和民众喜爱文
王的道德仁义，就仿效他去做。文王心里想做的，想干的，老百姓不吝
惜自己的生命，不害怕劳苦，跟着去干如同赶集一样。《诗经·大雅·
灵台》里说："开始规划建造灵台"，"百姓都来建造灵台，没有几天就建
造成功。开始规划并不急切，百姓主动全部来到"。文王打算建造灵
台，叫工匠规划，老百姓听说了都带着干粮来到，主动请求任务干起来，
人一天天越来越多。所以不催促进度可是进展很快，没有规定工期却
很快建成了。给台子命名为灵台，给园林命名为灵囿，给池塘命名为灵
沼，敬爱文王到了极致。《诗经·大雅·灵台》里说："文王在园林，母鹿
悠闲地伏在那儿。母鹿快乐地游玩，白鸟肥壮又润泽。文王在沼泽，到
处是鱼在欢跃。"文王的恩德向下施加到了禽兽，恩泽到了鱼鳖，所以连
禽兽鱼鳖都和顺快乐，何况士人和民众呢！

《诗》曰："恺悌君子，民之父母①。"言圣王之德也。《易》
曰："鸣鹤在阴，其子和之②。"言士民之报也。《书》曰："大道
亶亶，其去身不远，人皆有之，舜独以之③。"夫射而不中者，
不求之鹄④，而反修之于己。君国子民者，反求之己，而君道

备矣。

【注释】

①恺悌君子,民之父母:见《诗经·大雅·生民之什·泂酌》。恺悌,德长且大。

②鹤鸣在阴,其子和之:见《易·中孚》。

③"大道亶亶"几句:亶亶,通"坦坦",平坦。舜,古代的圣君。

④鹄(gǔ):靶心。

【译文】

《诗经·大雅·泂酌》里说:"品德丰厚的君子,是民众的父母。"说的是圣王的德行。《易·中孚》里说:"鹤在暗处鸣叫,小鹤与之相和。"说的是士民对君主的报答。《尚书》里说:"大道非常平坦,离自身不远,每人都能拥有,只有舜能掌握大道有所作为。"射箭射不中靶心的,不去要求靶心,而是反过来检查自身的行为。统治国家养育人民的,反过来检查自己,为君之道就具备了。

卷　八

官人 连语

【题解】

"官人"，以官职任人。《尚书·皋陶谟》说："知人则哲，能官人。"文中论述选取师、友、大臣、左右、侍御、厮役六等人的客观标准以及取用的礼节。徐复观说："《新书·官人篇》，这是把战国时期如何能合理行使政权的各种想法，加以组织而作集约的系统的表现。"本篇是贾谊作太傅时所用的教学资料，可与《辅佐》、《傅职》、《保傅》等篇参看。

王者官人有六等①：一曰师，二曰友，三曰大臣，四曰左右，五曰侍御，六曰厮役②。知足以为源泉，行足以为表仪；问焉则应，求焉则得；入人之家足以重人之家，入人之国足以重人之国者，谓之师。知足以为砻砺③，行足以为辅助，仁足以访议；明于进贤，敢于退不肖；内相匡正，外相扬美者，谓之友。知足以谋国事，行足以为民率，仁足以合上下之欢；国有法则退而守之，君有难则进而死之；职之所守，君不得以阿私托者，大臣也。修身正行不愆于乡曲④，道语谈说不愆于朝廷；智能不困于事业，服一介之使，能合两君之欢；执戟居前能举君之失过，不难以死持之者，左右也。不贪于财,不淫于色;事君不敢有二心,居君旁不敢泄君之谋;君有失过,虽不能正谏以其死持之,憔悴有忧色,不劝听从者,侍御也。柔色伛偻⑤,唯谀之行,唯言之听,以睚眦之间事君者⑥,厮役也。故与师为国者帝,与友为国者王,与大臣为国者伯⑦,与左右为国者强,与侍御为国者若存若亡,与厮役为国者亡可立待也。

【注释】

① 六等:徐复观说:"此六等,不是爵位上的等级,而是随才能品格而来的所能尽的责任上的等级。"

② 厮役:仆役,杂役。

③ 砻砺(lóng lì):磨砺。

④ 怍(zuò):同"作",惭愧。乡曲:乡里。

⑤ 伛偻(yǔ lóu):弯腰,形容恭顺的样子。

⑥ 睚眦(yá zì):眼边,这里指脸色。睚,眼边。眦,同"眥",眼眶。

⑦ 伯:通"霸"。

【译文】

君王任命的官员有六种:第一种称为师,第二种称为友,第三种称为大臣,第四种称为左右,第五种称为侍御,第六种称为厮役。智慧足够作为统治思想的源泉,行为足够作为行动的楷模;有问必答,有求必应;进入别人的封地足够使封地的主人份量加重,进入别人的国家足够使这个国家的地位提升,这样的人叫作师。智慧足够用来互相磨砺,行为足够用来辅助,仁德足够值得访问评议;能明察推荐的贤人,敢于斥退德能差的人;对内能够主持正义,对外能够显扬美德,这样的人叫作友。智慧足够谋划国事,行为足够作为民众的表率,仁德足够使上下关系和谐融洽;国家有法律能在退朝之后守法行事,君主有难能挺身而出以死相拼；掌管的职责，君主也不能用私情托请；这样的人叫作大臣。自身的修养端正的行为面对乡邻不感到惭愧，言谈议论在朝廷中不感到羞惭；智慧才能不会被事务难倒，独自担任使者，能使两国国君友好愉快；在刀枪剑戟前能直接指出君主的过失，不以献出生命坚持己见为难，这样的人叫作左右。不贪钱财，不爱女色；侍奉君主不敢心怀二心，在君主身边不敢泄露君主的谋划；君主有过失，虽然不能直言相谏用死来纠正其过，却能劳苦而有忧愁之色，不勉强听从君命者，这样的人叫作侍御。面色和悦卑躬屈膝，巴结奉承，唯言是听，侍奉君主看君主眼色行事，这样的人叫作厮役。所以君主跟师一道治理国家的能称帝，跟友一道治理国家的能称王，跟大臣一道治理国家的能称霸，跟左右一道治理国家的能使国家强大，跟侍御一道治理国家的国家或存或亡，跟厮役一道治理国家的国家很快会灭亡。

取师之礼，黜位而朝之①。取友之礼，以身先焉。取大臣之礼，以皮币先焉。取左右之礼，使使者先焉。取侍御之礼，以令至焉。取厮役之礼，以令召矣。师至，则清朝而侍，小事不进。友至，则清殿而侍，声乐技艺之人不并见。大臣奏事，则俳优侏儒逃隐，声乐技艺之人不并奏。左右在侧，声乐不见。侍御者在侧，子女不杂处。故君乐雅乐②，则友、大臣可以侍；君乐燕乐③，则左右、侍御者可以侍；君开北房从薰服之乐④，则厮役从。清晨听治，罢朝而论议，从容泽燕⑤。夕时开北房，从薰服之乐。是以听治论议，从容泽燕，矜庄皆殊序⑥，然后帝王之业可得而行也。

【注释】

①黜：退。

②雅乐：正乐，祭祀天地宗庙及朝见时所用。

③燕乐：宴饮宾客时所用的乐曲。

④薰服之乐：一种杂乐，男女反串表演时所用。

⑤泽燕：喜乐，欢悦。

⑥矜庄：庄重，严肃。矜，矜持。

【译文】

获得师的礼节，让出自己的位置去朝见。获得友的礼节，亲自为他在前面带路。获得大臣的礼节，先送皮革丝帛邀请。获得左右的礼节，先派使者邀请。获得侍御的礼节，用命令召他来。获得厮役的礼节，用命令召他来。师来了，打扫朝廷来接待，小事不向君主报告。友来了，打扫殿堂来接待，歌舞表演的人不同时进来。大臣禀报国事，戏子侏儒赶快躲开，歌舞表演的人不同时演奏。左右在君主身边，不演奏音乐。侍御在君主身边，男女不混杂在一起。所以君主享用雅乐时，友和大臣可以在旁边陪伴；君主享用燕乐时，左右和侍御可以在旁边陪伴；君主进入后宫享用杂耍娱乐时，厮役可以跟从。清早处理朝政，退朝议论国事，君王从从容容安适快乐。晚上进入后宫，享用杂耍娱乐。因此处理朝政议论国事，从从容容地享受安适快乐，在不同的场合，态度的庄重严肃各有不同，这样做之后帝王的事业才能够推行。

劝学连语

【题解】

"劝学",勉励学习。文中提到的"夫子",章太炎、刘师培认为指张苍,那么本篇应当是贾谊向张苍学习时所记的笔记。文中用舜、老聃这些古代圣贤鼓励学子们抓紧时机努力学习,指出圣贤与普通人的区别,并不在于生性不同,而是后天学习的差异。

谓门人学者,舜何人也①?我何人也?夫启耳目,载心意,从立移徙,与我同性。而舜独有贤圣之名,明君子之实;而我曾无邻里之闻,宽徇之智者②。独何与?然则舜俛俛而加志③,我僤僈而弗省耳④。

【注释】

①舜:古代的圣君,因大孝闻名于天下,受到尧的器重成为继承人。

②宽徇:广博敏捷。

③俛俛(mǐn miǎn):也作"黾俛"、"俛勉",勤奋努力,不倦怠。

④僤僈(dàn màn):也作"谵谩"、"澶漫",放纵安逸。省(xǐng):检查,反省。

【译文】

告诉各位门人弟子们,舜是什么人? 我是什么人? 竖起耳朵睁开眼睛,开启思维表达思想,站立行走,舜与我秉性相同。可是舜有圣贤的名声,有明通君子的品质;而我竟然在邻里乡间都默默无闻,没有广博敏捷的智慧。这究竟是什么原因呢? 这就是因为舜勤奋努力并不断追求,而我却放纵安逸不反省自己造成的。

夫以西施之美而蒙不洁①,则过之者莫不睨而掩鼻。尝试傅白黱黑②,榆铗陂③,杂芷若④,蚩虱视⑤,益口笑,佳态佻志⑥,从容为说焉。则虽王公大人,孰能无悇憛养心而巅一视之⑦? 今以二三子材,而蒙愚惑之智,予恐过之有掩鼻之容也。

【注释】

①西施:春秋时越国美女。越王勾践曾把她送给吴王夫差,灭吴后跟随范蠡归隐五湖。

②傅:涂抹。黱(dài):同"黛",描眉毛的黑颜料,这里用作动词。

③榆:通"揄",引。铗陂:即夹帔,左右夹佩,即披肩。

④芷:白芷,一种香草。若:杜若,一种香草。

⑤蚩虱视:当作"风蚩",即"逢蒙",微视。

⑥佻:同"姚",美好。

⑦悇憛(tú tán):同"憛悇",贪图。巅一:专一的样子。巅,同"颠"。《庄子·马蹄》:"其视颠颠。"《释文》引崔谯注:"颠颠,专一之貌。"

【译文】

凭着西施的美貌如果蒙受不洁,那么经过她身边的人没有不斜着眼睛看并且捂住鼻子的。试着搭上白粉描黑眉毛,披着披肩,佩带各种香草，眼睛微视，口角挂着微笑，神态心情都很美好，言谈从容不迫，那么即使是王公大人，谁能不心生爱意为之心动而专一注视呢？如今凭着你们的才能，却蒙受着冒昧糊涂的名声，我担心经过的人会作出捂住鼻子的样子。

　　昔者南荣趎丑圣道之忘乎己^①，故步陟山川，垒冒楚棘^②，弥道千余^③，百舍重茧^④，而不敢久息。即遇老聃^⑤，噩若慈父^⑥，雁行避景，夔立蚘进^⑦，而后敢问。见教一高言，若饥十日而得大牢焉^⑧，是达若天地，行生后世。

【注释】

①南荣趎(zhū)：又作"南荣俦"、"南荣趚"，庚桑楚的弟子。丑：以……为耻。

②垒(bèn)冒：蒙冒。楚棘：荆棘。

③弥：远。

④舍：三十里为一舍。

⑤老聃(dān)：即老子，春秋时哲学家，道家学说的开创者，有《老子》一书传世。

⑥噩：通"愕"，惊。

⑦夔立：重足而立，双脚并拢如同一只脚站立。夔，一种独角怪兽。蚘(shé)：同"蛇"。

⑧大牢：即"太牢"，牛、羊、豕三牲具备。

【译文】

　　从前南荣趎为自己忘记了圣人之道感到可耻，因而徒步跋涉山川，披荆斩棘，远行上千里，途中歇宿上百次，脚上走出了重重老茧，不敢长时间休息。遇见老聃之后，大为吃惊，视同慈父，跟在老聃身后不敢踩着他的身影,站立时并拢双脚,跪伏时像蛇一样匍匐挪动,才敢请教问题。被教了一句高妙的言论,好像饿了十天得到了太牢大餐。这是像天地一样广阔通达,行为养育着子孙后代。

今夫子之达佚乎老聃①,而诸子之材不避荣跦,而无千里之远,重茧之患。亲与巨贤连席而坐,对膝相视,从容谈语,无问不应,是天降大命以达吾德也。吾闻之曰:时难得而易失也。学者勉之乎! 天禄不重。

【注释】

①夫子:指张苍。佚:通"轶",超越。

【译文】

如今老师的智慧超过了老聃,而各位同学的才能不亚于南荣跦,却不需要远行千里,没有脚上磨出重重老茧的痛苦。亲自与大贤同席而坐,促膝相视,从容交谈,没有问题得不到回答,这是上天降下重大的使命来启发我们的美德。我听说过:时机难得而容易错过。学子们努力啊! 上天赐予的福禄不会重复到来。

道术 连语

【题解】

　　"道术"，道为本，术为末。按照文中的说法，虚为道之本。虚是道在人心中的本来面貌，术是道在人生中所发生的具体作用。本篇是从人君用道应接事物的效用来论述的，把道家的"道"同法家以虚为人君运用统治之术的枢纽的"术"结合起来，又把道术对人的作用作了"孝"、"慈"、"忠"、"惠"等五十五对范畴的伦理规定，融合了法、道、儒三家的思想。章太炎说："贾太傅有《道术》一篇，悉训诂，若取此以说《左氏》，则旧义存者多矣。"

　　曰："数闻道之名矣①，而未知其实也，请问道者何谓也？"对曰："道者，所从接物也，其本者谓之虚，其末者谓之术。虚者，言其精微也，平素而无设施也②；术也者，所从制物也，动静之数也。凡此皆道也。"

【注释】

　　①数（shuò）：多次，屡次。道：哲学概念，道家表述的道是一种抽象概念，文中表述的是待人接物处理事情的具体方法。

　　②设施：指计划施行，作为的意思。

【译文】

问:"多次听到道的名称,但不知道它的实际内容,请问道指的是什么呢?"回答:"道是用来应接事物的东西,它的根本叫作虚,它的末端叫作术。虚,是说道的精细微妙,平常并不计划做什么;术,是用来控制事物的,是控制事物动静的招数。这些都属于道。"

曰:"请问虚之接物何如?"对曰:"镜仪而居①,无执不藏②,美恶毕至,各得其当;衡虚无私,平静而处,轻重毕悬,各得其所。明主者,南面而正,清虚而静,令名自宣,命物自定,如鉴之应③,如衡之称。有衅和之④,有端随之⑤,物鞠其极⑥,而以当施之。此虚之接物也。"

【注释】

①仪:仪表,指标准。

②执:执着,指镜子不执着于映照什么,而是客观反映事物。藏:同"藏"。

③鉴:镜子。

④衅(xìn):缝隙。和:合。

⑤端:征兆。

⑥鞠:尽。

【译文】

问:"请问虚是怎么应接事物的?"回答:"像镜子一样摆在那里,不一定要映照什么,映照的事物不隐藏什么,好的坏的都全部呈现,各自客观地反映出来;像秤那样公平无私,静静地挂在那里,轻的重的都客观地称量出来,各自符合自己的份量。英明的君主,面朝南端正地坐着,清净空虚而安静,让名称根据事物自身的内容来确定,让事物根据自身的性质来确定,如同镜子映照事物,如同秤来称量事物。事物有缝隙加以缝合,有征兆任其发展,物尽其性,而加以适当的帮助。这就是虚应接事物。"

曰:"请问术之接物何如?"对曰:"人主仁而境内和矣,故其士民莫弗亲也;人主义而境内理矣,故其士民莫弗顺也;人主有礼而境内肃矣,故其士民莫弗敬也;人主有信而境内贞矣①,故其士民莫弗信也;人主公而境内服矣,故其士民莫弗戴也;人主法而境内轨矣,故其士民莫弗辅也。举贤则民化善,使能则官职治;英俊在位则主尊,羽翼胜任则民显;操德而固则威立,教顺而必则令行;周听则不蔽,稽验则不惶②;明好恶则民心化,密事端则人主神③。术者,接物之队④。凡权重者必谨于事,令行者必谨于言,则过败鲜矣⑤。此术之接物之道也。其为原无屈⑥,其应变无极,故圣人尊之。夫道之详,不可胜述也。"

【注释】
①贞:定。
②稽:考察。验:查验。
③密:使……秘密。
④队:通"隧",途径。
⑤鲜(xiǎn):少。
⑥原:同"源",源泉。

【译文】
　问:"请问术是怎么应接事物的?"回答:"人主仁爱国内就和谐了,因而人民没有不亲近君主的;人主有义国内就治理好了,因而人民没有不顺从的；人主有礼国内就风气清肃了，因而人民没有不恭敬的；人主有信用国内就安定了，因而人民没有不讲信任的；人主公正国内就信服了，因而人民没有不拥戴的；人主讲法治国内就遵守法纪了，因而人民没有不辅助君主的。推举贤能的人才民众就能转变向善，使用能人就能使职能部门风气端正；出众的人才在任就能使君主地位提高，左右助手得力人民的作用才能彰显；坚持品德操守威信就能树立，教化训导贯彻到位政令才能通行；广泛听取意见就能不受蒙蔽，考察查验就能遇事不慌张；善恶分明人心就会受到感化，事情的原委做到保密就会使人主显得神奇。术，是应接事物的途径。凡是掌握重要权力之人做事必须谨慎，推行政令之人必须言语谨慎，这样就能少犯错误了。这是术应接事物的方法。它作为本源不会穷尽，它应对变化没有尽头，所以圣人尊奉它。至于道的详细奥秘，是难以全部说出来的。"

曰："请问品善之体何如①？"对曰："亲爱利子谓之慈②，反慈为嚚③；子爱利亲谓之孝，反孝为孽④；爱利出中谓之忠，反忠为倍；心省恤人谓之惠，反惠为困；兄敬爱弟谓之友，反友为嚚⑤；弟敬爱兄谓之悌，反悌为敖；接遇慎容谓之恭，反恭为媟⑥；接遇肃正谓之敬，反敬为嫚；言行抱一谓之贞，反贞为伪；期果言当谓之信，反信为慢；衷理不辟谓之端，反端为䟽⑦；据当不倾谓之平，反平为险；行善决衷谓之清，反清为浊；辞利刻谦谓之廉，反廉为贪；兼覆无私谓之公，反公为私；方直不曲谓之正，反正为邪；以人自观谓之度，反度为妄；以己量人谓之恕，反恕为荒；恻隐怜人谓之慈，反慈为忍；厚志隐行谓之洁，反洁为汰；施行得理谓之德，反德为怨；放理洁静谓之行，反行为污；功遂自却谓之退，反退为伐；厚人自薄谓之让，反让为冒；心兼爱人谓之仁，反仁为戾;行充其宜谓之义,反义为愆⑧;刚柔得适谓之和,反和为乖;合得密周谓之调,反调为鼗⑨;优贤不逮谓之宽⑩,反宽为陕;包众容易谓之裕⑪,反裕为褊;欣懽可安谓之煴⑫,反煴为鸷⑬;安柔不苛谓之良,反良为啮⑭;缘法循理谓之轨,反轨为易;袭常缘道谓之道,反道为辟;广较自敛谓之俭,反俭为侈;费弗过适谓之节,反节为靡;□□勉善谓之慎⑮,反慎为怠;思恶勿道谓之戒,反戒为傲;深知祸福谓之知,反知为愚;亟见窕察谓之慧,反慧为童⑯;动有文体谓之礼,反礼为滥;容服有义谓之仪,反仪为诡;行归而过谓之顺,反顺为逆;动静摄次谓之比⑰,反比为错;容志审道谓之偭⑱,反偭为野;辞令就得谓之雅,反雅为陋;论物明辩谓之辩,反辩为讷⑲;纤微皆审谓之察,反察为旄⑳;诚动可畏谓之威,反威为圂㉑;临制不犯谓之严,反严为辗㉒;仁义修立谓之任,反任为欺;伏义诚必谓之节,反节为罢;持节不恐谓之勇,反勇为怯;信理遂惔谓之敢㉓,反敢为掩;志操精果谓之诚,反诚为殆;克行遂节谓之必,反必为怛㉔。凡此品也,善之体也,所谓道也。"

【注释】

①品:品评,区分。体:体现。

②亲:父母。

③嚚(yín):愚顽。

④孽:忤逆不孝。

⑤鼗:音义未详。俞樾读为"卷(quán)",义为缺齿,即齿不相合,引申为不和谐,不团结。

⑥媟(xiè)：狎，轻慢，不恭敬。

⑦跰(páng)：本指马跛脚，引申为邪曲。

⑧㦬：同"懵"，不明。

⑨盭(lì)：同"戾"，乖戾，违背。

⑩优贤：宽厚。逮：及。

⑪容易：面容和悦。

⑫欣憓：和悦。煴(yūn)：温和。

⑬鸷(zhì)：猛禽，指凶猛。

⑭啮：咬，指较劲。

⑮卢文弨说，空二字，建本作"弗勤"，别本作"昫银"，潭本作呦□，皆讹。或校改作"俛勉就善"，亦意定耳。

⑯童：愚昧无知。

⑰摄：合。

⑱佄：通"娴"，娴雅，优雅。

⑲讷(nè)：说话困难迟钝。

⑳庬：通"眊"，眼睛昏花。

㉑圂(hùn)：辱。

㉒𫑈：音义未详，当从《子汇》本作"软"。

㉓惔(dàn)：卢文弨认为或是"锬"字之讹，锬者，锋锐，与敢义近。

㉔怛(dá)：优柔寡断。

【译文】

问："请问如何区分正确与否的表现？"回答："父母爱护帮助子女叫作慈爱，慈爱的反面是恩顽；子女敬爱帮助父母叫作孝，孝的反面是忤逆；爱护帮助发自内心叫作忠，忠的反面是背叛；心里知道怜恤别人叫作惠，惠的反面是使人困窘；兄长敬爱弟弟叫作友，友的反面是不和；弟弟敬爱兄长叫作悌，悌的反面是傲慢；待人接物注重仪表叫作恭，恭的反面是轻慢；待人接物严肃庄重叫作敬，敬的反面是简慢；言行一致叫作贞,贞的反面是虚伪;约定算数言语得当叫作信,信的反面是欺瞒;合乎道理不邪僻叫作端,端的反面是邪曲;占据恰当位置不致倾覆叫作平稳,平稳的反面是危险;行为正确决断中肯叫作清醒,清醒的反面是糊涂;见利谦让自我约束叫作廉,廉的反面是贪婪;照顾周到不图私利叫作公,公的反面是私;刚直不阿叫作正,正的反面是邪;从对方的角度看自己叫作度,度的反面是狂妄;从自己的角度去思量别人叫作恕,恕的反面是迷惘;心存同情怜悯别人叫作慈,慈的反面叫作残忍;志向高远不急功近利叫作高洁,高洁的反面是脏污;做事合理叫作德,德的反面是结怨;依据道理为人清白叫作操行,操行的反面是污浊;功成身退叫作退让,退让的反面是夸耀;对别人宽厚对自己严格叫作礼让,礼让的反面是侵犯;爱心广泛叫作仁,仁的反面是残暴;行为合宜叫作义,义的反面是糊涂;刚柔适中叫作和谐,和的反面是乖违;德行和合周密叫作协调,协调的反面是背离;心地宽厚心存不足叫作宽,宽的反面是狭隘;包容众人颜色和悦叫作宽广,宽广的反面是局促;心情愉悦令人舒适叫作温和,温和的反面是凶猛;安静温柔不苛刻叫作善良,善良的反面是挑剔;遵纪守法叫作守规矩,守规矩的反面叫作马虎草率;按照常理遵循正道叫作守道,守道的反面是邪僻;各方面盘算自我克制叫作俭朴,俭朴的反面是奢侈;花费不超过适当的标准叫作节俭,节俭的反面是浪费;积极向善叫作慎重,慎重的反面是怠惰;想到坏事不去做叫作戒备,戒备的反面是轻傲;深切了解祸福的缘由是智慧,智慧的反面是愚蠢;反映敏捷深入了解叫作聪慧,聪慧的反面是愚昧;举止文雅得体叫作有礼,有礼的反面是狂滥;表情衣装合宜叫作有仪表,有仪表的反面叫作怪异;行动有终符合事理叫作顺当,顺当的反面是乖逆;动静符合次序叫作比和,比和的反面是错乱;思想表情懂得规律叫作优雅,优雅的反面是粗野;言辞得体叫作雅正,雅正的反面是浅陋;评议事情清楚明白叫作善辩,善辩的反面是木讷;细微末节清楚地认识叫作明察,明察的反面是昏庸;精诚让人感动敬畏叫作有威严,威严的反面是窝囊;掌握制度不允许触犯叫作恩信，恩信的反面是软弱；仁义美好立身处世叫作胜任，胜任的反面是欺世盗名；信服道义坚持到底叫作有节操，有节操的反面是无节操；坚守节操没有恐惧叫作勇敢，勇敢的反面是怯懦；伸张正义展露锋芒叫作果敢，果敢的反面是退缩；志向节操精诚果决叫作诚信，诚信的反面是疑虑不诚；坚持不懈实现节操叫作坚定，坚定的反面是优柔寡断。凡是这些名目，都是善的表现，就是我们所说的道。"

　　故守道者谓之士，乐道者谓之君子，知道者谓之明，行道者谓之贤，且明且贤，此谓圣人。

【译文】

　　所以守道的人叫作士，喜爱道的人叫作君子，了解道的人叫作英明，推行道的叫作贤能，既英明又贤能，这就叫作圣人。

六术连语

"六术",六种法则。德有道、德、性、神、明、命之六理,阴阳、天地、人以六理为内度,则为六法;六法外行,则为六术;六法与六术相应,则有六行;内本六法,外体六行,则生六艺,六律、六亲亦由此生。以六为度,是贾谊哲学观点的框架。这种以六德配人生的事物,有似汉朝以五行配人生的事物。秦朝数的观念尚"六",《史记·秦始皇本纪》云:"数以六为纪,符、法冠皆六寸,而舆六尺,六尺为步,乘六马。"据此推断本篇为贾谊早年所作。

德有六理①。何谓六理?道、德、性、神、明、命。此六者,德之理也。六理无不生也,已生而六理存乎所生之内。是以阴阳、天地、人尽以六理为内度②,内度成业③,故谓之六法。六法藏内,变沛而外遂④,外遂六术,故谓之六行。是以阴阳各有六月之节,而天地有六合之事⑤,人有仁、义、礼、智、信之行,行和则乐兴,乐兴则六,此之谓六行。阴阳、天地之动也,不失六行,故能合六法;人谨修六行,则亦可以合六法矣。

【注释】

①德：与"道"相对而言。道是客观存在和运动的总规律,道为德之
本;德是道作用于物的体现,德为道之用。

②内度：存于生命之内的法度。

③业：事业,指生命的基础。

④沇：同"流"。遂：成。

⑤六合：天地四方。

【译文】

德有六种原理。什么叫作六理? 道、德、性、神、明、命。这六种东
西,是德的原理。六种原理具备,没有不产生事物的。事物产生了,六
种原理存在于所生的事物之内。因此阴阳、天地和人全都以这六种原
理作为内在的法度,内在的法度形成了基础,所以叫作六法。六法隐藏
在事物内部,变化流动发展到外部,发展到外部表现为六术,所以叫作
六行。因此阴阳的变化各有六个月,天地有上下四方六个方向,人有
仁、义、礼、智、信的行为,这些行为配合得当乐就产生了,乐产生了就有
六种,这就叫作六行。阴阳、天地的运行,不违背这六行,所以能符合六
法;人认真地培养这六行,就可以符合六法了。

然而人虽有六行,细微难识,唯先王能审之①。凡人弗
能自至,是故必待先王之教,乃知所从事。是以先王为天下
设教,因人所有,以之为训;道人之情②,以之为真。是故内
本六法,外体六行,以与《诗》、《书》、《易》、《春秋》、《礼》、
《乐》六者之术以为大义③,谓之六艺。令人缘之以自修,修
成则得六行矣。六行不正,反合六法。艺之所以六者,法六
法而体六行故也,故曰六则备矣。

【注释】

①先王：古代的帝王，指尧、舜、禹、汤、周文王、周武王等圣君。

②道：引导。

③《诗》、《书》、《易》、《春秋》、《礼》、《乐》：六部儒家经典，称"六经"，也称"六艺"。

【译文】

然而人虽然有六行的标准，但表现很细微难以认识，只有古代的圣王能辨识清楚。凡是不能自我做到六行的，一定要依赖圣王的教导，才知道怎样去做。因此古代的圣王为天下人设立名教，根据人的本性，来加以训导；引导人的性情，返回人的真性。所以在内心以六法为根本，在外部以六行为体现，以《诗》、《书》、《易》、《春秋》、《礼》、《乐》六部经典的学问作为伟大的道理，叫作六艺。让人按照这些经典的道理去自我培养，培养成功后就获得六行了。六行如果不纯正，反过来用六法去比照继续培养。经艺之所以有六种，是因为在内效法六法在外体现六行的缘故，所以说有六种就完备了。

六者非独为六艺本也，他事亦皆以六为度。

声音之道以六为首，以阴阳之节为度。是故一岁十二月，分而为阴阳，各六月。是以声音之器十二钟①，钟当一月②，其六钟阴声，六钟阳声，声之术，律是而出，故谓之六律。六律和五声之调③，以发阴阳、天地、人之清声，而内合六行、六法之道。是故五声宫、商、角、徵、羽，唱和相应而调和，调和而成理谓之音。声五也，必六而备，故曰声与音六。夫律之者，爲测之也④，所测者六，故曰六律。

【注释】

①十二钟：即十二律。阳律六律：黄钟、太簇、姑洗、蕤宾、夷则、亡射。阴律六吕：大吕、夹钟、中吕、林钟、南吕、应钟。

②钟当一月：十二律配十二月。阳律六律：黄钟，十一月；太簇，正月；姑洗，三月；蕤宾，五月；夷则，七月；亡射，九月。阴律六吕：大吕，十二月；夹钟，二月；中吕，四月；林钟，六月；南吕，八月；应钟，十月。

③五声：宫、商、角、徵(zhǐ)、羽。

④象：同"象"，现象，指乐音的实际状态。

【译文】

六这个数不仅仅是六艺的根本，其他事物也都以六为法度。

声音的规律以六为主，以阴阳的调节为法度。因此一年十二个月，分成阴阳，各六个月。所以声音的乐器十二钟，每钟配一个月，其中六钟阴声，六钟阳声，声音的法则，按照这个规律发出，所以叫作六律。六律调和宫、商、角、徵、羽五种音阶的声调，来发出阴阳、天地和人纯正的声音，在内部符合六行、六法的规律。因此五种音阶宫、商、角、徵、羽一唱一和声音相应而调和，调和形成条理叫作音乐。音阶是五个，一定要六才齐备，所以说声加上音成为六。按照律的标准来规范，是根据声音的实际测定出来的，测定的对象有六种，所以叫作六律。

人之戚属，以六为法。人有六亲①，六亲始曰父；父有二子，二子为昆弟；昆弟又有子，子从父而昆弟，故为从父昆弟；从父昆弟又有子，子从祖而昆弟，故为从祖昆弟；从祖昆弟又有子，子从曾祖而昆弟，故为从曾祖昆弟；曾祖昆弟又有子，子为族兄弟；备于六，此之谓六亲。亲之始于一人，世世别离，分为六亲。亲戚非六，则失本末之度，是故六为制而止矣。六亲有次，不可相逾。相逾则宗族扰乱，不能相亲，是故先王设为昭穆三庙以禁其乱②。何谓三庙？上室为昭，中室为穆，下室为孙嗣令子。各以其次，上下更居；三庙以别，亲疏有制。丧服称亲疏以为重轻，亲者重，疏者轻，故复有粗衰、齐衰、大红、细红、缌麻③，备六，各服其所当服。夫服则有殊，此先王之所以禁乱也。

【注释】

①六亲：说法不一，据《左传》，指父子、兄弟、姑姊、甥舅、婚媾、姻娅；据《易经》王弼注，指父子、兄弟、夫妇。

②昭穆三庙：古代宗庙制度，始祖牌位居中，第二代居左为昭，第三代居右为穆，昭穆相递。

③粗衰(cuī)：也称"斩衰"，古代丧服中最重的一种，用粗麻布制衣，衣边不缝缉，丧期三年。齐衰(cuī)：古代丧服中次重的一种，用粗麻布制衣，缝缉衣边，丧期一年。大红(gōng)：也称"大功"，古代丧服中次于齐衰的一种，用细麻布制衣，丧期九个月。细红(gōng)：也称"小功"，古代丧服中次于大功的一种，用细麻布制衣，丧期六个月。缌麻：古代丧服中次于小功的一种，用细麻布制衣，丧期三个月。

【译文】

人们的亲属，以六为法度。人有六层亲属关系，这六层亲属关系开始的是父亲；父亲有两个儿子，两个儿子是兄弟关系；兄弟又有儿子，儿子跟着父亲形成兄弟关系，所以就是叔伯兄弟；叔伯兄弟又有儿子，儿子跟着祖父形成兄弟关系，所以就是从祖兄弟；从祖兄弟又有儿子，儿子跟着曾祖父形成兄弟关系，所以就是从曾祖兄弟；曾祖父兄弟又有儿子，儿子形成族兄弟；凑成六数，这就叫六亲。亲属关系从一个人开始，一代一代相传下去,分为六层亲属关系。亲属关系如果不是六层,就失去了根本和末枝的法度,所以到了六层作为限度就终止了。六层亲属关系各有次序,不能互相逾越。互相逾越了宗和祖的关系就混乱了,无法互相亲爱,因此古代的圣王设立昭穆三个宗庙来禁止混乱。什么是三个宗庙?上面一房是昭庙,中间一房是穆庙,下面一房是孙子辈后嗣。各自依照次序,上下轮次相排列;三个宗庙区别开了,亲疏关系就有了规矩。丧服根据亲疏关系分为轻重,亲近的服丧重,疏远的服丧轻,所以有斩衰、齐衰、大功、小功、缌麻五种丧服,凑成六这个数,各自穿应该穿的丧服。穿的丧服就有了区别,这是古代的圣王用来禁止混乱的方法。

　　数度之道,以六为法。数加于少而度出于居①,数度之始,始于微细,有形之物,莫细于毫。是故立一毫以为度始,十毫为发,十发为氂②,十氂为分,十分为寸,十寸为尺,备于六,故先王以为天下事用也。

【注释】

①居:俞樾认为当作"小"。

②氂(lí):同"釐",古代度量单位。

【译文】

　　长度计量的道理,以六为法度。数量是从少增加而长度是从微小开始的,长度计量的开始,是从细微开始的,有形的东西,没有比毫毛更细的。因此用一毫作为计量长度的开始,十毫等于一发,十发等于一厘,十厘等于一分,十分等于一寸,十寸等于一尺,凑成六数,因此古代的圣王用来计量天下的事物。

　　事之以六为法者,不可胜数也。此所言六,以效事之尽以六为度者谓六理①,可谓阴阳之六节,可谓天地之六法,可谓人之六行。

【注释】

①效:验证。

【译文】

　　事物用六作为法度的,无法数清。这里所说的六,用来验证事物都用六作为法度的叫作六理,可以指阴阳分为六个月,可以指天地的六法,可以指人的六行。

道德说连语

"道德说",即道德论。上篇论述德有六理,德的六理,本难形容,所以本篇以玉作比喻,具体说明六理的内在联系:道为德之本,德为性、神、明、命之本;由道向命的转化过程,即阴阳、天地、人与万物的形成过程。六理具有六美的特性:道、仁、义、忠、信、密。人之六艺,即是用来表现六美的。本篇是对《六术》篇的思想框架作详细的阐述,可相互参看。

德有六理。何谓六理? 曰:道、德、性、神、明、命。此六者,德之理也。诸生者,皆生于德之所生;而能象人德者,独玉也。写德体六理①,尽见于玉也,各有状,是故以玉效德之六理。泽者,鉴也,谓之道;腜如窈膏谓之德②;湛而润厚而胶谓之性③;康若泺流谓之神④;光辉谓之明;岩乎坚哉谓之命⑤。此之谓六理。鉴生空窍,而通之以道。德生理,通之以六德之华离状⑥。六德者,德之有六理。理,离状也。性生气而通之以晓,神生变而通之以化,明生识而通之以知,命生形而通之以定。

【注释】

①写：描摹。卢文弨认为当作"象"。

②腒：本指干鸟肉。蒋礼鸿认为是"昵"字之讹。昵，黏。窃膏：
油脂。

③湛（zhàn）：厚重。

④康：安静。泺：当从建本作"乐"，音乐。

⑤砠（què）：坚硬。

⑥华离状：分离不齐一的样子。

【译文】

　　德有六种原理。什么叫作六理？道、德、性、神、明、命。这六种东
西，是德的原理。各种生成的事物，都是由产生德的道所产生的；而能
像人的德的，只有玉。模拟德体现六种原理，全都可以在玉上体现，各
有自己的形状，所以用玉来仿效德的六种原理。光泽，像镜子一样，叫
作道；黏如凝结的脂膏叫作德；润泽浓稠有黏性叫作性；安静如同音乐
的流动叫作神；光辉叫作明；坚固确定的叫作命。这就叫作六理。镜子
产生反映事物的空间，与道相通。德产生理，与德的六种原理的分离状
态相通。所谓六德，就是德的六种原理。理，是分离的状态。性通过往
外发让人知晓产生气，神通过转化产生事物的变化，明通过感知产生对
事物的认识，命通过性、气、神、明的制约产生形体。

　　德有六美。何谓六美？有道、有仁、有义、有忠、有信、
有密。此六者，德之美也。道者，德之本也；仁者，德之出
也；义者，德之理也；忠者，德之厚也；信者，德之固也；密
者①，德之高也。

【注释】

①密:周密。指事物与道和德密不可分。

【译文】

德有六种美好的体现。什么叫作六美?有道、有仁、有义、有忠、有信、有密。这六种是德的美好体现。道,是德的根本;仁,是德发出的;义,是德的原则;忠,是德的厚道;信,是德表现的稳固;周密,是德的高贵之处。

六理、六美,德之所以生阴阳、天地、人与万物也,固为所生者法也①。故曰:道此之谓道②,德此之谓德,行此之谓行。所谓行此者,德也。是故著此竹帛谓之《书》③,《书》者,此之著者也;《诗》者④,此之志者也;《易》者⑤,此之占者也;《春秋》者⑥,此之纪者也;《礼》者⑦,此之体者也;《乐》者⑧,此之乐者也;祭祀鬼神,为此福者也;博学辩议,为此辞者也。

【注释】

①法:效法。

②道此之谓道:第一个“道”字,指遵循。

③《书》:《尚书》,儒家经典之一。

④《诗》:《诗经》,儒家经典之一。

⑤《易》:《易经》,儒家经典之一。

⑥《春秋》:儒家经典之一。

⑦《礼》:儒家经典。最早指《仪礼》,后来包括《周礼》、《礼记》,合称“三礼”。

⑧《乐》:《乐经》,儒家经典之一,后失传。

【译文】

六理和六美，是德用来产生阴阳、天地、人与万物的依据，本来就是为产生的万物所效法的。所以说：遵循六理和六美就叫作道，把六理和六美当作品德就叫作德，按照六理和六美去做就叫作行。所说的实行六理和六美，就是实行德。因此把它记录在竹帛上就叫作《书》，《书》就是记录德的；《诗》，就是认识德的；《易》，就是占验德的；《春秋》，就是编录与德有关的事件的；《礼》，就是实践德的；《乐》，就是表现德的快乐的；祭祀鬼神，是祈求德带来的福气的；广泛学习论辩评议，是为了表达德而形成文辞的。

道者无形，平和而神①。道物有载物者，毕以顺理和适行，故物有清而泽。泽者，鉴也，鉴以道之神。模贯物形，通达空窍，奉一出入为先，故谓之鉴。鉴者，所以能见也。见者，目也，道德施物，精微而为目。是故物之始形也，分先而为目，目成也形乃从。是以人及有因之在气，莫精于目。目清而润泽若濡，无毳秒杂焉②，故能见也。由此观之，目足以明道德之润泽矣，故曰"泽者，鉴也"；"生空窍，通之以道"。

【注释】

①神：神秘莫测。《易·系辞上》："阴阳不测之谓神。"

②毳(cuì)：鸟兽的细毛，形容微细。

【译文】

道的本质因为虚所以没有形体，不偏不倚容和万物而神秘莫测。道虽无形但能运载万物，使万物按照规律运动变化。道附着在万物上，所以万物具有清泽的特性。有光泽的东西，是镜子，镜子因为道的神通能照映事物。模仿事物的形状全盘反映出来，与道的空虚相通，事物在道的作用下生长消亡,镜子能最先反映出来,所以叫作镜子。所谓镜子,就是能让人看见物体。用来看的器官,是眼睛,道德施予万物的,最精密奥妙的是眼睛。因此万物形成形体时,首先长成它的眼睛,眼睛长成之后身体接着长成。所以人以及有气息的生物,没有比眼睛更精密的了。眼睛清澈而且湿润像水浸润的一样,没有丝毫的脏东西夹杂在里面,所以能看见事物。由此看来,眼睛足够说明道德的滋润光泽了,所以说“光泽的东西,是镜子”;“镜子产生反映事物的空间,与道相通”。

　　德者,离无而之有。故润而腒然浊而始形矣,故六理发焉。六理所以为变而生也,所生有理。然则物得润以生,故谓润德。德者,变及物理之所出也。夫变者①,道之颂也②。道冰而为德③,神载于德。德者,道之泽也。道虽神,必载于德,而颂乃有所因④,以发动变化而为变。变及诸生之理,皆道之化也,各有条理以载于德。德受道之化,而发之各不同状。德润,故曰“如膏,谓之德”,“德生理,通之以六德之华离状”。

【注释】

①夫:原作“未”,据俞樾说改。

②颂:容貌。

③冰:凝结。

④因:依据,根据。

【译文】

　　德,是从道的无形分离开来趋于有形。所以润泽而粘稠混浊开始变得有形了,六理于是就产生了。六理就是为这种从无到有的变化产生的,产生的事物就具备了六理。这样说来事物得到滋润而产生,所以有润德的说法。德，是道的变化触及到事物的六理而产生的。变化的过程，是道所形成的物体的容貌。道凝结成为德，神存在于德之中。德，是道的光泽。道虽然神秘莫测，一定要存在于德之中，物体的容貌才有了依据，使万物产生变化而变化。变化以及各种事物产生的原理，都是道的变化，各自有它的条理存在于德之中。德秉受道的变化，而产生万物各自不同的形状。德具有滋润的特性，所以说"像脂膏，叫作德"，"德产生六理，与六德分离的状态相通"。

性者，道德造物，物有形。而道德之神专而为一气①，明其润益厚矣。浊而胶相连，在物之中，为物莫生，气皆集焉，故谓之性。性，神气之所会也。性立，则神气晓晓然发而通行于外矣，与外物之感相应，故曰"润厚而胶谓之性"，"性生气，通之以晓"。

【注释】

①专：通"抟"，聚集。

【译文】

性，是道德产生了事物，事物有了形体。而道和德的神集中在一起形成气，表明润泽更加浓厚了。混浊粘稠连在一起，事物还没有产生，气都已经集中在那里了，所以叫作性。性，是神和气会合在一起。性确定了，那么神和气就能让人知晓往外发出来，与外物相应相感触，所以说"润泽浓稠有黏性叫作性"，"性通过往外发让人知晓产生气"。

神者，道、德、神、气发于性也，康若泆流不可物效也①。变化无所不为，物理及诸变之起，皆神之所化也，故曰"康若泆流谓之神"，"神生变②，通以之化"。

【注释】

①效：证明。

②神：原作"理"，据陶鸿庆之说改。

【译文】

神，是道、德、神、气由性发出的精神状态，安静如同音乐的流动无法用实物来证明。神的变化无所不为，事物的理以及各种变化的产生，都是由于神的变化，所以说"安静如同音乐的流动叫作神"，"神通过转化产生事物的变化"。

明者，神气在内则无光而为知，明则有辉于外矣。外内通一，则为得失，事理是非，皆职于知①，故曰"光辉谓之明"，"明生识，通之以知"。

【注释】

①职：主，主宰。

【译文】

明，是事物神和气在内部没有光亮却能感知，有明就有光辉在外部显现。在内的神和气与外部的光辉相通就产生了事物的好坏，事物的理正确与否，都由感知来主宰，所以说"光辉叫作明"，"明通过感知产生对事物的认识"。

命者，物皆得道德之施以生，则泽、润、性、气、神、明及形体之位分、数度①，各有极量指奏矣②。此皆所受其道德非以嗜欲取舍然也。其受此具也，岩然有定矣，不可得辞也，故曰命。命者不得毋生，生则有形，形而道、德、性、神、明因载于物形，故"岩坚谓之命"，"命生形，通之以定"。

【注释】

①位分:相当于等级。数度:数的分度,即大小长短多少之数。

②极量:一定的量,限量。指奏:相当于发展趋势。

【译文】

命,事物都是受到道和德的施予从而产生,那么事物的光泽、滋润、性、气、神、明以及形体的等级和大小长短多少,各自有一定的限量和发展趋势。这些差别都是由接受的道和德所决定的而不是按照欲望任意取舍才这样的。所接受的道和德具备了,就坚固地确定下来了,无法推辞,所以叫作命。命决定事物不得不产生,产生了就有形体,有了形体,道、德、性、神、明就存在于形体中,所以说"坚固确定的叫作命","命通过性、气、神、明的制约产生形体"。

物所道始谓之道①,所得以生谓之德。德之有也,以道为本,故曰:"道者,德之本也。"德生物又养物,则物安利矣②。安利物者,仁行也。仁行出于德,故曰:"仁者,德之出也。"德生理,理立则有宜,适之谓义。义者,理也,故曰:"义者,德之理也。"德生物,又养长之而弗离也,得以安利。德之遇物也忠厚,故曰:"忠者,德之厚也。"德之忠厚也,信固而不易,此德之常也,故曰:"信者,德之固也。"德生于道而有理,守理则合于道,与道理密而弗离也,故能畜物养物。物莫不仰恃德,此德之高,故曰:"密者,德之高也。"道而勿失,则有道矣;得而守之,则有德矣;行而无休,则行成矣。故曰:"道此之谓道,德此之谓德,行此之谓行。"诸此言者,尽德变;变世者,理也。

【注释】

①道始：从道开始。

②安利：安定受益。

【译文】

事物从道的变化开始叫作道，得以产生叫作德。德能够存在，是以道为根本的，所以说："道，是德的根本。"德产生事物又养育事物，那么事物就能安定受益。安定受益，是仁爱的行为。仁爱的行为由德产生，所以说："仁，是德发出的。"德产生理，理确立了就有一定的准则，符合准则叫作义。义，就是理，所以说："义，是德的原则。"德产生事物，又养育生长事物而不分离，使事物能够安定受益。德对待事物忠诚厚道，所以说："忠，是德的厚道。"德对待事物的忠诚厚道，诚信坚固而不改变，这是德的持久表现，所以说："信，是德表现的稳固。"德从道产生而有常理，守住常理就符合道，德与道和常理关系密切不可分离，所以能畜养事物。事物没有不仰仗依靠德的，这是德的高贵之处，所以说："周密，是德的最高之处。"遵循道的变化不迷失发展方向，就是有道了；得到德守住它，就是有德了；按照道和德发展不停止，事物就发展成功了。所以说："遵循事物的道就是道，遵循事物的德就是德，按照道和德去实行就是行。"上面这话，包括了德的各种变化；变化，是事物的常理。

《书》者，著德之理于竹帛而陈之令人观焉，以著所从事，故曰："《书》者，此之著者也。"《诗》者，志德之理而明其指，令人缘之以自成也，故曰："《诗》者，此之志者也。"《易》者，察人之循德之理与弗循而占其吉凶①，故曰："《易》者，此之占者也。"《春秋》者，守往事之合德之理与不合而纪其成败，以为来事师法，故曰："《春秋》者，此之纪者也。"《礼》者，体德理而为之节文②，成人事，故曰："《礼》者，此之体者也。"

《乐》者，《书》、《诗》、《易》、《春秋》、《礼》五者之道备，则合于德矣，合则驩然大乐矣③，故曰："《乐》者，此之乐者也。"人能修德之理，则安利之谓福。莫不慕福，弗能必得，而人心以为鬼神能与于利害，是故具牺牲、俎豆、粢盛④，斋戒而祭鬼神⑤，欲以佐成福，故曰："祭祀鬼神，为此福者也。"德之理尽施于人，其在人也，内而难见。是以先王举德之颂而为辞语，以明其理；陈之天下，令人观焉；垂之后世，辩议以审察之，以转相告。是故弟子随师而问，博学以达其知，而明其辞以立其诚，故曰："博学辩议，为此辞者也。"

【注释】

① 察人之循德之理："循"字原作"精"，据俞樾之说改。

② 节文：指归纳礼乐制度。

③ 驩然：欢乐的样子。驩，通"欢"。

④ 牺牲：祭祀上供的肉类祭品。俎豆：祭祀盛放祭品的器皿，俎盛放鱼肉类，豆盛放粟稷类。粢(zī)盛：祭祀用的谷物。

⑤ 斋戒：一种清净身心以示虔诚的活动，不饮酒，不食荤腥，沐浴独居。

【译文】

《书》，把德的道理记载在竹帛上铺陈开来给人看，以记载按照德的原理所做的事，所以说："《书》，就是记录德的。"《诗》，记录了德的原理并且表明它的主旨，让人们按照它去做而自我完善，所以说："《诗》，就是认识德的。"《易》，是观察人们是否遵循德的原理并占验吉凶，所以说："《易》，就是占验德的。"《春秋》，是把握过去的事情是否符合德的原理并记录事情的成败结果，作为后来人学习或警戒，所以说："《春秋》，就是编录与德有关的事件的。"《礼》，是表现德的原理并归纳出礼乐制度,成就人的事业,所以说:"《礼》,就是实践德的。"《乐》,是《书》、《诗》、《易》、《春秋》、《礼》五部经典的道理齐备了,就符合德了,符合德就非常欢心快乐了,所以说:"《乐》,就是表现德的快乐的。"人能够按德的原理去做,就会安定受益,这叫作福气。没有谁不盼求福气,但不能一定得到,而人们内心以为鬼神能给人利益或灾祸,因此摆上各种祭品,静心斋戒来祭祀鬼神,想以此来帮助获得福气,所以说:"祭祀鬼神,是祈求德带来的福气的。"德的原理全部施予了人,它在人这里,在人心内部难以发现。因此古代的圣王列举德的具体表现形成文辞言语,来让人明白德的原理;向天下展示,让人们观看;流传到后代,加以论辩评议,以便让人能够看得清楚明白,并辗转相告。因此弟子们跟着老师询问,广泛地学习来使智慧通达,从而明白文辞的意义树立起诚敬之心,所以说:"广泛学习论辩评议,是为了表达德而形成文辞的。"

德毕施物,物虽有之,微细难识。夫玉者,真德爲也①。六理在玉,明而易见也。是以举玉以谕②,物之所受于德者,与玉一体也。

【注释】

①爲:同"象"。

②谕:让人明白。

【译文】

德全都施加到了事物身上,事物即使有了德,但非常细微难以辨识。玉,真是具有德的形象。道、德、性、神、明、命六种原理在玉那里非常鲜明容易见到。因此拿玉作比喻说明,事物从德那里接受的六理,同玉是一样的。

大政上

【题解】

　　“大政”，最大的政事。本篇指出国家的政治应以民为本，以民为命，以民为功，以民为力；并从言行、诛赏的角度阐述执政的君主、官吏应该如何处理与人民的关系。言行方面，出言一定要慎重，出言一定要可以实行，实行必须行善，与老子所说的“悠兮其贵言”意思相近。诛赏方面，罪疑则去，功疑则予。又从人民对待君主的态度论述民为国家之本，民为君本，与孟子所说的“民为贵，社稷次之，君为轻”的意旨一致，多次劝告为政者引以为戒。

　　闻之于政也，民无不为本也①。国以为本，君以为本，吏以为本。故国以民为安危，君以民为威侮，吏以民为贵贱。此之谓民无不为本也。闻之于政也，民无不为命也②。国以为命，君以为命，吏以为命。故国以民为存亡，君以民为盲明③，吏以民为贤不肖④。此之谓民无不为命也。闻之于政也，民无不为功也。故国以为功，君以为功，吏以为功。国以民为兴坏，君以民为强弱，吏以民为能不能。此之谓民无不为功也。闻之于政也，民无不为力也。故国以为力，君以为力，吏以为力。故夫战之胜也，民欲胜也；攻之得也，民欲得也；守之存也，民欲存也。故率民而守，而民不欲存，则莫能以存矣；故率民而攻，民不欲得，则莫能以得矣；故率民而战，民不欲胜，则莫能以胜矣。故其民之为其上也，接敌而喜，进而不能止，敌人必骇，战由此胜也。夫民之于其上也，接而惧，必走去，战由此败也。故夫灾与福也，非粹在天也⑤，必在士民也。呜呼！戒之戒之！夫士民之志，不可不要也⑥。呜呼！戒之戒之！

【注释】

①本：国家的根本。

②命：命脉。

③盲：目盲，指糊涂，昏暗。明：视力好，指明智，英明。

④不肖：本指儿女外貌长相不像父母，引申指品德才能不像父母。

⑤粹：纯粹，完全。

⑥要：求取。

【译文】

听说治理国政者，没有不把人民当作根本的。国家以人民为根本，君主以人民为根本，官吏以人民为根本。所以国家依靠人民决定是安还是危，君主依靠人民决定是有威望还是受欺侮，官吏依靠人民决定是高贵还是低贱。这就叫作人民没有不作为根本的。听说治理国政的，没有不把人民当作命脉的。国家以人民为命脉，君主以人民为命脉，官吏以人民为命脉。所以国家依靠人民决定是存还是亡，君主依靠人民决定是昏聩还是英明，官吏依靠人民决定是贤能还是无能。这就叫作人民没有不作为命脉的。听说治理国政，没有不以人民为功绩的。所以国家依靠人民创造功绩，君主依靠人民创造功绩，官吏依靠人民创造功绩。国家依靠人民决定是兴旺还是衰败，君主依靠人民决定是强大还是弱小，官吏依靠人民决定是称职还是不称职。这就叫作人民没有不创造功绩的。听说对于政治来说，人民没有不形成力量的。国家依靠人民形成力量，君主依靠人民形成力量，官吏依靠人民形成力量。所以作战取得胜利，是人民想要胜利；攻打能够夺取，是人民想要夺取；防守能够保持生存，是人民想要保持生存。所以带领人民去防守，可是人民不想保持生存，那就没有办法保持生存；所以带领人民去攻打，人民不想夺取，那就没有办法能够夺取；所以带领人民作战，人民不想取得胜利，那就没有办法能够取得胜利。因此人民为了他们的君主，高兴同敌人交战，往前冲锋不停止，敌人必定害怕，战争因此就能获胜。如果人民为了他们的君主，惧怕同敌人交战，必定会逃走，战争因此就会失败。所以灾祸与福分，不完全决定于天，必定决定于民众。啊！要警戒再警戒，民众的愿望，不能不考虑。啊！要警戒再警戒！

　　行之善也，粹以为福己矣；行之恶也，粹以为灾己矣。故受天之福者，天不功焉；被天之灾，则亦无怨天矣，行自为取之也。知善而弗行，谓之不明；知恶而弗改，必受天殃。天有常福，必与有德；天有常灾，必与夺民时①。故夫民者，至贱而不可简也②，至愚而不可欺也。故自古至于今，与民为雠者，有迟有速，而民必胜之。知善而弗行谓之狂，知恶而不改谓之惑。故夫狂与惑者，圣王之戒也，而君子之愧也。呜呼！戒之戒之！岂其以狂与惑自为之？明君而君子乎，闻善而行之如争，闻恶而改之如雠，然后祸灾可离，然后保福也。戒之戒之！

【注释】

①时：指生产季节。

②简：轻易，轻慢。

【译文】

做好事，完全是为自己求福；做坏事，完全是为自己制造灾祸。所以受到上天赐福的，上天并不居功；受到上天降下灾祸的，那也就无法怨恨天了，是自己的行为导致的结果。知道是好事而不去做，叫作不明智；知道是坏事而不改正，必定受到上天降下的灾殃。上天常有福分，必定给那些有德行的人；上天常有灾祸，必定给那些错过农业生产季节的人。所以人民，最低贱但是不能轻视他们，最愚笨但是不能欺负他们。所以从古到今，那些与人民为敌的人，或慢或快，人民一定会战胜他们。知道是好事而不去做叫作狂妄，知道是坏事而不改正叫作糊涂。因此狂妄和糊涂，是圣明的君王所警戒的，是君子所感到羞愧的。啊！要警戒再警戒！难道是自己愿意做狂妄和糊涂的事吗？英明的君主和君子们，听到好事就争着去做，听到坏事都赶快避开，这样才能远离灾害，才能保住福分。要警戒再警戒！

诛赏之慎焉，故与其杀不辜也，宁失于有罪也。故夫罪也者，疑则附之去已①；夫功也者，疑则附之与已。则此毋有无罪而见诛，毋有有功而无赏者矣。戒之哉！戒之哉！诛赏之慎焉，故古之立刑也，以禁不肖，以起怠惰之民也。是以一罪疑则弗遂诛也，故不肖得改也；故一功疑则必弗倍也，故愚民可劝也。是以上有仁誉而下有治名。疑罪从去，仁也；疑功从予，信也。戒之哉！戒之哉！慎其下，故诛而不忌，赏而不曲，不反民之罪而重之，不灭民之功而弃之。故上为非，则谏而止之，以道弼之②；下为非，则矜而恕之③，道而赦之④,柔而假之⑤。故虽有不肖民,化而则之。故虽昔者之帝王,其所贵其臣者,如此而已矣。

【注释】

①附:依附,依照。

②弼:本指矫正弓弩的器具,引申为矫正,辅正。

③矜:同情,怜悯。

④道:通"导",引导。

⑤柔:安抚。假:宽容。

【译文】

　　惩罚赏赐要慎重,因此与其杀没有罪的人,宁可放过有罪的人。所以凡是判处有罪,有疑惑就按照无罪释放;凡是赏赐有功,有疑惑就按照有功给予。这样就没有无罪而被判处,没有有功而没有被赏赐的。要警戒啊要警戒啊! 惩罚赏赐要慎重,所以古代设立刑罚,用来禁止不良的行为,用来激发懒惰的民众。因此一项罪行有疑惑那就不进行处罚,因而不良的人能够改正;因此一项功绩有疑惑那就一定不违背诺言照样奖赏,因而愚民可以受鼓励。因此君上有仁爱的美誉而下级有治理的名声。罪行有疑惑的赦免,是仁爱;功绩有疑惑的给予奖赏,是诚信;要警戒啊要警戒啊! 对待下级慎重,所以处罚没有顾忌,奖赏没有不公正的,不改判民众的罪过加重处罚,不埋没民众的功绩不给奖赏。所以君上做了不对的事,就劝谏而制止住,用正道辅佐他;下民做了错事,就同情加以宽恕,赦免罪过加以引导,安抚并且宽容。所以即使有不良的民众,就会感化而遵守法纪。因而即使是古代的帝王,他们重视臣下的办法,也是像这样罢了。

　　人臣之道,思善则献之于上,闻善则献之于上,知善则献之于上。夫民者,唯君者有之,为人臣者助君理之。故夫为人臣者,以富乐民为功,以贫苦民为罪。故君以知贤为明,吏以爱民为忠。故臣忠则君明,此之谓圣王。故官有假而德无假^①,位有卑而义无卑。故位下而义高者,虽卑,贵也;位高而义下者,虽贵,必穷。呜呼! 戒之哉! 戒之哉! 行道不能,穷困及之。

【注释】

①假:授予,给予。

【译文】

　　作为人臣的道理,想到好的主意就献给君上,听到好的事情就献给君上,知道好的事情就献给君上。人民,只有君主才能拥有他们,做臣下的帮助君主来治理。所以做臣下的,使人民富裕安乐作为功绩,使人民贫穷痛苦作为罪过。因此君主以了解贤能为英明,官吏以爱护人民为忠诚。因而臣下忠诚君主就会英明,这就叫作圣王。所以官职可以授予而德行无法授予,职位有低下的而仁义没有低下的。所以职位低下可是仁义高超的,即使低下,是可贵的;职位高贵可是仁义低下的,即使高贵,必定走投无路。啊! 要警戒再警戒! 不能履行道义,必定落入穷困。

　　夫一出而不可反者^①,言也;一见而不可得掩者^②,行也。故夫言与行者,知愚之表也^③,贤不肖之别也。是以智者慎言慎行,以为身福;愚者易言易行,以为身灾。故君子言必可行也,然后言之;行必可言也,然后行之。呜呼! 戒之哉! 戒之哉! 行之者在身,命之者在人^④,此福灾之本也。道者,福之本;祥者,福之荣也。无道者必失福之本,不祥者必失福之荣。故行而不缘道者,其言必不顾义矣。故纣自谓天王也⑤,桀自谓天子也⑥,已灭之后,民以相骂也。以此观之,则位不足以为尊,而号不足以为荣矣。故君子之贵也,士民贵之,故谓之贵也;故君子之富也,士民乐之,故谓之富也。故君子之贵也,与民以福,故士民贵之;故君子之富也,与民以财,故士民乐之。故君子富贵也,至于子孙而衰,则士民皆曰:"何君子之道衰也数也⑦?"不肖暴者祸及其身,则士民皆曰:"何天诛之迟也?"

【注释】

①反:返回,这里指收回。

②见:同"现"。

③表:标志。

④命:名。这里指品评。

⑤纣:商朝最后一位君主,暴君。《谥法》:"残义损善曰纣。"

⑥桀:夏朝最后一位君主,暴君。《谥法》:"贼人多杀曰桀。"

⑦数:通"速",短促。

【译文】

一旦发出而不能收回的,是语言;一旦做出而不能掩藏的,是行为。所以言语和行为,是明智和愚蠢的标志,贤能和无能的区别。因此聪明的人言行都很谨慎,以此为自己求得福分;愚蠢的人言行都很草率,因此为自己制造灾难。所以君子说出来的言论必定可以实行,然后才说;所做的事情一定是可以言说的,然后才去做。啊!要警戒再警戒!做什么在于自己,怎么品评在于别人,这是福分和灾难的根本。道,是福的根本;吉祥,是福的花朵。不遵循正道的人必定失去福的根本,不吉祥的人必定失去福的花朵。所以行为不遵循正道的人,他的言语必定不顾及仁义。因此纣自己号称天王，桀自己号称天子，灭亡之后，人民痛骂他们。由此看来，地位并不能够维持高贵，名号不能够作为荣耀。所以君子的高贵，民众认为他高贵，这才能算是高贵；所以君子的富足，民众感到快乐，这才能算是富足。因此君子的高贵，能给人民带来幸福，所以人民认为他高贵；因此君子的富足，能给人民带来财富，所以人民感到快乐。所以君子富贵，延续到子孙后代才开始衰退，民众就都会说："君子的道义怎么衰败得这么快啊！"无能的暴君，灾祸临头，民众就都会说："为什么老天惩罚这么迟呢！"

夫民者，万世之本也，不可欺。凡居于上位者，简士苦民者是谓愚①，敬士爱民者是谓智。夫愚智者，士民命之也。故夫民者，大族也，民不可不畏也。故夫民者，多力而不可适也②。呜呼！戒之哉！戒之哉！与民为敌者，民必胜之。君能为善，则吏必能为善矣；吏能为善，则民必能为善矣。故民之不善也，吏之罪也；吏之不善也，君之过也。呜呼！戒之戒之！故夫士民者，率之以道，然后士民道也；率之以义，然后士民义也；率之以忠，然后士民忠也；率之以信，然后士民信也。故为人君者，其出令也，其如声；士民学之，其如响③；曲折而从君，其如景矣④。呜呼！戒之哉！戒之哉！君乡善于此⑤，则佚佚然协⑥，民皆乡善于彼矣，犹景之爲形也⑦；君为恶于此，则嘻嘻然协⑧，民皆为恶于彼矣，犹响之应声也。是以圣王而君子乎，执事而临民者，日戒慎一日，则士民亦日戒慎一日矣，以道先民也。

【注释】

①简:轻视。

②适:通"敌"。

③响:回声。

④景:同"影"。

⑤乡:向。

⑥佚:通"呋",疾速。

⑦爲:同"象"。

⑧啍啍(tūn)然:乱糟糟的样子。啍,通"诨",乱。

【译文】

人民,是世世代代的根本,不能欺侮他们。凡是处在上位的人,轻视人民使他们痛苦的就叫作愚蠢,敬重爱护人民的就叫作聪明。愚蠢和聪明,是人民评价的。所以人民,是个大家族,是不能不敬畏的。所以人民,力量很大无法抵挡的。啊!要警戒再警戒!与人民为敌的,人民必定战胜他。君主能做好事,官吏就能做好事;官吏能做好事,人民就一定能做好事了。所以人民不好,是官吏的罪过;官吏不好,是君主的过错。啊!要警戒再警戒!所以人民,带领他们走正道,这样他们就走正道了;带领他们遵循仁义,这样他们就有仁义了;带领他们讲忠诚,这样他们就忠诚了;带领他们讲诚信,这样他们就有诚信了。因此为人君主的,发出号令,如同声音;人民学习,如同回声;俯身跟从君主,如同影子。啊!要警戒再警戒!君主在这里寻求做好事,人民会很快协调一致,都在那里寻求做好事了,好比影子模仿形体一样;君主在这里做坏事,人民也会乱哄哄地跟从,在那里做坏事了,好比回声响应一样。因此圣明的君王和君子们,掌管职权统治人民的人,一天比一天警戒慎重,人民也就会一天比一天警戒慎重,这是先行道义做人民的榜样。

道者,圣王之行也;文者,圣王之辞也;恭敬者,圣王之容也;忠信者,圣王之教也。夫圣人也者,贤智之师也;仁义者,明君之性也。故尧、舜、禹、汤之治天下也①,所谓明君也,士民乐之,皆即位百年然后崩,士民犹以为大数也。桀纣所谓暴乱之君也,士民苦之,皆即位数十年而灭,士民犹以为大久也。故夫诸侯者,士民皆爱之,则其国必兴矣;士民皆苦之,则国必亡矣。故夫士民者,国家之所树而诸侯之本也,不可轻也。呜呼!轻本不祥,实为身殃。戒之哉!戒之哉!

【注释】

①尧、舜:古代的两位圣君。禹:夏朝的开国君主。汤:也称天乙、成汤,商朝的开国君主。

【译文】

道,是圣王的行为;文章,是圣王的言辞;恭敬,是圣王的体貌;忠信,是圣王的教导。所谓圣人,是贤能智慧的老师;仁义,是英明君主的秉性。所以尧、舜、禹、汤治理天下,是所说的英明的君主,人民高兴接受他们的统治,都是即位上百年之后去世,人民仍然以为太快了。桀、纣是所说的暴乱之君,人民为他们的统治感到痛苦,都是即位几十年就灭亡了,人民仍然以为太久了。所以那些诸侯,人民都喜爱的,他们的国家一定兴盛;人们都感到痛苦的,他的国家一定会灭亡。所以人民是国家的根基,是诸侯的根本,不可轻视他们。啊!轻视根本不吉利,确实是自身的灾殃。要警戒啊,要警戒啊!

大政下

【题解】

本篇承接上篇"以民为本"的观点，进一步论述君、吏、士、民四者的关系。直接管理人民的是"吏"，因此吏在国家政事中占有重要的地位，提出对吏的选拔，应有民众的参与。这些任命和选拔官吏的标准和方法，在今天国家政治生活中仍然有积极的参考意义。

易使喜、难使怒者，宜为君。识人之功而忘人之罪者，宜为贵。故曰：刑罚不可以慈民，简泄不可以得士①。故欲以刑罚慈民，辟其犹以鞭狎狗也②，虽久弗亲矣；故欲以简泄得士，辟其犹以弧怵鸟也③，虽久弗得矣。故夫士者，弗敬则弗至；故夫民者，弗爱则弗附。故欲求士必至、民必附，惟恭与敬、忠与信，古今毋易矣。渚泽有枯水④，而国无枯士矣。故有不能求士之君，而无不可得之士；故有不能治民之吏，而无不可治之民。故君明而吏贤矣，吏贤而民治矣。故见其民而知其吏，见其吏而知其君矣。故君功见于选吏，吏功见于治民。故劝之其上者由其下⑤，而上睹矣，此道之谓也。故治国家者，行道之谓，国家必宁；信道而不为⑥，国家必空。

故政不可不慎也，而吏不可不选也，而道不可离也。呜呼！
戒之哉！离道而灾至矣。

【注释】

①简泄：怠慢。泄，通"媟"，轻慢。

②辟其犹：譬如。三个虚词连用。狎：戏。

③怵（xù）：引诱。

④渚（zhǔ）：积聚的水。

⑤劝：刘师培认为当作"观"。

⑥信：俞樾认为是"倍"字之讹。

【译文】

　　容易使他高兴、难以使他发怒的人，适合当国君。记得别人的功劳
而忘记别人罪过的人，适合担任要职。所以说：用刑罚不能够爱护人
民，凭轻慢不能够获得贤士。所以想要用刑罚爱护人民，好比是用鞭子
戏弄狗，即使时间再长，也无法让狗亲近你；所以想要凭轻慢获得贤士，
好比用弓来引诱鸟，即使时间再长，也无法获得鸟。所以贤士，不敬重
他们他们不来；所以人民，不爱护他们他们不依附你。所以想让贤士一
定到来、人民一定亲附，只有做到恭和敬、忠和信才行，这是古今不变的
道理。池塘湖泊有水枯的时候，可是国家不存在没有贤士的时候。所
以只有不能求得贤士的国君，却没有不能得到的贤士；所以只有不能管
理好人民的官吏，却没有管理不好的人民。因此国君英明官吏就贤能，
官吏贤能人民就好管理。所以说看见一个国家的人民就知道这个国家
的官吏怎么样，看见一个国家的官吏就知道这个国家的君主怎么样。
国君的功绩主要表现在选取官员方面，官员的功劳则表现在治理人民
方面。所以看一个国家的高层领导如何可以通过下级了解，高层的情
况就清楚了，这就是所说的道。所以治理国家的，只要是遵循了正道
的，国家必定安宁；不遵循正道不按正道去做的，国家必定空虚。所以

国家的治政不能不慎重，官吏不能不选择，正道是不能背离的。啊！要警戒啊！离开正道灾难就来到了。

　　无世而无圣，或不得知也；无国而无士，或弗能得也。故世未尝无圣也，而圣不得圣王则弗起也；国未尝无士也，不得君子则弗助也。圣明①，则士暗饰矣②。故圣王在上位，则士百里而有一人，则犹无有也。故王者衰，则士没矣。故暴乱在位，则士千里而有一人，则犹比肩也③。故国者有不幸而无明君；君明也，则国无不幸而无贤士矣。故自古而至于今，泽有无水，国无无士。故士易得而难求也，易致而难留也。故求士而不以道，周遍境内不能得一人焉；故求士而以道，则国中多有之。此之谓士易得而难求也。故待士而以敬，则士必居矣；待士而不以道，则士必去矣。此之谓士易致而难留也。

【译文】

　　没有哪个时代没有圣人，只是有时没有被发现罢了；没有哪个国家没有贤士，只是有时不能获得罢了。所以每个时代不是没有圣人，只是圣人没有遇到圣王的知遇出来为国家效力；国家不是没有贤士，只是得不到君子的帮助推荐而已。主上圣明，贤士就会暗中修身养性准备报效国家了。所以圣王居君主的高位，每百里有一位贤士，仍然觉得太少就像没有一样。圣王的事业衰落，贤士就隐退了。所以暴乱的君主在位,每千里有一位贤士,仍然觉得人太多。所以国家有不幸和没有明君的时候,并不是缺少贤士;君主英明,国家就不会不幸也不缺乏贤士。因此从古到今,池塘有无水的时候,而国家没有缺乏贤士的时候。所以士人容易找到而贤士难求,贤士容易招来却难留住。所以求得贤士不按照正道,找遍整个国家也不能找到一个;按照正道去寻找贤士,国内贤士就会很多。这就是所说的士人容易找到而贤士难以求得。对待贤士用敬重的态度,贤士就会留下来效力;对待贤士不按正道,贤士必然会离开。这就是所说的贤士容易招来却难留住。

　　王者有易政而无易国^①,有易吏而无易民。故因是国也而为安,因是民也而为治。故汤以桀之乱氓为治^②,武王以纣之北卒为强^③。故民之治乱在于吏,国之安危在于政。故是以明君之于政也慎之,于吏也选之,然后国兴也。故君能为善,则吏必能为善矣;吏能为善,则民必能为善矣。故民之不善也,失之者吏也;故民之善者,吏之功也。故吏之不善也,失之者君也;故吏之善者,君之功也。是故君明而吏贤,吏贤而民治矣。故苟上好之,其下必化之,此道之政也。

【注释】

①易:变易,变换。

②汤:也称天乙、成汤,商朝的开国君主。桀:夏朝最后一位君主,暴君。《谥法》:"贼人多杀曰桀。"氓(méng):老百姓。

③武王:姬发,周朝的开国君主。纣:商朝最后一位君主。《谥法》:"残义损善曰纣。"北:败。

【译文】

君王能变换治理的政策但不能变换国家,可以更换官吏但不能更换人民。因此只能根据这个国家来治理达到安定,根据这些人民来达到治理。所以商汤依靠夏桀的乱民实现治理,周武王依靠商纣王的败逃的士兵变得强大。所以人民的治乱在于官吏,国家的安危在于政治。因此明君对于治政非常慎重,对于官吏要加以选择,然后国家才能兴旺。所以君主能做好事,官吏就能做好事了;官吏能做好事,人民就能做好事了。因此人民不善良,是官吏的过失;人民善良,是官吏的功绩。因此官吏不善良,是君主的过失;官吏善良,是君主的功绩。这样君主英明官吏就贤能,官吏贤能人民就治理得好。因此君上所喜好的,下属必定受到影响发生变化,这是治政的道理。

夫民之为言也,暝也①;萌之为言也②,盲也。故惟上之所扶而以之,民无不化也。故曰:民萌,民萌哉,直言其意而为之名也。夫民者,贤、不肖之材也,贤、不肖皆具焉。故贤人得焉,不肖者伏焉;技能输焉,忠信饰焉。故民者,积愚也。故夫民者虽愚也,明上选吏焉,必使民与焉。故士民誉之,则明上察之,见归而举之③;故士民苦之,则明上察之,见非而去之。故王者取吏不妄,必使民唱④,然后和之。故夫民者,吏之程也⑤,察吏于民,然后随之。夫民至卑也,使之取吏焉,必取其爱焉。故十人爱之有归,则十人之吏也;百人爱之有归,则百人之吏也;千人爱之有归,则千人之吏也;万人爱之有归,则万人之吏也。故万人之吏,选卿相焉。

【注释】

①暝(míng):昏暗。

②萌:通"氓",老百姓。

③归:归附。

④唱：本指领唱，引申为提出，发起。

⑤程：式，指考察的标准。

【译文】

民字的意思是昏暗，萌的意思是愚氓。所以只要君上扶助利用他们，人民没有不受教化的。所以说民氓民氓啊，就是直接指出它的意义来起名的。人民，是成就贤能和无能的材料，贤能和无能都具备。所以贤能的人得到选拔，无能的人就不会露面；有技能的人就能出现，忠信的人就能自我追求进步。人民就是汇集在一起的愚人。人民虽然愚笨，英明的君上选择官吏，一定要让人民参与。因此人民赞誉的，英明的君上加以考察，看到人民归附他，就提拔他做官吏；因此人民痛恨的，英明的君上加以考察，发现不对就罢免他。所以圣王选择官吏不凭空乱来，一定要使人民首先倡议，然后相应。因此人民是官吏的衡量标准，通过人民考察官吏，然后按老百姓的愿望去做。人民是最低下的，让他们选取官吏，一定选他们喜欢的。所以十个人喜爱并归附他，就担任管理十个人的官吏；一百个人喜爱并归附他，就担任管理一百个人的官吏；一千个人喜爱并归附他，就担任管理一千个人的官吏；一万个人喜爱并归附他，就担任管理一万个人的官吏。公卿丞相从这些担任管理一万人的官吏中选举产生。

夫民者，诸侯之本也；教者，政之本也；道者，教之本也。有道，然后教也；有教，然后政治也；政治，然后民劝之；民劝之，然后国丰富也。故国丰且富，然后君乐也。忠，臣之功也；臣之忠者，君之明也。臣忠君明，此之谓政之纲也。故国也者行之纲，然后国臧也①。故君之信在于所信，所信不信，虽欲论信也，终身不信矣。故所信不可不慎也。事君之道，不过于事父，故不肖者之事父也，不可以事君；事长之

道,不过于事兄,故不肖者之事兄也,不可以事长;使下之
道,不过于使弟,故不肖者之使弟也,不可以使下;交接之
道,不过于为身,故不肖者之为身也,不可以接友;慈民之
道,不过于爱其子,故不肖者之爱其子,不可以慈民;居官之
道,不过于居家,故不肖者之于家也,不可以居官。夫道者,
行之于父,则行之于君矣;行之于兄,则行之于长矣;行之于
弟,则行之于下矣;行之于身,则行之于友矣;行之于子,则
行之于民矣;行之于家,则行之于官矣。故士则未仕而能以
试矣。圣王选举也,以为表也②。问之,然后知其言;谋焉,
然后知其极③;任之以事,然后知其信。故古圣王、君子不素
距人④,以此为明察也。

【注释】

①臧:善。

②表:标准。

③极:本指房屋的正梁,引申为最高标准。

④素:平素,指预先。距:通"拒"。

【译文】

人民,是诸侯的根本;教化,是政治的根本;道,是教化的根本。有
道,然后才能施加教化;有教化,然后政事才能得到治理;政事治理好
了,然后人民就会受到鼓励;人民受到鼓励,然后国家就丰饶富裕了。
国家丰饶又富裕了,然后国君就快乐了。忠,是臣下的事情;臣下做到
忠,是由于君主的英明。臣下忠诚君主英明,这就叫作政事的纲领。所
以国家能施行政事的纲领,然后国家就好了。所以君主的信任在于他
信任的人,所信任的人不能信任,即使要讲信任,永远都无法信任。所
以所信任的人不能不慎重。事奉君主的道理,与事奉父亲的道理相同,

因此不成器的儿子事奉父亲的做法,不能用来事奉君主;事奉尊长的道理,与事奉哥哥的道理相同,所以不成器的弟弟事奉哥哥的做法,不能用来事奉尊长;使用下属的道理,与指使弟弟的道理相同,所以不成器的哥哥指使弟弟的做法,不能用来使用下属;与人交往的道理,与对待自己差不多,所以不成器的人对待自己的做法,不能用来接待朋友;爱护人民的道理,与爱护自己的子女相同,所以不成器的人爱护自己子女的做法,不能用来爱护人民;做官的道理,与治家的道理相同,所以不成器的人治家的做法,不能用来做官。这些道理,能在父亲身上做到,就能在君主身上做到;能在哥哥身上做到,就能在尊长身上做到;能在弟弟身上做到,就能在下属身上做到;能在自己身上做到,就能在朋友身上做到;能在儿子身上做到,就能在人民身上做到;能在家庭里做到,就能在官任上做到。因此士人还没有做官就能测试了。圣王选拔官吏,用这些对亲友家庭和自己的态度作为标准。通过询问,然后知道他的言谈;通过一起谋划事情,然后知道他的能力的最高程度;让他担任工作,然后知道他能否值得信任。所以古代的圣王和君子不事先拒绝人,用这些方法来考察清楚。

　　国之治政,在诸侯、大夫、士;察之理,在其与徒①。君必择其臣,而臣必择其所与。故察明者贤乎人之辞②,不出于室,而无不见也;察明者乘人③,不出其官④,而无所不入也。故王者居于中国⑤,不出其国,而明于天下之政。何也？则贤人之辞也。不离其位,而境内亲之者,谓之人为之行之也。故爱人之道,言之者谓之其府⑥;故爱人之道,行之者谓之其礼。故忠诸侯者,无以易敬士也;忠君子者,无以易爱民也。诸侯不得士,则不能兴矣;故君子不得民,则不能称矣。故士能言道而弗能行者谓之器,能行道而弗能言者谓之用,能言之、能行之者谓之实。故君子讯其器⑦,任其用,乘其实⑧,而治安兴矣。呜呼! 人耳人耳!

【注释】

①与:交接。徒:徒党,朋辈。

②贤:崇尚。动词。

③乘:治,指统治。

④官:官府。

⑤中国:国之中,指京城。

⑥之其府:从肺腑出来。之,出。府,通"腑"。

⑦讯:询问。

⑧乘:用。

【译文】

国家的政治,在于诸侯、大夫、士;考察的方法,在于身边任用的人。君主一定要选择他的大臣,而臣下一定要选择他们身边任用的人。所以能够明察的人重视他人的意见,能足不出户,却没有什么不知道;能够明察的人任用人,不出自己的衙门,却没有地方没去过。所以君王住在京城,不出自己的国家,却了解天下的政事。为什么呢? 就是重视他人的意见。不离开自己的宝座,可是四境之内都拥护他,这是说有人为他去推行政策。因此爱惜人才的方法,与他交流言语发自肺腑;爱惜人才的方法,对他做的合乎礼仪。所以忠诚的诸侯,敬重贤士的做法不能改变;忠诚的君子,爱护人民的做法不能改变。诸侯得不到贤士,就不能兴旺;所以君子不能得到人民的拥护,就不能成为君子了。因此士能够讲述道却实行不了的叫作器才,能够实行道却不能讲述的叫作用才,既能讲述又能实行的叫作实才。因此君子询问器才,任用用才,使用实才,国家的治理就安定而兴盛了。啊! 人才啊人才啊!

诸侯即位享国,社稷血食①,而政有命②,国无君也;官有政长而民有所属,而政有命,国无吏也;官驾百乘而食食千人,政有命,国无人也。何也? 君之为言也,考也。故君也者,道之所出也。贤人不举,而不肖人不去,此君无道也,故政谓此国无君也。吏之为言,理也。故吏也者,理之所出也。上为非而不敢谏,下为善而不知劝,此吏无理也,故政谓此国无吏也。官驾百乘而食食千人,近侧者不足以间谏,而由朝假不足以考度③,故政谓此国无人也。呜呼! 悲哉! 君者,群也。无人谁据,无据必蹶④,政谓此国素亡也。

【注释】

①血食:鬼神受牲牢的享祭。

②命:名。

③朝假:朝请。假,请。《吕氏春秋·士容》:"其邻假以买取鼠之狗。"注:"假,犹请也。"

④蹶:跌倒,指垮台。

【译文】

诸侯即位享有封国,社稷享受着牲牢的祭祀,可是政治空有其名,这样的国家没有明君;官衙有主持事务的长官并且人民有所归属,可是政治空有其名,这样的国家没有官吏;官员乘坐的车辆有上百乘,供给官粮的有上千人,可是政治空有其名,这样的国家等于已经没有人了。为什么呢? 君的意思,就是考察。因此,君主是制定正道的人。贤能的人不被推举,而无能的人不离开,这样的君主没有道,所以说这样的国家没有君主。官吏的意思,就是治理。因此,官吏是制定治理措施的人。君上做坏事却不敢进谏,臣下做好事却不知道鼓励,这是官吏没有治理,所以说这样的国家没有官吏。官员乘坐的车辆有上百乘,供给官粮的有上千人,君主身边的人不能提供咨询和劝告,朝请制度不能很好地考核衡量,所以说这样的国家没有人民。哎呀!可悲啊!君主,就是聚集人群的意思。没有人依靠谁呢?没有依靠必定垮台,这样的国家叫作已经灭亡了。

修政语上

【题解】

"修政语",记述古代圣王修政的言语。文中记述了黄帝、颛顼、帝喾、尧、舜、大禹、汤这些圣王修身治国的言论,黄帝的言论以道为要点,颛顼的言论以遵守道义为要点,帝喾、尧的言论以仁爱为要点,舜、大禹以忠信为要点,汤以守道为要点,各有侧重。本篇应是贾谊作太傅时所编的教学资料。

黄帝曰①:"道若川谷之水,其出无已,其行无止。"故服人而不为仇,分人而不谮者②,其惟道矣。故播之于天下而不忘者,其惟道矣。是以道高比于天,道明比于日,道安比于山。故言之者见谓智,学之者见谓贤,守之者见谓信,乐之者见谓仁,行之者见谓圣人。故惟道不可窃也,不可以虚为也。故黄帝职道义③,经天地④,纪人伦,序万物,以信与仁为天下先,然后济东海⑤,入江内,取《绿图》⑥,西济积石⑦,涉流沙⑧,登于昆仑⑨。于是还归中国⑩,以平天下。天下太平,唯躬道而已。

【注释】

①黄帝：传说中古代原始部落联盟的首领。黄帝语在今存古籍中，此书为最早的记录。

②谭（zǔn）：聚在一起议论。

③职：执掌。

④经：与下文"纪"都是治理的意思。

⑤济：渡过。东海：中国地域海在东面，泛称东海，即今黄海一带。

⑥《绿图》：绿色的图案，传说是大治之年出现的吉祥征兆。

⑦积石：山名，即大积石山，在今青海西宁西南。

⑧流沙：沙漠的古称，泛指西北方的沙漠。

⑨昆仑：昆仑山，在今新疆、西藏之间。

⑩中国：古代指华夏民族居住的黄河流域一带，古人认为是天下之中。

【译文】

黄帝说："道好比山谷中的水，源泉没有停止的时候，流淌也没有停止的时候。"所以制服了别人却不跟人接下仇怨，分别人的东西而人也不议论纷纷，大概只有道了。所以传播于天下不会灭绝的，大概只有道了。因此道的高度可以和天相比，道的明亮可以和太阳相比，道的稳固可以和山相比。所以能讲论道的被称作智慧，能学道的人被称作贤能，能坚守道的人被称作诚信，能喜爱道的人被称作仁，能实行道的被称作圣人。因此只有道是无法窃取，无法作假的。所以黄帝执掌道义，治理天下，管理人伦，安排万物，用诚信和仁德作为天下的表率，然后渡过东海，进入长江，获得了《绿图》，往西翻过积石山，越过沙漠，登上昆仑山。于是回到中原地区，平定天下。天下太平，他只是亲自实行道罢了。

帝颛顼曰①："至道不可过也，至义不可易也。"是故以后者复迹也。故上缘黄帝之道而行之，学黄帝之道而赏之②，弗加弗损③，天下亦平也。

【注释】

①颛顼(zhuān xū)：名高阳，黄帝之孙，昌意之子。

②赏：偿，复。指复原。

③弗加弗损："弗加"原作"加而"，依陶鸿庆《读诸子札记》改。

【译文】

颛顼帝说："最高的道是不能超越的，最上乘的义是不能改变的。"因此后来的人只是重复前人道义的踪迹。所以往上沿着黄帝的道去做，学习黄帝的道并实践其道，既不增加也不减少，天下也就达到了太平。

颛顼曰："功莫美于去恶而为善，罪莫大于去善而为恶。"故非吾善善而已也①，善缘善也；非恶恶而已也②，恶缘恶也。吾日慎一日，其此已也。

【注释】

①善善：以善为善。前面的"善"字是意动用法。

②恶恶：以恶为恶。前面的"恶"字是意动用法。

【译文】

颛顼说："功绩没有比去恶为善更美的了，罪恶没有比去善为恶更大的了。"所以我不仅仅以善为善而已，而是喜好沿着善的方向去追求；不仅仅以恶为恶而已，而是憎恶沿着恶的方向去做。我一天比一天谨慎，就这样罢了。

帝喾曰①："缘道者之辞而与为道已，缘巧者之事而学为巧已，行仁者之操而与为仁已。故节仁之器以修其躬，而身专其美矣②。"故士缘黄帝之道而明之，学帝颛顼之道而行之，而天下亦平矣。

【注释】

①喾(kù)：号高辛，玄嚣之孙，黄帝的曾孙。

②专：同"抟"，聚集，拥有。

【译文】

帝喾说："沿着有道者的言论去学习修道，沿着灵巧人做的事去学习灵巧，实行仁人的德操去实行仁。所以用品节仁义来修养自己，自己身上就集中了很多美好的东西了。"因此士人沿着黄帝的道加以发扬光大，学习颛顼的道去做，天下也就太平了。

帝喾曰："德莫高于博爱人，而政莫高于博利人。"故政莫大于信，治莫大于仁。吾慎此而已矣。

【译文】

帝喾说："德没有比广泛地爱人更高的了，而政治没有比广泛地让人民有利更高的了。"所以政治没有比讲诚信更重要的了，治理没有比仁爱更重要的了。我只是在这些方面很谨慎罢了。

帝尧曰①："吾存心于先古，加志于穷民②，痛万姓之罹罪③，忧众生之不遂也④。故一民或饥，曰此我饥之也；一民或寒，曰此我寒之也；一民有罪，曰此我陷之也。"仁行而义立，德博而化富。故不赏而民劝，不罚而民治，先恕而后行，是以德音远也⑤。是故尧教化及雕题蜀、越⑥，抚交趾⑦，身涉流沙，地封独山⑧，西见王母⑨，训及大夏、渠叟⑩，北中幽都⑪，及狗国与人身⑫，而鸟面及焦侥⑬。好贤而隐不逮⑭，强于行而菑于志⑮,率以仁而恕,至此而已矣。

【注释】

①尧:号陶唐氏,古代的圣君。

②穷:困窘。

③罹(lí):遭受。

④遂:成长。

⑤德音:令闻,美好的名声。

⑥雕题:在额头上雕刻丹青,古代南方少数民族的习俗。蜀:上古帝喾的庶子封于蜀,在今四川西部一带。越:古代少数民族,分布在今长江中下游以南。

⑦交趾:地名。帝尧时指五岭以南的地区。

⑧独山:刘师培认为即蜀山氏。

⑨王母:西王母,传说中的神仙,住在昆仑山上的瑶池。

⑩大夏:古国名,在今阿富汗北部。渠叟:古西戎国名。

⑪幽都:即幽州,尧时北方之地。

⑫狗国:古国名。人身:古国名。

⑬鸟面:古国名。焦侥:古国名,所谓矮人国。

⑭隐:使……隐。逮:及。

⑮菑(zī):通"傳",树立。

【译文】

帝尧说:"我向往远古时代,心里想着穷困的民众,哀痛百姓遭受罪过,担忧众生不能很好地生活。所以有一个人挨饿,说,这是我让他挨饿的;一个人受冻,说,这是我让他受冻的;一个人犯了罪,说,这是我使他犯罪的。"仁义都施行树立了,恩德教化广博丰富。所以不加赏赐人民自我受到鼓励,不用惩罚人民自我治理得很好,宽恕在先处罚在后,因此美好的名声传播到远方。因此尧的教化达到了远方刺额的蜀、越民族,安抚到了交趾国,亲自越过沙漠,在蜀国的山上封禅,往西去见西王母,教导到达大夏、渠叟,北边到达幽州,以及狗国、人身国和鸟面,甚至焦侥国。喜爱贤士使不贤的人隐退,行动有力志向远大,率领人民做到仁爱忠恕,不过做到这些罢了。

帝舜曰①:"吾尽吾敬而以事吾上,故见谓忠焉;吾尽吾敬以接吾敌②,故见谓信焉;吾尽吾敬以使吾下,故见谓仁焉。是以见爱亲于天下之人,而见归乐于天下之民,而见贵信于天下之君。故吾详取之以敬也,吾得之以敬也。"故欲明道而谕教,唯以敬者为忠必服之。

【注释】

①舜:古代的圣君,号有虞氏。

②敌:地位相等的人。

【译文】

帝舜说:"我用全部的恭敬来事奉上级,所以被称作忠诚;我用全部的尊敬来接待和我地位相等的人,所以被称作忠信;我用全部的诚敬来指使我的下属,所以被称作仁爱。因此我受到天下人的爱戴和亲近,受到天下人的归附并感到快乐,受到天下诸侯的尊重和信赖。因此我全是凭恭敬取得天下的,全是凭恭敬获得的。"所以想要彰明正道并使人明白教化,只有用恭敬并做到忠诚的人才能一定使人归服。

大禹之治天下也①,诸侯万人而禹一皆知其体,故大禹岂能一见而知之也?岂能一闻而识之也?诸侯朝会而禹亲报之②,故是以禹一皆知其国也;其士月朝而禹亲见之,故是以禹一皆知其体也。然且大禹其犹大恐,诸侯会,则问于诸侯曰:"诸侯以寡人为骄乎?"朔日③,士朝,则问于士曰:"诸大夫以寡人为汰乎④? 其闻寡人之骄之汰耶? 而不以语寡人者,此教寡人之残道也,灭天下之教也。故寡人之所怨于人者,莫大于此也。"

【注释】

①大禹:夏朝的开国君主,因治理洪水有功,舜传位给他。

②朝会:诸侯、臣下朝见天子。春见曰朝,时见曰会。报:回复。

③朔日:每月的初一。

④汰(tài):同"汰",骄纵奢侈。

【译文】

大禹治理天下,诸侯上万人禹全都知道他们国家的情况,士大夫多达万人,可是大禹一一清楚他们的国情。大禹哪能见一次面就能知道他们的情况呢? 难道听到一次他们的情况就能记住吗? 诸侯来朝见禹亲自回复他们,所以禹全部了解他们国家的情况;那些下属的士人每月朝见禹都亲自接见他们,所以禹全部了解他们的情况。尽管这样,大禹仍然非常害怕,诸侯来朝见,就问诸侯说:"诸侯们认为我骄傲吗?"每月初一,士人来朝见,就问士人们说:"大夫们认为我骄奢吗? 听到我骄傲奢侈的事情吗? 要是听到不告诉我的,这是教我损害正道,教我毁灭天下的教化。我能引起别人怨恨的,没有比这更大的了。"

大禹曰:"民无食也,则我弗能使也;功成而不利于民,我弗能劝也。"故釃河而道之九牧①,凿江而道之九路②,洒五湖而定东海③,民劳矣而弗苦者,功成而利于民也。禹尝昼不暇食,夜不暇寝矣。方是时也,忧务故也。故禹与士民同务,故不自言其信而信谕矣,故治天下以信为之也。

【注释】

①瀀：当作"瀹"，疏浚。河：黄河。道：引导。九牧："牧"当从《淮南子》作"歧"。九歧，九条支流。

②江：长江。九路：九条水道。路，道。

③洒：通"釃（shī）"，疏通。五湖：说法不一，按《国语·越语》韦昭注，指太湖以及附近的胥湖、蠡湖、洮湖、滆湖。

【译文】

　　大禹说："人民没有食物，我就不能指使他们了；事情做成了对人民没有好处，我就不能鼓励他们去做什么了。"所以疏通黄河引导河水流向九条支流，开凿长江引导江水流向九条水道，疏通五湖使东海安定不泛滥，人民很劳累却不觉得苦，是因为事情成功了对他们有利。禹曾经白天没有时间吃饭，晚上没有时间睡觉。正当那个时候，为了操劳事务才这样的。所以禹和民众一起做事，他并不谈论自己的诚信，而诚信已经被人民了解了。所以治理天下，要用诚信去治理。

　　汤曰①："学圣王之道者，譬其如日；静思而独居，譬其若火。夫舍学圣之道而静居独思，譬其若去日之明于庭，而就火之光于室也，然可以小见而不可以大知。"是故明君而君子，贵尚学道而贱下独思也②。故诸君子得贤而举之③，得贤而与之④，譬其若登山乎；得不肖而举之，得不肖而与之，譬其若下渊乎。故登山而望，其何不临而何不见？陵迟而入渊⑤，其孰不陷溺？是以明君慎其举而君子慎其与。然后，福可必归，灾可必去也。

【注释】

①汤：也称天乙、成汤，商朝的开国君主。

②贵：以……为贵。尚：通"上"，以……为上。贱：以……为贱。

③举：提拔。

④与：交接。

⑤陵迟：渐渐往下。

【译文】

商汤说："学习圣王的道，好比是太阳；独自苦思冥想，好比是火。放弃学习圣王的道却去独自苦思冥想，好比在厅堂上离开明亮的太阳，到房间里接近火的光亮，这样可以获得小的知识而不能获得大的智慧。"因此英明的君主和君子们，要以学习道为上为重而以独自苦思冥想为下为轻。所以各位君子得到贤能的人才就提拔他，得到贤能的人才就与他交往，好比是登山往高处走；得到无能的人提拔他，得到无能的人与他交往，好比是走向深渊往下走。因此登上高山，有什么不能俯瞰有什么不能看见的呢？渐渐走向深渊，有谁能不陷下去淹死呢？因此英明的君主对提拔的人非常谨慎，而君子对交往的人非常小心。这么做幸福必定来到，灾祸必定远离。

汤曰："药食尝于卑，然后至于贵；药言献于贵①，然后闻于卑。"故药食尝于卑，然后至于贵，教也；药言献于贵，然后闻于卑，道也。故使人味食②，然后食者，其得味也多；若使人味言，然后闻言者，其得言也少。故以是明上之于言也，必自也听之，必自也择之，必自也聚之，必自也藏之，必自也行之。故道以数取之为明③，以数行之为章，以数施之万姓为藏。是故求道者不以目而以心，取道不以手而以耳，致道者以言，入道者以忠，积道者以信，树道者以人。故人主有欲治安之心而无治安之故者，虽欲治显荣也，弗得矣。故治安不可以虚成也，显荣不可以虚得也。故明君敬士、察吏、爱民以参其极^④,非此者则四美不附矣^⑤。

【注释】

①药言:如药之言,指能解决问题病症的言论。

②味:品尝。

③数(shuò):屡次,多次。

④参:参照。极:准则。

⑤四美:四种美好之事。指治、安、显、荣。上文云道不可以窃也,不可以虚为也,治安显荣必以道,所以说不可以虚成也不可以虚得也。

【译文】

商汤说:"药饵和食物先由地位低下的人品尝,然后送给地位高贵的人;有用的言论先献给地位高贵的人,然后让地位低下的人知道。"所以药饵和食物先由地位低下的人品尝,然后送给地位高贵的人,这是教化的需要;有用的言论先献给地位高贵的人,然后让地位低下的人知道,这是合乎道的要求。派人先品尝食物,最后吃这个食物的人,得到的滋味更多;如果先派人品味进献的言论,然后才听到这些言论,得到进献的言论就少了。因此圣明的君上对于言论,一定亲自聆听,一定亲自选择,一定亲自收集,一定亲自保存,一定亲自实践。所以道是获得越多越明白,实行得越多越显明,施加给百姓越多保存得越好。因此寻求道的人不是用眼睛看而是用心去理解,获得道不是用手拿取而是用耳朵听,获得道通过言论,了解道通过忠诚,积累道通过诚信,树立道通过人的实践。所以人主有想要治理安定的愿望却没有治理安定的措施,即使想要名声显赫地位荣耀,也是达不到目的的。因此治理安定是不可能凭空实现的,显赫和荣耀是不可能凭空获得的。因此英明的君主通过敬重贤士、考察官吏和爱护人民来参照上述的准则,不这样做治安显荣就不属于君主了。

修政语下

【题解】

　　本篇接着上篇之后,记述了周文王与鬻子、周武王与鬻子和王子旦、周成王与鬻子的问答之辞,围绕君主与人民的关系论述了君主在国家中的作用、战胜攻取的关键、道在治国中的作用等,是治国经验之谈。本篇所记的内容,亦见《鬻子》。

　　周文王问于鬻子曰①:"敢问君子将入其职,则其于民也何如?"鬻子对曰:"唯②。疑③。请以上世之政诏于君王④。政曰,君子将入其职,则其于民也,旭旭然如日之始出也⑤。"周文王曰:"受命矣。"曰:"君子既入其职,则其于民也,何若?"对曰:"君子既入其职,则其于民也,暯暯然如日之正中⑥。"周文王曰:"受命矣。"曰:"君子既去其职,则其于民也,何若?"对曰:"君子既去其职,则其于民也,暗暗然如日之已入也。故君子将入而旭旭者,义先闻也;既入而暯暯者,民保其福也;既去而暗暗者,民失其教也。"周文王曰:"受命矣。"

【注释】

①周文王:姬昌。周朝的始祖,周武王的父亲。鬻子:名熊,传说中周代的思想家,曾担任周师。

②唯:应答之声,指快速应答尊长。

③疑:疑惑,不明白。

④诏:告知。用于上对下。

⑤旭旭然:日出时光明灿烂的样子。

⑥暯暯(mò)然:章太炎认为"暯"是"暵"之讹。暵暵(hàn)然,指日中光明的样子。

【译文】

　　周文王问鬻子说:"请问君子即将就职的时候,对老百姓应该怎么样?"鬻子回答说:"好。我不太清楚。请让我把前代的治理标准告诉君王。是这样说的:君子即将就职的时候,对于老百姓,光明灿烂如同太阳刚刚升起一样。"周文王说:"我领教了。"又问:"君子就职之后,对老百姓应该怎么样?"鬻子回答说:"君子就职之后,对于老百姓,光明普照如同太阳正在中午一样。"周文王说:"我领教了。"又问:"君子离开职位之后,对老百姓应该怎么样?"鬻子回答说:"君子离开职位之后,对于老百姓,一片昏暗如同太阳落山一样。所以君子即将就职显得光明灿烂,指的是道义先就闻名了;就职之后显得光明普照,指的是老百姓享有他带来的幸福;离开职位之后显得一片昏暗,指的是老百姓失去了他的教诲。"周文王说:"我领教了。"

　　周武王问于鬻子曰①:"寡人愿守而必存,攻而必得,战而必胜,则吾为此奈何?"鬻子曰:"唯。攻守而胜乎同器②,而和与严其备也③。故曰:和可以守而严可以守,而严不若和之固也;和可以攻而严可以攻,而严不若和之得也;和可以战而严可以战,而严不若和之胜也。则唯由和而可也。故诸侯发政施令,政平于人者,谓之文政矣;诸侯接士而使吏,礼恭于人者,谓之文礼矣;诸侯听狱断刑,仁于治,陈于行④。其由此守而不存,攻而不得,战而不胜者,自古而至于今,自天地之辟也,未之尝闻也。今也,君王欲守而必存,攻而必得,战而必胜,则唯由此也为可也。"周武王曰:"受命矣。"

【注释】

①周武王:姬发,文王之子,周朝的开国国君,年八十三嗣位,第二年观兵于郊,三年克商,在位十年,年九十三,谥曰武王。

②乎:于。器:本指器械,这里指条件。

③和:和谐,平和。严:威严,严厉。

④陈(zhèn):同"阵",布阵。行:行列。

【译文】

周武王问鬻子说:"我希望防守一定能守住,攻战一定能夺取,作战一定能取胜,那么我怎么去做?"鬻子说:"好。进攻和防守取胜的条件相同,平和与严厉都可以作为装备。因此说:采用平和的方式可以防守,采用严厉的方式也可以防守,可是采用严厉的方式不如采用平和的方式守得稳固;采用平和的方式可以进攻,采用严厉的方式也可以进攻,可是采用严厉的方式不如采用平和的方式获得的战果大;采用平和的方式可以作战,采用严厉的方式也可以作战,可是采用严厉的方式不如采用平和的方式获得胜利的效果好。那么,只有采用平和的方式才是最合适的。所以诸侯发布政令,治政比较平和的,称作文明的政治;诸侯接待士人使用官吏,礼仪比别人恭敬的,称作文明的礼仪;诸侯断案量刑,治理采用仁爱,在军队的行列摆出阵势,都可以体现出来。采用平和的方式，防守不能守住，进攻不能夺取，作战不能取胜，从古到今，自天地开辟以来，还没有听说过。如今，君王想要防守一定能守住，攻战一定能夺取，作战一定能取胜，只有采用平和的方式才是最合适的。"周武王说："我领教了。"

周武王问于王子旦曰①："敢问治有必成而战有必胜乎？攻有必得而守有必存乎？"王子旦对曰："有。政曰诸侯政平于内而威于外矣，君子行修于身而信于舆人矣②。治民民治，而荣于名矣。故诸侯凡有治心者，必修之以道而与之以敬，然后能以成也；凡有战心者，必修之以政而兴之以义，然后能以胜也；凡有攻心者，必结之以约而谕之以信，然后能以得也；凡有守心者，必固之以和而谕之以爱，然后能有存也。"周武王曰："受命矣。"师尚父曰③："吾闻之于政也，曰：天下圹圹④，一人有之；万民藂藂⑤，一人理之。故天下者，非一家之有也，有道者之有也。故夫天下者，唯有道者理之，唯有道者纪之，唯有道者使之，唯有道者宜处而久之。故夫天下者，难得而易失也，难常而易亡也。故守天下者，非以道则弗得而长也。故夫道者，万世之宝也。"周武王曰："受命矣。"

【注释】

①王子旦：即周公旦，姓姬名旦，周文王之子，周武王之弟，辅佐周武王灭商有功，封于鲁。武王崩，成王幼小，周公代理国政。

②舆人：众人。

③师尚父：即姜尚，号太公望，周文王的老师，辅佐周武王伐商，尊

为"师尚父",封于齐。

④圹圹(kuàng)：空阔的样子。

⑤藂藂(cóng)：众多的样子。藂，同"丛"。

【译文】

周武王问周公旦说："请问有治理一定成功而战争一定取胜的吗？有攻取一定夺取而防守一定能守住的吗？"周公旦回答说："有。前代圣王的政令说：诸侯的国内政治清明，社会安定就能扬威名于国外了，有道德的君主注意自己的道德修养和举动，就能取得民众的信任。治理人民人民得到了治理，名声就能荣耀了。所以诸侯凡是有治理好国家的愿望的，必定遵循正道并真诚地去对待，然后就能成功；凡是有战争的愿望的，必定处理好政事并依照道义去发动战争，然后能够取胜；凡是有攻取的愿望的，必定用盟约团结军队并让战士知道诚信一定兑现，然后能够获得；凡是有防守的愿望的，必定用和睦团结战士并让他们知道对他们的仁爱，然后能够守住。"周武王说："我领教了。"太公望说："我听说过古代治政标准，是这样说的：天下辽阔，一个人享有它；人民众多，一个人管理他们。所以天下，并不是一家的天下，而是掌握正道的人享有它。所以天下，只由掌握正道的人来治理它，只由掌握正道的人来统治它，只由掌握正道的人来指使它，只由掌握正道的人来占据并长久享有它。所以天下难以得到而容易丧失，难以长久拥有而容易灭亡。所以守护天下的人，不掌握正道就不能得到，即使得到也不能长久。所以，道是世世代代的珍宝。"周武王说："我领教了。"

周成王年二十岁即位享国①，亲以其身见于鬻子之家而问焉，曰："昔者先王与帝修道而道修，寡人之望也，亦愿以教，敢问兴国之道奈何？"鬻子对曰："唯。疑。请以上世之政诏于君王。政曰：兴国之道，君思善则行之，君闻善则行之,君知善则行之,位敬而常之,行信而长之,则兴国之道也。"周成王曰:"受命矣。"

【注释】

①周成王:姬诵,周武王之子,在位三十七年,谥曰成王。

【译文】

周成王二十岁时登上王位治理国家,他亲自到鬻子家里请教,说:"过去先王与您建立了一套治理国家的方法,并且运用它来治理国家,这是我的愿望,希望您教导我,请问使国家兴盛的方法是什么?"鬻子回答说:"好。我不太清楚。请让我用前代的治政标准告诉您。是这样说的:使国家兴盛的方法,君主想到善事就去做,听到善事就去做,知道善事就去做,恭敬待人长期保持,讲求信用长期坚守,这就是使国家兴盛的方法。"周成王说:"我领教了。"

周成王曰:"敢问于道之要奈何①?"鬻子对曰:"唯。疑。请以上世之政诏于君王。政曰:为人下者敬而肃②,为人上者恭而仁③,为人君者敬士爱民,以终其身。此道之要也。"周成王曰:"受命矣。"

【注释】

①要:要领,关键。

②为人下者:指下级官吏和普通百姓。

③为人上者:指掌握要职的上层官吏。

【译文】

周成王说:"请问治道的关键是什么?"鬻子回答说:"好。我不太清楚。请让我用前代的治政标准告诉您。是这样说的:下级官吏和百姓既恭敬又严肃,上层官吏既恭敬又仁爱,君主敬重士人爱护人民,终身都去做。这是治道的关键。"周成王说:"我领教了。"

周成王曰:"敢问治国之道若何?"鬻子曰:"唯。疑。请以上世之政诏于君王。政曰:治国之道,上忠于主,而中敬其士,而下爱其民。故上忠其主者,非以道义则无以入忠也;而中敬其士,不以礼节无以谕敬也;下爱其民,非以忠信则无以谕爱也。故忠信行于民,礼节谕于士,道义入于上,则治国之道也。虽治天下者,由此而已。"周成王曰:"受命矣。"

【译文】

周成王说:"请问治理国家的方法是什么?"鬻子说:"好。我不太清楚。请让我用前代的治政标准告诉您。是这样说的:治理国家的方法,对上忠于君主,中间敬重士人,对下爱护老百姓。因此,对上忠于君主的,不按道义去做就无法做到忠;中间敬重士人,不按礼节对待就无法让人知道是敬重;对下爱护老百姓,不讲忠信就无法让老百姓懂得是仁爱。所以忠信施加到人民,礼节让士人明白,道义进献给君上,这就是治国的方法。即使是治理天下,也不过用这些方法罢了。"周成王说:"我领教了。"

周成王曰:"寡人闻之,有上人者,有下人者;有贤人者,有不肖人者;有智人者,有愚人者。敢问上下之人,何以为异?"鬻子对曰:"唯。疑。请以上世之政诏于君王。政曰:凡人者,若贱若贵,若幼若老,闻道志而藏之①,知道善而行之,上人矣;闻道而弗取藏也,知道而弗取行也,则谓之下人也。故夫行者善则谓之贤人矣,行者恶则谓不肖矣。故夫言者善则谓之智矣,言者不善则谓之愚矣。故智、愚之人有其辞矣②,贤、不肖之人别其行矣,上下之人等其志矣③。"周成王曰:"受命矣。"

【注释】

①志:记住。

②有其辞:指从言辞上可以区分。

③等:等差。

【译文】

周成王说:"我听说,有上等人,有下等人;有贤能的人,有无能的人;有聪明人,有愚笨的人。请问上等人和下等人有什么区别呢?"鬻子说:"好。我不太清楚。请让我用前代的治政标准告诉您。是这样说的:凡是人,地位有的低有的高,有的年幼有的年老,听到道理记在心里保存起来,知道是好的东西就去做,这是道德高尚的人;听到道理不能记住加以保存,懂得了某种道义而不照着去做,这就叫作才能庸劣的人。所以做的事情好就叫作贤能的人,做的事情坏就叫作无能的人。所以言论有道理就叫作聪明人,言论没有道理就叫作愚笨的人。因此聪明人和愚笨人可以从言论上加以区分,贤能人和无能人可以从行为上加以区分,道德高尚的人和才能庸劣的人可以从思想上加以区分。"周成王说:"我领教了。"

周成王曰:"寡人闻之,圣王在上位,使民富且寿云。若夫富则可为也,若夫寿则不在天乎?"鬻子曰:"唯。疑。请以上世之政诏于君王。政曰:圣王在上位,则天下不死军兵之事。故诸侯不私相攻,而民不私相斗阋^①,不私相煞也^②。故圣王在上位,则民免于一死而得一生矣。圣王在上,则君积于道,而吏积于德,而民积于用力。故妇为其所衣,丈夫为其所食,则民无冻馁矣^③。圣王在上,则民免于二死而得二生矣。圣王在上,则君积于仁,而吏积于爱,而民积于顺,则刑罚废矣,而民无夭遏之诛^④。故圣王在上,则民免于三死而得三生矣。圣王在上,则使民有时,而用之有节,则民无厉疾^⑤。故圣王在上,则民免于四死而得四生矣。故圣王在上,则使盈境内兴贤良,以禁邪恶。故贤人必用,而不肖人不作,则已得其命矣。故夫富且寿者,圣王之功也。"周成王曰:"受命矣。"

【注释】

①斗阋(xì):争斗。

②煞:通"杀"。

③馁(něi):饥饿。

④夭遏:夭折。

⑤厉疾:泛指疾病。厉:同"疠",本指疫病,即传染病。

【译文】

周成王说:"我听说,圣王在最高的位置上,使人民富裕并且长寿等等。如果说到富裕还可以做到,说到长寿不是由天决定的吗?"鬻子说:"好。我不太清楚。请让我用前代的治政标准告诉您。是这样说的:圣王在最高的位置上,天下人不因为战争死去。因此诸侯不因私事互相攻打,百姓不因私事互相争斗,不因私人恩怨互相厮杀。所以圣王在最高的位置上,人民免去一次死亡而得到一次生存的机会。圣王在最高的位置上,君主集中精力做合道的事,官吏集中精力做恩德的事,老百姓集中精力做出力的事。因此妇女从事纺织,男子从事耕种,百姓就不会遭受饥寒了。所以圣王在最高的位置上,人民就免去两次死亡而得到两次生存的机会了。圣王在最高的位置上,君主集中精力做仁道的事,官吏集中精力做关爱的事,老百姓集中精力做服从的事,刑罚就废除了,百姓不受刑罚而早早死亡。所以圣王在最高的位置上,人民就免去三次死亡而得到三次生存的机会了。圣王在最高的位置上,使用民力不耽误农业生产的季节,使用财力有一定的节制,百姓就不会生大病。所以圣王在最高的位置上,人民就免去四次死亡而得到四次生存的机会了。因此圣王在最高的位置上,就使整个国家起用贤能良善的人,禁止奸邪作恶的人。所以贤能的人必定起用,而无能的人不能出现,人民就已经能保全老天赐予的性命了。所以人民富裕而且长寿,是圣王的功绩。"周成王说:"我领教了。"

礼容语上（阙）

礼容语下杂事

【题解】

"礼容语",合乎礼制要求的仪容和言语。文中记录了春秋时期的三个故事:第一个故事是叔孙昭子与鲁元公宴饮失态,结果两人先后死去;第二个故事是叔向会见单靖公,举止言谈合乎礼仪,印证靖公辅政后周王室复兴;第三个故事是晋厉公带着晋国郤氏三卿会见诸侯时失态,印证晋厉公和三卿先后死去。用这些故事说明仪容言谈合乎礼仪的重要性。本篇是《容经》篇的说明材料,可以相互参看。

鲁叔孙昭聘于宋①,宋元公与之燕②,饮酒乐。昭子右坐,歌终而语,因相泣也。乐祁曰③:"过哉!君。非哀所也。"已而告人曰:"今兹君与叔孙其皆死乎!吾闻之,哀乐而乐哀,皆丧心也。心之精爽④,是谓魂魄,魂魄已失,何以能久?且吾闻之,主民者不可以偷⑤,偷必死。今君与叔孙其语皆偷,死日不远矣。"居六月,宋元公薨⑥。间一月,叔孙婼卒⑦。

【注释】

①叔孙昭:叔孙昭子,即叔孙婼,春秋鲁大夫叔孙豹之子,谥昭子。

聘于宋：其事见《左传》昭公二十五年。

②宋元公：宋国国君，公元前531—前517年在位。燕：通"宴"，宴饮。

③乐祁：乐师，名祁。

④精爽：精神。

⑤偷：苟且，草率，随便。

⑥薨：死。诸侯死曰薨。

⑦卒：死。大夫死曰卒。

【译文】

　　鲁国叔孙昭子到宋国访问，宋元公和他一起宴饮，喝酒喝得很高兴。叔孙昭子坐在右边，乐歌演奏完了之后互相交谈，于是相对哭了起来。乐祁说："过分了，国君。这不是伤心的地方。"宴饮之后告诉别人说："今年内，国君和叔孙昭子大概都会死去吧！我听说，在快乐的场合表现出悲哀或者在悲哀的场合表现出快乐，都是丧失心境的事。心的精神，叫作魂魄，魂魄已经丧失，怎么能长久呢？况且我听说，主宰百姓的君主不可以随随便便，随随便便必定死亡。如今国君和叔孙昭子说的话都很随便，离死的日子不远了。"过了六个月，宋元公死了。又隔了一个月，叔孙婼也死了。

　　晋叔向聘于周①，发币大夫②。及单靖公③，靖公享之，俭而敬，宾礼赠贿同④，是礼而从。享燕无私，送不过郊，语说《昊天有成命》⑤。

【注释】

①叔向：即羊舌肸，羊舌职之子，晋国大夫。

②币：礼物。

③单(shàn)靖公：周王室卿士，单襄公之孙，顷公之子。

④贿:礼品。

⑤《昊天有成命》:《诗经·周颂》中的一篇。

【译文】

晋国叔向到周王室访问,向大夫们颁发礼品。送到单靖公,单靖公设宴款待叔向,既简朴又恭敬,接待叔向的礼节和回赠的礼品也相同,一切按照礼节办。宴席上不谈私人的事情,送别不越过城郊,交谈间称说《诗经·周颂·昊天有成命》。

既而叔向告人曰:"吾闻之曰,一姓不再兴。今周有单子以为臣,周其复兴乎?昔史佚有言曰①:'动莫若敬,居莫若俭,德莫若让,事莫若资②。'今单子皆有焉。夫宫室不崇,器无虫镂③,俭也;身恭除洁④,外内肃给,敬也;燕好享赐⑤,虽欢不逾等,让也;宾之礼事,称上而差,资也;若是而加之以无私,重之以不佻,能辟怨矣。居俭动敬,德让事资,而能辟怨,以为卿佐,其有不兴乎?

【注释】

①史佚:周文王、周武王时太史。

②资:少有过失,指周全。

③虫镂:雕刻鸟兽虫鱼等花纹。

④除:宫殿的台阶,泛指宫殿。

⑤燕好:设宴款待结交友情。

【译文】

事后叔向告诉别人说:"我听说,一个姓氏的王朝不会两度兴盛。如今周王室有单靖公作为臣子,周王室大概会再度兴盛吧。从前史佚这样说过:'举动没有比恭敬更重要的了,居家没有比俭朴更重要的了,品德没有比谦让更重要的了,事情没有比考虑周全更重要的了。'如今单靖公都具备了。住的宫室不高大,用具不雕刻花纹,这是俭朴;体态恭敬宫殿整洁,朝廷内外庄重周备,这是恭敬;设宴款待赠送礼品,即使交情好也不超过等级,这是谦让;接待宾客礼仪事务,符合君主的地位而有等差,这是考虑周全;像这样再加上没有私心,再加上不奢侈,能够避免怨恨了。居家俭朴,举动恭敬,品德谦让,办事周全,又能避免怨恨,让他担任辅佐卿相,还会不兴盛吗?

"夫《昊天有成命》,颂之盛德也。其诗曰:'昊天有成命^①,二后受之^②,成王不敢康,夙夜基命宥谧。'谧者,宁也,亿也;命者,制令也;基者,经也,势也^③;夙,早也;康,安也;后,王也;二后,文王、武王。成王者,武王之子,文王之孙也。文王有大德而功未就,武王有大功而治未成。及成王承嗣,仁以临民,故称'昊天'焉。不敢怠安,蚤兴夜寐^④,以继文王之业。布文陈纪,经制度,设牺牲,使四海之内懿然葆德,各遵其道,故曰'有成'。承顺武王之功,奉扬文王之德,九州之民、四荒之国歌谣文、武之烈,累九译而请朝,致贡职以供祀,故曰'二后受之'。方是时也,天地调和,神民顺亿^⑤,鬼不厉祟^⑥,民不谤怨,故曰'宥谧'。成王质仁圣哲,能明其先,能承其亲,不敢惰懈,以安天下,以敬民人。今单子美说其志也,以佐周室,吾故曰'周其复兴乎'。"故周平王既崩以后^⑦,周室稍稍衰弱不坠,当单子之佐政也,天子加尊,周室加兴。

【注释】

①昊天：上天。昊，大。成命：所成之命。

②二后：周文王、周武王。后，君。

③势：俞樾认为是"埶"字之讹，设立标准的意思。

④蚤：通"早"。

⑤亿：安宁。

⑥厉祟：恶鬼作祸。

⑦周平王：姬宜臼，公元前770—前720年在位。

【译文】

"《昊天有成命》，是歌颂盛大的品德的。那诗里说：'上天有所成的命令，周文王、周武王接受了它，周成王不敢安逸，早起晚睡经营这个命令达到宽厚安宁。'谧，是安的意思，宁的意思；命，是制定命令的意思；基，是经营的意思，设立标准的意思；凤，是早的意思；康，是安的意思；后，是王的意思；二后，指的是周文王、周武王。成王，是武王的儿子，文王的孙子。文王有伟大的德行可是灭殷的大功没有完成，武王完成了灭殷的大功但没有完成大治。等到成王继位，用仁爱统治百姓，所以称为'昊天'。不敢怠惰安逸，早起晚睡，来继承文王的事业。颁布礼乐制度，宣布法纪，修订制度，制定祭祀用品，使四海之内的人民保持美好的品德，各自遵循正道，所以叫作'有成'。遵循继承武王的功业，奉持发扬文王的美德，九州的百姓、四方边远的国家歌颂文王、武王的业绩，经过多次辗转翻译请求朝见天子，送上贡品供应祭祀，所以说'二后受之'。在那个时候，天地间风调雨顺，鬼神和人民都很安宁，恶鬼不形成灾祸，人民不怨恨批评，所以说'宥谧'。周成王本质仁爱英明，能光大祖先，能继承父亲的遗愿，不敢怠惰松懈，来使天下安定，来使人民尊敬。如今单靖公喜欢这首诗的主旨，用来辅佐周王室，我所以说'周王室大概要再次兴盛了'。"所以周平王去世后，周王室渐渐衰落而没有灭亡，当单靖公辅佐朝政的时候，天子地位比以前受到尊重了，周王室也比以前兴盛了。

　　晋之三卿，郤锜、郤犨、郤至①，从晋厉公会诸侯于柯陵②，周单襄公在会③。晋厉公视远步高。郤锜见单子，其语犯；郤犨见，其语讦④；郤至见，其语伐⑤；齐国佐见，其语尽。

【注释】

①郤锜(xì qí)：驹伯，郤克之子。郤犨(chōu)：郤锜的族父，步扬之子苦成叔。郤至：郤犨弟弟的儿子温季昭子。

②晋厉公：州蒲，晋成公之孙，晋景公之子。柯陵：地名，在今山东东阿东南。

③单襄公：单朝之谥，周王室卿士。

④讦(xū)：夸诞。

⑤伐：夸耀。

【译文】

　　晋国的三位卿，郤锜、郤犨、郤至，跟从晋厉公在柯陵与诸侯相会，周单襄公也参与了会见。晋厉公目光看得很远脚步抬得很高。郤锜见单襄公，言语冒犯；郤犨见单襄公，言语虚假夸诞；郤至见单襄公，言语夸耀；齐国国佐见单襄公，言语直白无所隐讳。

　　单襄公告鲁成公曰①："晋将有乱，其君与三郤其当之乎?"鲁侯曰②："寡人固晋而强其君，今君曰:'将有乱'，敢问天道? 意人故乎③?"

【注释】

①鲁成公：鲁宣公之子黑肱，公元前 590—前 573 年在位。

②鲁侯：即鲁成公，爵位为侯。

③意：通"抑"。

【译文】

单襄公告诉鲁成公说："晋国将会发生内乱，晋国国君和三郤可能会遇上吧？"鲁成公说："我认为晋国很巩固国君也强有力，现在您说'将会发生内乱'，请问这是天的规律，还是人为的缘故呢？"

对曰："吾非诸史也①，焉知天道？吾见晋君之容，而听三郤之语矣，殆必有祸矣。君子目以正体，足以从之，是以观容而知其心。今晋侯视远而足高，目不在体而足不步目②，其心必异矣。体目不相从，何以能久？夫合诸侯，国之大事也。于是观存亡之征焉。故国将有福，其君步言视听，必皆得适顺善，则可以知德矣。视远曰绝其义，足高曰弃其德，言爽曰反其信③，听淫曰离其名④。夫目以处义，足以践德，口以庇信⑤，耳以听名者也，故不可不慎也。偏亡者有咎，既亡则国从之。今晋侯无一可焉，吾是以云。

【注释】

①诸史：史官的总称。《周礼》有大史、小史、内史、外史等官职。

②在：察。

③爽：贰。指言语前后不一致。

④淫：滥。指不能听取正确意见。

⑤庇：覆。指言行相覆。

【译文】

单襄公回答说:"我不是史官,哪里知道天的规律呢? 我看见晋国国君的仪容,并听到三郤的言语,知道大概一定有灾祸了。君子的目光是用来保持身体平正的,脚随着目光和身体的指使行走,因此观察体态能知道内心。如今晋厉公目光远视脚步很高,目光不顾及身体,脚步不跟随目光,他的内心一定有异样的情况。身体和目光不相应,怎么能长久呢? 会合诸侯,是国家的大事。在这种场合,可以看到存亡的征兆。所以国家将有好福气,它的君主行走说话观察和聆听,必定都适宜得体合乎标准,由此可以了解他的品德了。目光看得太远叫做断绝了仁义,脚步抬得过高叫做抛弃了美德,言语不一叫做违反了诚信,聆听混乱叫做背离了正名。眼睛是用来表现仁义的,脚步是用来履行恩德的,嘴巴是用来保持诚信的,耳朵是用来听取物名的,所以不能不谨慎。哪个方面丧失了功能会导致灾祸,国家也会跟着发生灾祸。现在晋国国君没有一样是好的,所以我说将会发生内乱。

"夫郤氏,晋侯之宠人也①。是族在晋,有三卿、五大夫,贵矣,亦可以戒惧矣。今郤伯之语犯,郤叔讦,郤季伐;犯则凌人②,讦则诬人③,伐则掩人④。有是宠也,而益之以三怨,其谁能忍之? 齐国武子亦将有祸⑤。齐,乱国也。立于淫乱之朝,而好尽言以暴人过,怨之本也。惟善人能受尽言,今齐既乱,其能善乎?"

【注释】

①宠:地位高。

②凌:欺凌。

③讦:欺骗。

④掩：掩盖。指掩盖别人美好的方面。

⑤国武子：指国佐。

【译文】

郤氏家族，是晋国君主恩宠的人。这个家族在晋国，有三位卿、五个大夫，地位很高了，也应该警戒恐惧了。如今郤锜说话冒犯，郤犫说话虚假夸诞，郤至说话夸耀；冒犯就会欺凌人，虚假夸诞就会欺骗人，夸耀就会掩盖人。有这样的恩宠，再加上三种怨恨，还有谁能忍受呢？齐国的国佐也将会有灾祸。齐国，是局势动荡的国家。在动荡的朝廷里做官，并喜欢尽情揭露别人的过失，这是怨恨的源头。只有良善的人才能接受人们的直言，如今齐国已经乱了，哪能有好结果呢？”

居二年，晋杀三卿。明年，厉公弑于东门。是岁也，齐人果杀国武子。《诗》曰：“敬之敬之，天惟显思，命不易哉！毋曰高高在上，陟降厥士，日监在兹。维予小子，不聪敬止，日就月将，学有缉熙于光明，佛时仔肩，视我显德行①。”故弗顺弗敬，天下不定，忘敬而怠，人必乘之②。呜呼！戒之哉！

【注释】

①“《诗》曰”几句：见《诗经·周颂·闵予小子之什·敬之》。小子，指继位的君王。就，接近。将，行。缉熙，光明。佛，通“辅”。时，是。仔肩，任。

②乘：欺凌。

【译文】

过了两年，晋国杀掉了三卿。第二年，晋厉公在东门被杀。这一年，齐国果然杀掉了国佐。《诗经·周颂·闵予小子之什·敬之》里说：“要恭敬啊要恭敬，上天是明察的，天命是不可改变的！不要说苍天高高在上，它派了使者上上下下，天天在这里监视。继位的君王只是上天的小子，不够聪明不够恭敬，每天接近一点每月进步一点，学习光明再光明，辅助承担上天赋予的责任，显示我的好德行。"所以不顺从不恭敬，天下不会安定，忘记恭敬而怠惰，别人一定会欺凌。啊，要警戒啊！

胎教_{杂事}

【题解】

"胎教",孕妇在怀孕期间对于视听言行都谨慎其事,使胎儿受到良好的影响,称为胎教。本篇基于人性有善有恶的观点,阐发要注重环境和生活习惯对胎儿教育上的重大意义,强调胎教。文中前半部分,引用古代典籍,记述了胎教的起源和各种相关的礼仪。后半部分用周成王所受的教育论证人主左右不可不加以选择,并用前代兴亡的事例加以证明。本篇的教育观点,与《保傅》篇相参。大部分文字,见《大戴礼记·保傅》。

《易》曰:"正其本而万物理,失之毫厘,差以千里①。"故君子慎始。《春秋》之元②,《诗》之《关雎》③,《礼》之冠婚④,《易》之乾坤⑤,皆慎始敬终云尔。

【注释】

①"《易》曰"几句:见《易说》(《大戴礼记》卢辩注),今见《易纬·通卦验》。

②《春秋》:儒家经典,相传为孔子根据鲁国史书改编,对历史事件和人物多有褒贬,所谓微言大义,是第一部编年体史书。

③《诗》:即《诗经》,儒家经典,收录了三〇五篇诗歌,富含教化内
　容。《关雎》:《诗经》中的第一篇,主旨在于反映后妃之德。
④《礼》:《仪礼》,儒家经典。冠婚:冠礼和婚礼。
⑤《易》:《易经》,儒家经典之一。乾坤:乾卦和坤卦。

【译文】

《易》里说:"把根本摆正万事万物就有条理了,偏了一厘一毫,就会相差千里。"所以君子对事情的开始非常慎重。《春秋》中的元年,《诗经》中的《关雎》,《仪礼》中的冠礼和婚礼,《易经》中的乾卦和坤卦,都是慎重地对待事情的开始和恭敬地对待事情的结局的意思。

　　素成①,谨为子孙婚妻嫁女,必择孝悌世世有行义者。如是,则其子孙慈孝,不敢淫暴,党无不善②,三族辅之③。故凤凰生而有仁义之意,虎狼生而有贪戾之心,两者不等,各以其母。呜呼! 戒之哉! 无养乳虎,将伤天下。故曰"素成"。胎教之道,书之玉版,藏之金柜,置之宗庙,以为后世戒。

【注释】

①素成:豫成。豫,通"预"。《国语·吴语》:"夫谋必素见成事焉,而后履之。"韦昭注:"素,犹豫也。"
②党:类。指亲族。
③三族:父族、母族、亲族。

【译文】

　　预备成事,谨慎为子孙婚娶嫁女,必须选择代代孝悌有义行的人。如此,子孙就会慈爱孝敬,不敢放纵凶暴,亲戚没有不好的人,父亲、母亲、妻子三个家族共同辅助孩子们成长。所以凤凰生来就有仁义的心

意,虎狼生来就有贪婪凶残的歹心,两种动物不一样,各自因为各自的母亲不同。啊! 要警戒啊! 不要养小老虎,将来会伤害天下。所以说"预备成事"。胎教的道理,写在玉制的板子上,藏在金柜中,放在宗庙里,作为后代的戒律。

青史氏之《记》曰①:"古者胎教之道,王后有身,七月而就蒌室②。太师持铜而御户左③,太宰持斗而御户右④,太卜持蓍龟而御堂下⑤,诸官皆以其职御于门内。比三月者,王后所求声音非礼乐,则太师抚乐而称不习⑥;所求滋味者非正味,则太宰荷斗而不敢煎调⑦,而曰不敢以侍王太子。太子生而泣,太师吹铜曰声中某律,太宰曰滋味上某,太卜曰命云某。

【注释】

①青史氏之《记》:青史氏,古代史官,《汉书·艺文志》记载有《青史子》五十三篇。

②蒌(lóu)室:《大戴礼记》作"宴室",即侧室。

③太师:乐师,掌管音律。铜:律管。御:待。左:左为阳。音乐为阳,所以在左。

④太宰:掌管膳食的官员。斗:舀水的勺。右:右为阴。饮食为阴,所以在右。

⑤太卜:也称卜正,掌管卜筮的官员。蓍(shī)龟:蓍草和龟甲,古时占筮用具。筮用蓍草,卜用龟甲。

⑥抚:按。乐:乐器。

⑦荷:提着。

【译文】

青史氏写的《记》里说:"古时候胎教的道理,王后怀孕七个月就到侧室里住下。太师拿着铜律管站在房门左边,太宰拿着水勺站在房门右边,太卜拿着蓍草和龟甲站在堂下,各类官员都按照各自的职责站在大门里面。等到三个月,王后要求欣赏的音乐不是合乎礼的雅乐,太师就会按住乐器说没有学习而不演奏;要求饮食的滋味不是正味,太宰就会提着水勺不敢烹调,说不敢用这种饮食对待王太子。太子出生时啼哭,太师吹奏铜管宣称说声音合乎某种音律,太宰宣称说呈上某种滋味的饮食,太卜宣称说占卜的结果是什么。

然后,为王太子悬弧之礼义①。东方之弧以梧②,梧者,东方之草,春木也;其牲以鸡③,鸡者,东方之牲也。南方之弧以柳,柳者,南方之草,夏木也;其牲以狗,狗者,南方之牲也。中央之弧以桑,桑者,中央之木也;其牲以牛,牛者,中央之牲也。西方之弧以棘④,棘者,西方之草也,秋木也;其牲以羊,羊者,西方之牲也。北方之弧以枣,枣者,北方之草,冬木也;其牲以豖⑤,豖者,北方之牲也。五弧五分矢⑥,东方射东方,南方射南方,中央高射,西方射西方,北方射北方,皆三射。其四弧具,其余各二分矢,悬诸国四通门之左⑦;中央之弧亦具,余二分矢,悬诸社稷门之左⑧。

【注释】

①悬弧:悬挂弓。弧,指弓。古代风俗,男孩出生,在门的左边悬挂一张桑树枝做的弓,取"桑弧蓬矢,以射四方"的意思。义:同"仪"。

②梧:梧桐。

③牲：祭祀用的祭品。

④棘：酸枣树。

⑤彘(zhì)：猪。

⑥五分矢：分配五支箭。

⑦四通门：四方通衢的门，即四方城门。

⑧社稷门：社稷庙的门。社，土神。稷，谷神。

【译文】

然后，为太子举行悬弧的礼仪。东方的弓用梧桐木，梧桐是东方的植物，代表春天的树木；用鸡作祭品，鸡是东方的牲畜。南方的弓用柳木，柳木是南方的植物，代表夏天的树木；用狗作祭品，狗是南方的牲畜。中央的弓用桑木，桑木代表中央的树木；用牛作祭品，牛是中央的牲畜。西方的弓用酸枣木，酸枣木是西方的植物，代表秋天的树木；用羊作祭品，羊是西方的牲畜。北方的弓用枣木，枣木是北方的植物，代表冬天的树木；用猪作祭品，猪是北方的牲畜。五张弓各配五支箭，东方的箭射向东方，南方的箭射向南方，中央的箭射向高空，西方的箭射向西方，北方的箭射向北方，都各射三支箭。其中四方的四张弓射完了箭，和剩下的两支箭，悬挂在四方城门的左边；中央的弓射完了箭，和剩下的两支箭，悬挂在社稷庙门的左边。

然后，卜王太子名，上毋取于天，下毋取于地，毋取于名山通谷，毋悖于乡俗①。是故君子名难知而易讳也②，此所以养恩之道也。

【注释】

①悖：违背。

②讳：避讳。古人在言语和文字中要避免提尊长的名。

【译文】

　　然后,通过占卜为太子决定命名,名所用的字上不能取自上天,下不能取自大地,不能取自名山大川,不能违背乡间习俗。因此君子的名难以被人知道而容易避讳,这是用来培养感恩的道理。

　　正之礼者,王太子无羞臣①,领臣之子也,故谓领臣之子也。身朝王者,妻朝后,之子朝王太子,是谓臣之子也。此正礼胎教也。周妃后妊成王于身,立而不跛②,坐而不差③,笑而不喧,独处不倨④,虽怒不骂,胎教之谓也。成王生⑤,仁者养之,孝者褓之⑥,四贤傍之。成王有知,而选太公为师⑦,周公为傅⑧,前有与计而后有与虑也。是以封于泰山⑨,而禅于梁父⑩,朝诸侯,一天下。由此观之,主左右不可不练也⑪。

【注释】

　　①羞:馐羞,饮食,指设宴招待。

　　②跛(bì):站立时重心偏于某一足上。《礼记·曲礼上》"立不跛",郑玄注:"跛,偏任也。"

　　③差(cī):参差,指两只脚不齐一。

　　④倨:通"踞",箕踞,又开大腿而坐。

　　⑤成王:周成王姬诵,周武王之子。

　　⑥褓:褓褓,背负和包裹婴儿的布兜被毯之类。这里指背负。

　　⑦太公:太公望,即姜尚,周文王的老师,辅佐周武王伐商,尊为"师尚父",封于齐。

　　⑧周公:即周公旦,姓姬名旦,周文王之子,周武王之弟,辅佐周武王灭商有功,封于鲁。武王崩,成王幼小,周公代理国政。

　　⑨封:祭天的仪式。

⑩禅(shàn)：祭地的仪式。梁父：也作"梁甫"，泰山下的一座小山。

⑪练：选择。

【译文】

胎教正式的礼仪，王太子不设宴招待大臣，只是带领大臣的儿子，所以叫作带领大臣的儿子。大臣朝见天子，臣下的妻子朝见王后，大臣的儿子朝见王太子，这就叫作以大臣的儿子为臣。这就是胎教正式的礼仪。周武王的后妃怀成王的时候，站立时不用一只脚站着，坐着的时候不两只脚一前一后，笑的时候不大声笑，一个人呆着的时候不箕踞而坐，即使生气时也不骂人，这就是所说的胎教。成王出生后，仁爱的人养育他，孝顺的人背负他，四位贤能的人陪伴着他。成王开始懂事的时候，就选姜太公作他的太师，周公旦作他的太傅，前面后面都有人为他考虑商量事情。因此在泰山上祭天，在梁父祭地，使诸侯来朝见，统一天下。由此看来，君主身边的人是不能不加以选择的。

昔禹以夏王①，而桀以夏亡；汤以殷王②，而纣以殷亡③；阖闾以吴战胜无敌④，而夫差以之见禽于越⑤；文公以晋伯⑥，而厉公以见杀于匠丽之宫⑦；威王以齐强于天下⑧，而简公以杀于檀台⑨；穆公以秦显名尊号⑩，而二世以劫于望夷之宫⑪。其所以君王同而功迹不等者，所任异也。

【注释】

①禹：夏朝的开国君主。

②汤：也称天乙、成汤，商朝的开国君主。

③纣：商朝最后一位君主。《谥法》："残义损善曰纣。"

④阖闾：名光，春秋末年吴国国君，公元前514—前490年在位。

⑤夫差：春秋时吴国最后一位国君，阖闾之子，公元前495—前473

年在位。

⑥文公：晋文公，名重耳，晋献公之子，春秋时五霸之一，公元前636—前621年在位。伯：通"霸"。

⑦厉公：州蒲，晋成公之孙，晋景公之子。匠丽之宫：匠丽氏之家。匠丽，人名，晋厉公的臣下。

⑧威王：齐威王，陈敬仲之后，田常的六世孙，田和的孙子。

⑨简公：齐简公，齐悼侯之子齐侯壬。檀台：台名。

⑩穆公：秦穆公，名任好，五霸之一。

⑪二世：胡亥，秦始皇的小儿子，公元前210—前207年在位。望夷之宫：望夷宫，秦宫名。赵高派女婿阎乐逼迫秦二世在望夷宫自杀。

【译文】

从前禹依靠夏朝称王，可是桀拥有夏朝却灭亡；商汤依靠商朝称王，可是纣拥有商朝却灭亡；阖闾依靠吴国天下无敌，可是夫差却被越国俘虏；晋文公依靠晋国称霸，可是晋厉公拥有晋国却在匠丽氏的家里被杀；齐威王依靠齐国在天下称强，可是齐简公却在檀台被杀；秦穆公依靠秦国取得显贵的名号，可是秦二世却在望夷宫被逼自杀。他们同是君王可是功绩不相等的原因，在于任用的人不一样。

故成王处襁褓之中朝诸侯，周公用事也。武灵王五十而弑于沙丘①，任李兑也②。齐桓公得管仲③，九合诸侯，一匡天下，称为义主；失管仲，任竖刀④，而身死不葬，为天下笑。一人之身荣辱具施焉者，在所任也。故魏有公子无忌而削地复⑤，赵任蔺相如而秦兵不敢出⑥，安陵任周瞻而国独立⑦，楚有申包胥而昭王复反⑧，齐有陈单襄王得其国⑨。由此观之，无贤佐俊士，能成功立名、安危继绝者，未之有也。

是以国不务大而务得民心，佐不务多而务得贤者；得民心而民往之，得贤者而贤者归之。

【注释】

①武灵王：赵武灵王，赵肃侯之子，战国时赵国的君主，公元前325—前299年在位。沙丘：宫名，在今河北钟台之南。

②李兑：赵国的佞臣。赵武灵王晚年把王位让给王子何时，引起内乱，李兑把赵武灵王围困在沙丘饿死。

③齐桓公：春秋时齐国国君，五霸之一，公元前685—前643年在位，曾九次联合诸侯，平定天下。管仲：即管子，春秋时政治家，齐国国相，辅佐齐桓公成就霸业，有《管子》一书传世。

④竖刀：也作"竖刁"，齐桓公的佞臣。管仲死后，他与易牙、开方专权，导致齐国大乱。

⑤公子无忌：信陵君，魏昭王之少子，魏安釐王之异母弟，魏安釐王三十年（前247），信陵君率领五国的军队攻打秦国，夺回被秦侵夺的土地。

⑥蔺相如：赵惠文王的国相，出使秦国，完璧归赵，团结大将廉颇，使秦国不敢出兵侵犯。

⑦安陵：战国时小国，原是魏国附庸。秦灭魏后，安陵君派唐雎往说秦王，以方圆五十里的国家得以保存。周瞻：其事未详，疑为"唐雎"形近致误。

⑧申包胥：姓公孙，名包胥，封于申。春秋楚大夫，与伍员相好。伍员率领吴国军队攻入郢都，申包胥到秦国求救兵，痛哭七日不绝声，秦哀公为其诚心感动，出兵救楚，楚昭王得以回到郢都。昭王：楚昭王，名珍，楚平王之子，公元前515—前489年在位。

⑨陈单：即田单，齐襄王的将军。齐闵王时，燕国派乐毅率领军队攻破齐国七十多个城池，只剩下莒和即墨。齐襄王五年（前

279)，田单用火牛阵攻破燕国，迎襄王于莒，进入临淄，收复齐故地，封田单为安平君。襄王：齐闵王之子章。

【译文】

所以周成王能在幼儿时期使诸侯朝见，是因为周公当政的缘故。赵武灵王五十岁在沙丘被杀，由于任用了李兑。齐桓公得到管仲，九次会合诸侯，统一天下，被称为正义的盟主；失去管仲之后，任用竖刁，自己死后得不到安葬，被天下人笑话。同是一个人，荣誉和耻辱都施加到他身上，在于任用的人造成的。所以魏国有公子无忌，被侵削的土地被收复；赵国任用蔺相如，秦国的军队不敢入侵；安陵君任用周瞻，使国家保持独立；楚国有申包胥，使昭王回到郢都；齐国有田单，使襄王收复了国家。由此看来，没有贤能的辅佐和杰出的人才，能够建立功名成就事业、安定危难使亡国复兴的，是不会有的。因此国家不力求大而力求获得民心，辅佐的人不力求多而力求贤能；获得民心的国君，人民就会追随他，得到贤能之人辅佐的国君，贤能之人就会归附他。

文王请除炮烙之刑而殷民从①，汤去张网者之三面而二垂至②，越王不颓旧冢而吴人服，以其所为顺于人也。故同声则处异而相应，意合则未见而相亲，贤者立于本朝，而天下之士相率而趋之。何以知其然也？管仲者，桓公之雠也③。鲍叔以为贤于己而进之桓公④，七十言，说乃听，遂使桓公除仇雠之心，而委之国政焉。桓公垂拱无事而朝诸侯⑤，鲍叔之力也。管仲之所以趋桓公而无自危之心者，同声于鲍叔也。

【注释】

①文王：周文王姬昌，周朝的始祖，周武王的父亲。炮烙：一种酷

刑。用炭烧热铜柱，令人爬行柱上，坠入炭火烧死。

②汤：商朝的开国君主。其事参见《谕诚》篇。垂：通"陲"，边陲，边远地区。

③雠：仇敌。管仲原来辅佐齐国公子纠，并奉命追杀齐桓公，射箭射中齐桓公的衣钩，所以为仇。

④鲍叔：鲍叔牙，齐桓公的国相，曾辅佐齐桓公战胜公子纠取得君位。

⑤垂拱：垂衣拱手，形容无事，不需要治理。垂，悬挂。

【译文】

　　周文王请求纣除去炮烙的刑罚而获得了商朝人民的拥护，商汤去掉张网人捕猎布下的三面罗网而边远地区的人归附于他，越王勾践不毁坏吴国先祖的坟墓使吴国人民归顺，因为他们所做的事情顺应民心。所以同心的声音在其他地方也会相呼应，心意相投即使没有见面也会互相亲近，贤能的人在朝廷就职，天下的士人就会互相带领来投奔。凭什么知道是这样呢？管仲，是齐桓公的仇人。鲍叔牙认为比自己贤能于是推荐给齐桓公，劝说了七十次，齐桓公才采纳了他的意见，于是使齐桓公去除了仇恨的心理，把国家的政权交付给他。因此齐桓公能够无所作为使诸侯来朝见，是鲍叔牙的作用。管仲之所以能够投靠齐桓公而没有觉得自身危险，是因为与鲍叔牙心声相应。

　　卫灵公之时①，蘧伯玉贤而不用②，弥子瑕不肖而任事③。史鳅患之④，数言蘧伯玉贤，而不听。病且死，谓其子曰："我即死，治丧于北堂。吾生不能进蘧伯玉而退弥子瑕，是不能正君也。生不能正君者，死不当成礼，死而置尸于北堂，于我足矣。"灵公往吊，问其故，其子以父言闻。灵公戚然易容而寤曰⑤："吾失矣！"立召蘧伯玉而进之，召弥子瑕而退之,徙丧于堂,成礼而后去。卫国以治,史鳡之力也。夫生进贤而退不肖,死且未止,又以尸谏,可谓忠不衰矣。

【注释】

①卫灵公:春秋时卫国国君,献公的孙子,名元,公元前534—前493年在位。

②蘧(qú)伯玉:春秋时卫国大夫,名瑗,有贤能的美名。

③弥子瑕:也作"迷子瑕",卫国大夫,卫灵公的宠臣。

④史鳡(qiū):字子鱼,春秋时卫国大夫,有贤能的名声。

⑤戚然:忧愁的样子。

【译文】

卫灵公的时候,蘧伯玉贤能但不受重用,弥子瑕无德无能却当权。史鳡为此担忧,多次说蘧伯玉贤能,可是卫灵公不听。史鳡病重快要死时,对儿子说:"我如果死了,在北面的厅堂上给我办理丧事。我生前不能进用蘧伯玉而贬退弥子瑕,这是不能匡正君主的过失。生前不能匡正君主的过失,死后不应当按照丧礼的规定办理丧事,死后能把尸首停在北面厅堂上,对我来说足够了。"卫灵公前往吊唁,问起把尸首停在北面厅堂上的缘故,史鳡的儿子把父亲的话告诉了他。卫灵公满面忧愁醒悟过来,说:"我错了。"马上召见蘧伯玉而起用他,召见弥子瑕而贬退他,把丧事移到前堂,按照丧礼的规定办完丧事后才离开。卫国因此得到很好的治理,是史鳡的作用。史鳡生前进用贤能贬退无德无能,死了还没有停止,又用自己的尸首来进谏,可以说是忠心至死没有衰减。

纣杀王子比干①,而箕子被发而佯狂②;陈灵公杀泄冶③,而邓元去陈以族徙④。自是之后,殷并于周,陈亡于楚,以其杀比干与泄冶,而失箕子与邓元也。燕昭王得郭隗⑤,

而邹衍、乐毅自齐、魏至⑥，于是举兵而攻齐，栖闵王于莒⑦。燕度地计众⑧，不与齐均也。然而所以能信意至于此者⑨，由得士故也。故无常安之国，无宜治之民；得贤者显昌，失贤者危亡。自古及今，未有不然者也。

【注释】

①比干：纣的伯父，忠谏被杀。

②箕子：纣的伯父，名胥余，为太师，国封于箕。被：通"披"。佯：假装。

③陈灵公：春秋时陈国国君，名平国，公元前613—前599年在位。泄冶：陈国大夫。

④邓元：人名，事迹未详。

⑤燕昭王：战国时燕国国君，公元前311—前279年在位。郭隗（wěi）：燕国人。燕昭王要招纳贤士，郭隗请求燕昭王以拜他为师开始，贤士果然闻风而至。

⑥邹衍：也作"驺衍"，战国时齐国著名的思想家。乐毅：魏国人，后为燕昭王大将。

⑦闵王：齐威王之孙，齐宣王之子齐王地，公元前300—前284年在位。莒（jǔ）：地名，在今山东莒县。

⑧度（duó）：计量长短。

⑨信：通"伸"。

【译文】

纣杀掉王子比干，箕子披头散发假装发疯；陈灵公杀死泄冶，邓元就带领家族离开陈国迁移到别的国家了。从此以后，商朝被周吞并，陈国被楚国灭亡了，因为杀掉了比干和泄冶，并失去了箕子和邓元。燕昭王得到郭隗，邹衍和乐毅从齐国、魏国来到燕国，燕昭王于是发兵攻打齐国，把齐闵王围困在莒城。燕国计算土地和民众，都比不上齐国。然而能够心意得逞到如此地步,由于获得贤士的缘故。所以没有长久安定的国家,没有长期治理好的人民;得到贤士就能显扬兴盛,失去贤士就会危险灭亡。从古至今,没有不是这样的。

　　明鉴所以照形也①,往古所以知今也。夫知恶古之所以危亡,不务袭迹于其所安存,则未有异于却走而求及前人也②。太公知之,故国微子之后③,而封比干之墓④。夫圣人之于圣者之死,尚如此其厚也,况当世存者乎! 其弗失可知矣。

【注释】

①鉴:镜子。

②却走:倒着走。

③微子:纣的庶兄,当时的贤士。武王灭殷,封微子于宋。

④封:堆土拢坟。

【译文】

　　明亮的镜子是用来照见形体的,过去是用来了解当今的。知道憎恶古代导致灭亡的原因,而不力求遵循安定生存的轨迹,这与倒着行走却要求追赶上前面的人没有什么不同。姜太公懂得这个道理,所以封微子的后代为诸侯,修缮比干的坟墓。圣人对于死去的圣者,尚且这样优厚,何况当代还活着的人呢? 圣明的人不愿意失掉他们这是可以肯定的。

立后义 杂事

【题解】

"立后义",即立继承人的礼仪。本篇首先记述了古代圣帝立太子的仪式,并说明仪式的重要。又引商汤、周武王和汉高祖的功业说明天子的重要性。揭示由父亲指定继承人的弊病,主张由嫡长子继承王位,否则会造成亲戚手足之间的争夺和仇视。

古之圣帝将立世子①,则帝自朝服升自阼阶上②,西乡于妃③。妃抱世子自房出,东乡。太史奉书西上堂,当两阶之间,北面立,曰世子名曰某者参④。帝执礼称辞,命世子曰度太祖、太宗与社稷于子者参⑤。其命也,妃曰不敢者再;于三命,曰谨受命,拜而退。太史以告太祝⑥,太祝以告太祖、太宗与社稷。太史出,以告太宰⑦,太宰以告州伯⑧,州伯命藏之州府⑨。凡诸贵已下至于百姓男女,无敢与世子同名者。以此防民,百姓犹有争为君者。

【注释】

①世子:继承王位的儿子,一般由嫡长子担任。

②阼（zuò）阶：东边的台阶。

③乡：向。妃：君主的配偶，指世子的母亲。

④参：通"三"。

⑤度：同"渡"，指相传。太祖：开国君主。太宗：继位的君主。

⑥太史：史官之长，掌管历法和历史文书，记录国家的重大活动。

太祝：也作"大祝"，主持祭祀祷告的官。

⑦太宰：掌管膳食的官员。

⑧州伯：也称"方伯"，管理一州的首领。

⑨州府：州里储藏文书档案的地方。

【译文】

古代圣明的帝王将要确立继位的儿子，帝王就自己从东边台阶走上厅堂，面朝西对着王妃。王妃抱着继位的儿子从偏房里走出来，面朝东站立。太史捧着记事的简册从西边台阶走向厅堂，在东西两边台阶之间，面朝北站立，宣称世子的名字是某某，宣读三次。帝王根据礼仪的要求致辞，对世子宣布册命说传付太祖、太宗和国家社稷的重任给儿子，宣告三次。对于册命，王妃声称不敢，说两次；对第三次册命，称谨受命，行拜礼退下。太史把立世子的事告诉太祝，太祝把立世子的事在宗庙里向太祖、太宗和社稷神灵报告。太史出来，把这件事告诉太宰，太宰又转告州伯，州伯命令珍藏在州的文档仓库中。凡是贵人以下至于老百姓男男女女，没有人敢与世子同名的。用这种方法防止人民产生非份的想法，百姓还是有争着当君主的。

夫势明则民定而出于一道①，故人皆争为宰相而不奸为世子②，非宰相尊而世子卑也，不可以智求，不可以力争也。今以为知子莫如父，故疾死置后者，恣父之所以。比使亲戚不相亲③，兄弟不相爱，乱天下之纪，使天下之俗失，明尊敬而不让,其道莫经于此。疾死置后以嫡长子④,如此则亲戚相爱而兄弟不争,此天下之至义也。民之不争,亦惟学王宫国君室也。

【注释】

①势明:形势明确,指立世子的礼仪隆重,没有人与之争位。

②奸:乱,指用不正当手段。

③比:及,等到。

④嫡长子:帝王正妻所生最年长的儿子。

【译文】

形势明确了人民就会安定且认识一致,所以人们争着做宰相而没有人用不正当的手段去做世子,不是宰相地位高世子的地位低,而是不可能通过智慧谋取,不可以通过武力争夺。如今以为了解儿子没有比父亲更清楚的了,所以考虑帝王生病去世后设立继承人,听凭父亲的安排。等到亲属之间不和睦,兄弟之间不相爱,搅乱了天下的纲纪,使天下的风俗堕落,知道尊敬君上的道理却不相让,这些情况都是从这里产生的。帝王生病去世后设立嫡长子为继承人,这样就能使亲属相爱而兄弟不争斗,这是天下最合宜的道理。人民不相争夺,也是从王宫国君家里学习得来的。

殷汤放桀①,武王伐弑纣②,此天下之所同闻也。为人臣而放其君,为人下而弑其上,天下之至逆也;而所以有天下者,以为天下开利除害,以义继之也。故声名称于天下而传于后世。隐其恶而扬其德美,立其功烈而传之于久远③,故天下皆称圣帝至治。其道之下,当天下之散乱,以强凌弱,众暴寡,智欺愚,士卒罢弊④,死于甲兵,老弱骚动,不得治产业，以天下之无天子也。

【注释】

①殷汤：也称天乙、成汤，商朝的开国君主。放：流放。桀：夏朝最
　　后一位君主，暴君。《谥法》："贼人多杀曰桀。"

②武王：周武王姬发，周朝的开国君主。纣：商朝最后一位残暴的
　　君主。《谥法》："残义损善曰纣。"

③功烈：功业。烈，业绩。

④罢（pí）：疲劳。

【译文】

商汤流放夏桀，周武王讨伐杀死商纣王，这是天下人都听说的事。
作为人臣却流放他的君主，作为臣下却杀死了他的君上，这是天下最叛
逆的事情；所以能保持拥有天下，就因为这是为天下兴利除害，用正义
来继承统治的行为。因而美好的名声能被天下人称颂并流传到后代。
隐藏他们叛逆的恶名而显扬仁德美誉，建立功业并传给千秋万代，所以
天下都称他们是圣明的帝王和最完美的治理。他们的事业衰落之后，
天下一片散乱，强大的欺凌弱小的，人多的残害人少的，聪明的欺负愚
笨的，士兵疲惫不堪，死于战乱，老人小孩骚动不安，不能从事生产，都
是因为天下没有天子。

　　高皇帝起于布衣而兼有天下①，臣万方诸侯②，为天下
辟③，兴利除害，寝天下之兵，天下之至德也。而天下莫能明
高皇帝之德美，定功烈而施之于后世也。故天下犹行弊世
德与其功烈风俗也。夫帝王者，莫不相时而立仪，度务而制
事，以驯其时也④。欲变古易常者，不死必亡，此圣人之所制
也。恶民更之，故拘为书，使结之也⑤。所以闻于后世也。

【注释】

①高皇帝:汉朝开国皇帝刘邦。布衣:指平民百姓。

②臣:动词,统治。

③辟:法。

④驯:顺应。

⑤结:通"诘",禁。

【译文】

高祖皇帝刘邦从平民身份起家而兼并拥有天下,统治万方诸侯,为天下制定法律,兴利除害,平息天下的战争,这是天下最大的德行。可是天下还不能明白高祖皇帝美好的德行,确定功业传承到后代。所以天下仍然实行衰世的德行和功绩风俗。作为帝王,无不不审察时势而建立礼仪,考虑事务而制定规章制度,以顺应时代的需要。那些想要改变古代的法则的,不是死就是流亡,这些法则是圣人所制定的。因为害怕人民变更,所以编撰成书籍形成禁令,以便流传到后代。

吊屈原赋

【题解】

"吊屈原赋","赋"原作"文",据文体和序文改。序文言及贾谊为长沙王太傅时,渡湘江时为此赋吊唁屈原。将自己的境遇与屈原被放逐相比。司马迁在《史记》中将贾谊与屈原合传,《史记会注考证》引陈仁锡说:"屈、贾俱被谤,俱工辞赋,其事迹相似,故二人共传。"本篇与《鹏鸟赋》收入传中,《汉书》同。《史记会注考证》引冯班曰:"太史公叙贾生,惟载二赋,不叙其《新书》,以贾生继屈原,伤其遇,并重词赋,与《汉书》异意。"

　　谊为长沙王太傅①,既以谪去②,意不自得;及度湘水③,为赋以吊屈原④。屈原,楚贤臣也。被谗放逐,作《离骚》赋,其终篇曰:"已矣哉! 国无人兮,莫我知也。"遂自投汨罗而死⑤。谊追伤之,因自喻,其辞曰:

【注释】

①长沙王:长沙王吴差,吴芮的五传后代,是当时仅存的异姓王。
　　太傅:辅导太子的老师。
②谪:指遭贬责离开朝廷到长沙。

③度:通"渡"。湘水:湘江,发源于广西灵川,东北流经湖南,至湘
    阴入洞庭湖。

④屈原:芈姓,屈氏,名平,字原,又字灵均。楚怀王时任左徒,遭令
    尹子兰、大夫靳尚诬陷,降为三闾大夫。顷襄王时,再度被流放
    江南。著有《离骚》传世。

⑤汨(mì)罗:古水名。汨水发源于江西修水县境,流入湖南湘阴与
    罗水会合,今称汨罗江。

【译文】

    贾谊任长沙王太傅,因遭到贬责离开京城之后,心中感到不得志;等到渡过湘江的时候,作赋来吊唁屈原。屈原,是楚国的贤臣。遭受谗言被流放,作《离骚》赋,最后的段落里说:"算了吧!国家里没有人了解我了。"于是自己跳下汨罗江死去。贾谊追念他很伤感,因而作赋比喻自己,赋辞说:

    恭承嘉惠兮①,俟罪长沙②;侧闻屈原兮③,自沉汨罗。造托湘流兮④,敬吊先生⑤;遭世罔极兮⑥,乃殒厥身⑦。呜呼哀哉!逢时不祥。鸾凤伏窜兮⑧,鸱枭翱翔⑨。阘茸尊显兮⑩,谗谀得志;贤圣逆曳兮⑪,方正倒植⑫。世谓随、夷为溷兮⑬,谓跖、𫏋为廉⑭;莫邪为钝兮⑮,铅刀为铦⑯。吁嗟默默,生之无故兮;斡弃周鼎⑰,宝康瓠兮⑱。腾驾罢牛兮⑲,骖蹇驴兮⑳;骥垂两耳㉑,服盐车兮。章甫荐履㉒,渐不可久兮;嗟苦先生,独离此咎兮㉓。

【注释】

①嘉惠:指诏命,即皇上的命令。

②俟:待。

③侧闻：从旁听到。侧，表示自谦。

④造：到。托：托请。

⑤先生：指屈原。

⑥罔：无。极：指准则。

⑦殒(yǔn)：落，指死亡。厥：其。

⑧鸾凤：鸾鸟和凤凰，都是传说中象征吉祥的神鸟，比喻贤人。伏窜(cuàn)：指隐藏。窜，隐匿。

⑨鸱枭(chī xiāo)：鸱是鹞鹰，枭是猫头鹰，古人认为是凶恶不吉祥的鸟，比喻谗言之人。

⑩阘(tà)茸：无德无能之人。阘，小的门户。茸，小草。

⑪逆曳：倒拉，指不能顺着正道而行。

⑫植：立。

⑬随：卞随，商汤时廉士，商汤把天下让给他他不接受。夷：伯夷，商代贤士，与弟弟叔齐争让君位而逃隐。武王灭商，不食周粟，饿死在首阳山。溷：通"混"，混浊。

⑭跖(zhí)：盗跖，鲁国大盗。蹻(jué)：庄蹻，楚国大盗。

⑮莫邪：也作"镆铘"，古代宝剑名。

⑯铦(xiān)：锋利。

⑰斡(wò)：旋转。周鼎：相传为夏禹所铸造，后成为周朝传国之宝。

⑱康瓠(hú)：破瓦壶。

⑲罢：疲劳。

⑳骖(cān)：套在车辕两边的马。蹇(jiǎn)：跛足。

㉑骥：骏马。

㉒章甫：礼帽。荐：垫。

㉓咎：灾祸。

【译文】

我恭敬地秉承皇上的诏命啊，负罪呆在长沙；曾经听说屈原啊，自已沉没汨罗江。到此托请湘江的流水啊,肃敬地吊唁先生;遭遇时世没有准则啊,于是陨落了自身。呜呼哀哉! 碰到的时代不吉祥。鸾凤只好隐藏起来啊,鸱枭正在高高飞翔。无德无能的人高贵显荣啊,谄谀小人得志;贤士圣人从正道上被倒拉回来啊,方正之人头脚倒立。世间认为卞随、伯夷这些清廉之士是混浊的啊,认为盗跖、庄蹻这些大盗廉洁;莫邪宝剑是钝剑啊,铅制的刀反而锋利。哎呀默默不言,先生没有过错啊! 周代的宝鼎反而被抛弃啊,破瓦壶当作宝贝。驾车用疲惫的牛,跛脚的驴子在两边拉啊;骏马低垂两只耳朵,让它去拉运盐的重车啊。礼帽拿来垫鞋子,这样下去不能长久啊;感叹先生受苦了,偏偏遭遇这种灾祸啊!

　　讯曰①:已矣! 国其莫我知兮,独壹郁其谁语②? 凤漂漂其高逝兮③,固自引而远去。袭九渊之神龙兮④,沕深潜以自珍⑤;偭蟂獭以隐处兮⑥,夫岂从虾与蛭蟥⑦? 所贵圣人之神德兮,远浊世而自藏;使骐骥可得系而羁兮,岂云异夫犬羊? 般纷纷其离此尤兮⑧,亦夫子之故也。历九州而相其君兮⑨,何必怀此都也? 凤凰翔于千仞兮,览德辉而下之;见细德之险征兮⑩,遥曾击而去之⑪。彼寻常之污渎兮⑫,岂能容夫吞舟之巨鱼? 横江湖之鳣鲸兮⑬,固将制于蝼蚁⑭。

【注释】

①讯:告。

②壹郁:通"抑郁",忧愁的样子。

③漂漂:通"飘飘",高飞的样子。逝:往。

④袭:察。九渊:九重深渊。

⑤沕(mì):深藏。

⑥偭(miǎn)：背。蝛獭(xiāo tǎ)：水獭，喜食鱼。

⑦蛭(zhì)：水蛭，俗称蚂蟥。螾(yǐn)：蚯蚓。

⑧般纷纷：长期乱纷纷。般，久。尤：祸患。

⑨九州：据《尚书·禹贡》，九州指冀州、兖州、青州、徐州、扬州、荆州、豫州、梁州和雍州。

⑩细：小。险征：危险的征兆。

⑪曾：通"矰(zēng)"，一种带丝绳射鸟的短箭。

⑫寻常：长度单位，八尺为寻，倍寻为常。污渎：死水沟。

⑬鳣(zhān)：即鲟鳇鱼，长二三丈，鼻长有须，口在颔下。鲸：鲸鱼。

⑭蝼蚁：蝼蛄和蚂蚁。

【译文】

宣告说：算了吧。国中没有人了解我啊，独自郁闷告诉谁呢？凤凰高飞飞向远处啊，本来应该自我引退远远离开。察九重深渊那神奇的龙啊，深深潜藏来珍重自己；离开水獭躲藏起来啊，哪能跟着小虾蚂蟥蚯蚓在一起？值得珍贵的是圣人的美德啊，远离混乱的世道自我潜藏；假使骐骥这样的骏马被套住任人牵引啊，那与狗和羊有什么不同？长期乱纷纷遭遇这样的灾祸啊，也是先生自己的缘故。可以游历天下辅佐君主啊，何必一定要怀念这个国都？凤凰在几百丈高的高空飞翔啊，看到美德的光辉才肯下来；看到小人的品性显示危险的征兆啊，向高空射箭马上就离开。那些短短的死水沟啊，哪能容纳吞下舟船的大鱼？横渡江海的鳣鲸啊，落入小沟就会被蝼蛄蚂蚁制服。

鹏鸟赋

【题解】

"鹏鸟",一种小鸟,体有花纹,形似喜鹊而大,不能飞远,楚人名为鹏,认为是不祥之鸟。鹏鸟飞入贾谊室舍,引起贾谊感伤,认为寿命将终。因此作赋。赋中表现的主旨与老庄相近,其渊源来自贾谊明申韩,其学出乎黄老。

谊为长沙傅三年①,有鹏鸟飞入谊舍,止于坐隅②。鹏似鸮③,不祥鸟也。谊既以谪居长沙④,长沙卑湿⑤,谊自伤悼,以为寿不得长,乃为赋以自广⑥。其辞曰:

【注释】

①傅:太傅,辅导太子的老师。

②隅:角落。

③鸮(xiāo):鸟名。又称猫头鹰。

④谪:指遭贬责离开朝廷到长沙。

⑤卑湿:地势低下而潮湿。

⑥自广:自己宽慰自己。广,宽。

【译文】

　　贾谊任长沙王太傅第三年,有一只鹏鸟来到贾谊的房子里,落在座位的角落里。鹏鸟像猫头鹰,是不吉祥的鸟。贾谊因遭到贬责来到长沙,长沙地势低下潮湿,贾谊自我感伤,以为寿命不能长久,于是作了这篇赋来宽慰自己。赋辞说:

　　单阏之岁兮①,四月孟夏②,庚子日斜兮③,鹏集予舍。止于坐隅兮,貌甚闲暇。异物来萃兮④,私怪其故。发书占之兮⑤,谶言其度⑥,曰:"野鸟入室兮,主人将去。"请问于鹏兮:"予去何之? 吉乎告我,凶言其灾。淹速之度兮⑦,语予其期。"鹏乃叹息,举首奋翼;口不能言,请对以臆⑧:

【注释】

①单阏(chán yè):丁卯。即汉文帝六年。

②孟夏:夏月的第一个月,初夏。

③庚子:二十三日。

④萃:集,止。

⑤书:指日书,即占卜之书。占:预测。

⑥谶(chèn)言:预测吉凶之言。度:度数,定数。

⑦淹:迟。

⑧臆:臆测,推测。

【译文】

　　丁卯这年啊,四月初夏,庚子这天太阳偏西啊,鹏鸟落在我的房舍。呆在座位的角落啊,那样子很是悠闲。奇异的东西来到啊,私下奇怪是什么缘故。打开日书来预测啊,谶言告诉了其中的定数,说:"野鸟进入室中啊,预示主人将要离去。"请问鹏鸟啊:"我离开到哪里去呢? 是吉利就告诉我,是凶险请说灾害。迟早的定数啊,告诉我期限。"鵩鸟于是叹息,抬起头鼓起翅膀;嘴巴不能说话,请用臆测之言来回答:

"万物变化兮,固无休息。斡流而迁兮①,或推而还。形气转续兮②,变化而蟺③。沕穆无穷兮④,胡可胜言! 祸兮福所依,福兮祸所伏;忧喜聚门兮,吉凶同域。彼吴强大兮,夫差以败⑤;越栖会稽兮⑥,勾践霸世⑦。斯游遂成兮⑧,卒被五刑⑨;傅说胥靡兮⑩,乃相武丁⑪。夫祸之与福兮,何异纠缠⑫;命不可说兮,孰知其极! 水激则旱兮,矢激则远;万物回薄兮,振荡相转。云蒸雨降兮,纠错相纷;大钧播物兮⑬,块圠无垠⑭。天不可预虑兮,道不可预谋;迟速有命兮,焉识其时。

【注释】

①斡(wò):旋转。

②形气:形体和气。古人认为万物生成先有气,然后有形。

③而:如。蟺(chán):蜕变,如蝉蜕皮。蟺,通"蝉"。

④沕(wù)穆:深远微妙的样子。

⑤夫差:春秋时吴国最后一位国君,阖闾之子,公元前495—前473年在位。

⑥会稽:山名,在今浙江绍兴东南。

⑦勾践:春秋时越国国君。

⑧斯:李斯,楚国人,战国末入秦,为廷尉,秦始皇统一后,任丞相,后被秦二世杀。

⑨五刑:秦时制定的五种酷刑,即割鼻、斩足、笞杀、枭首、磔骨。

⑩傅说(yuè):商朝武丁时相。原是在傅岩从事版筑的奴隶,后因

贤能被武丁提拔为相,以傅为姓,号曰傅说。胥靡:刑徒。

⑪武丁:商朝第二十三代君主,小乙之子,庙号高宗。

⑫纠缪(mò):绳索。两股绳为纠,三股绳为缪。

⑬大钧:指造化。钧,制作陶器的转轮。

⑭块圠(yǎng yà):没有边际的样子。垠(yín):边际。

【译文】

"万物变化啊,本来就没有穷尽的时候。旋转流动而迁移啊,有时又回到起点。形与气互相转化相接啊,变化如同蝉儿蜕皮。深远微妙没有穷尽啊,哪里能够说得完。祸中有福在相倚啊,福中有祸在隐藏;忧愁和喜悦同聚在一个门里啊,吉和凶在一个地方共存。那吴国真是强大啊,夫差却终于失败;越王曾被困在会稽山啊,勾践因此而称霸世间。李斯游说终于成功了啊,最终还是遭受了五刑;傅说曾是刑徒啊,后来却辅佐武丁。那祸与福啊,与绳索绞结没有不同;命运不可言说啊,谁能知道它的终极?水被激荡会形成干旱啊,箭被激发会射得很远;万物回旋互相冲击啊,震动摇晃互相转化。云儿升起雨儿落下啊,纷乱错杂无法分清;造化制造推动万物啊,没有边际没有尽头。大自然不可预先盘算啊,规律不可预先谋划;迟早都是由命决定啊,哪能知道究竟是何时呢?

"且夫天地为炉兮,造化为工;阴阳为炭兮,万物为铜。合散消息兮①,安有常则?千变万化兮,未始有极。忽然为人兮,何足控抟②;化为异物兮,又何足患!小智自私兮,贱彼贵我;达人大观兮,物无不可。贪夫殉财兮③,烈士殉名④。夸者死权兮⑤,品庶每生⑥。怵迫之徒兮⑦,或趋西东;大人不曲兮⑧,意变齐同。愚士系俗兮,窘若囚拘;至人遗物兮⑨,独与道俱。众人惑惑兮,好恶积亿⑩;真人恬漠兮⑪,独与道息。释智遗形兮,超然自丧;寥廓忽荒兮⑫,与道翱翔。乘流则逝兮,得坻则止⑬;纵躯委命兮,不私与己。其生兮若浮,其死兮若休;澹乎若深渊之静,泛乎若不系之舟。不以生故自宝兮,养空而浮;德人无累兮,知命不忧。细故蒂芥兮⑭,何足以疑!"

【注释】

①息:生长。

②控抟(tuán):控制把玩。抟,用手聚拢到一起。

③殉:为……而死。

④烈士:功业之士。烈,事业。

⑤夸:矜夸,骄傲夸耀,指贪取名利。

⑥品庶:众庶。每:贪。

⑦怵(xù):通"㤏",引诱,为利所引诱。迫:指为权势所迫。

⑧大人:指得道之圣人。

⑨至人:指德行很高的人。

⑩亿:通"臆",胸臆。

⑪真人:掌握天地间自然规律的人。恬漠:恬淡寂寞,指清静无为。

⑫寥廓:深远空阔。忽荒:也作"惚恍",指元气未分似有似无的混沌状态。

⑬坻(chí):水中小州。

⑭细故:小事。蒂芥:比喻细小的东西。

【译文】

"再说天地就是熔炉啊,造化就是那炉工;阴阳二气是炭火啊,万物如铜熔炼炉中。或聚或散死亡生长,哪有常存不变的规则?事物千变万化啊,从来没有穷尽的时候。偶然变化成为人形,哪里能够控制把

玩？纵然死去化为异物啊，又哪里值得忧思连连！小聪明人自私自利
啊，轻贱别人看重自我；通达的人眼界宽广啊，任凭变化无所不可。贪
吝的匹夫为钱财而死啊，功业之士为名丧身。骄傲夸耀为争权而死啊，
普通百姓苟且贪生。被利益引诱被权势所迫的人啊，为追逐利禄东西
奔走；得道的圣人不拘于物啊，千变万化视为等同。愚钝之人被世俗束
缚啊，窘迫困顿如被刑拘；至德之人无视外物，特立独行与道同行。众
人糊里糊涂啊，好恶爱憎积满胸臆；有德之人清静无为，独与大道一同
运行。舍弃智虑忘其形体啊，超然物外丧失自我；空旷辽阔恍恍惚惚
啊，随同大道一起翱翔。顺着流水随波漂荡啊，遇到沙洲自然停止；把
身体的躯壳交给命运啊，不私下留给自己。生如浮萍任波漂流啊，死去
如同长期休息；淡漠如同深渊的宁静啊，漂流如同没有拴住的舟船。不
因为活着自我珍惜，养性空虚如同飘舟；有德之人不为俗累，乐天知命
没有忧愁。琐碎之事细如草芥，何必疑虑记挂心头？"

旱云赋

【题解】

"旱云赋",以干旱的云彩为赋。据《汉书·文帝纪》记载,文帝九年春大旱,此赋大概因此而作。但章樵认为:"在《易》'坎'为水,其蕴蒸而上升则为云,溶液而下施则为雨,故'乾'之'云行雨施',阴阳和畅也。'屯'之'密云不雨',阴阳不和也。在人则君臣合德而泽加于民,亦犹阴阳和畅而泽被于物。贾谊负超世之才,文帝将大用之,乃为大臣绛、灌等所阻,卒弃不用,而世不被其泽,故托旱云以寓其意焉。"本篇注译以《古文苑》四部丛刊本为底本。

惟昊天之大旱兮①,失精和之正理②。遥望白云之蓬勃兮,滃澹澹而妄止③。运淖浊之颥泂兮④,正重沓而并起。嵬隆崇以崔巍兮⑤,时仿佛而有似。屈卷轮而中天兮⑥,象虎惊与龙骇。相搏据而俱兴兮⑦,妄倚俪而时有⑧。遂积聚而给沓兮⑨,相纷薄而慷慨⑩。若飞翔之从横兮,阳波怒而澎濞⑪。正帷布而雷动兮,相击冲而破碎。或窈窕而四塞兮⑫,诚若雨而不坠。

【注释】

①昊(hào)天：据《毛诗传》，元气广大，则称昊天。据《尔雅·释天》，夏为昊天。这里泛指天。

②精：阴阳之气。和：指风调雨顺。正理：正常规律。

③滃澹澹：云起随风飘荡的样子。妄：无。

④澒(hòng)洞：云气汹涌弥漫的样子。

⑤嵬隆崇：云高高叠起的样子。崔巍：高峻的样子。

⑥屈卷轮：形容云的翻滚状态。

⑦搏：当作"抟"，聚集。

⑧倚俪：叠韵连绵词，又作"倚丽"、"迤逦"、"逦迤"等，曲折连绵的样子。

⑨给沓："给"当从《贾长沙集》作"合"。合沓，重叠。

⑩纷薄：纷杂交错的样子。

⑪阳：阳侯，大波神。澎潗(pì)：同"澎湃"，波浪相冲击的声音。

⑫窈窕：幽深的样子。四塞：遍布。

【译文】

苍天大旱啊，失去阴阳调和的正常规律。遥望白云蓬勃升起啊，随风飘荡没有定止。时厚时薄汹涌弥漫啊，正在重重叠叠一同兴起。云层高高叠起越来越高啊，时时好像有雨来临。卷如车轮在空中滚动啊，像龙虎惊骇那样奔腾。互相聚集一起上升啊，曲折连绵时无时有。于是积聚层层叠起啊，纷杂交错景象壮观。又像纵横翱翔啊，如同水波相互激荡。大幕垂天雷声隆隆啊，互相冲击云儿粉碎。有时浓云四布一片幽暗啊，真像有雨却没有坠落。

　　阴阳分而不相得兮，更惟贪邪而狼戾①。终风解而霰散兮②，陵迟而堵溃③。或深潜而闭藏兮，争离而并逝④。廓荡荡其若涤兮，日照照而无秽⑤。隆盛暑而无聊兮，煎砂石而烂渭⑥。汤风至而含热兮⑦，群生闷满而愁愦⑧。畎亩枯槁而失泽兮⑨，壤石相聚而为害。农夫垂拱而无聊兮⑩，释其钮耨而下泪兮⑪。疆畔之遇害兮，痛皇天之靡惠。惜稚稼之旱夭兮，离天灾而不遂⑫。

【注释】

①贪邪：贪婪奸邪。狼戾：凶狠。

②霰（xiàn）：散。

③陵迟：衰微。堵：墙。

④争离而并逝："离"下，《贾长沙集》有"刺"字，当有。离刺，乖戾不合。

⑤秽：污秽，肮脏。

⑥烂渭：渭，疑当作"溃"，古书从胃与从贵得声的字相通。烂溃，烂坏。

⑦汤风：温风。

⑧闷满：烦闷。愁愦（kuì）：忧愁烦乱。

⑨畎（quǎn）亩：泛指田地。畎，田垄。

⑩垂拱：垂衣拱手，形容无事可做。无聊：没有依赖。

⑪钮耨（nòu）：大小锄头。耨，小锄头。

⑫离：通"罹"，遭受。遂：成。

【译文】

　　阴阳分离不能相聚啊，小人更加贪邪和凶狠。大风终日把云吹散啊，像山陵毁坏像高墙倒塌。贤人潜藏隐蔽起来啊，与小人乖戾不合只好离去。天空广阔如同洗涤啊，日光明亮没有污秽。炎炎酷暑无所依赖啊，煎烤沙石以致熔化。温风来到含着热浪啊，群生忧愁而烦闷。田亩枯槁无水浇灌啊，土壤沙石形成灾害。农夫垂衣拱手无事可做啊，放下锄头流下眼泪。担忧土地遭受灾害啊，痛恨皇天没有恩惠。可惜幼苗干枯而死啊，遭受天灾无法长成。

怀怨心而不已兮,窃托咎于在位①。独不闻唐虞之积烈兮②,与三代之风气③。时俗殊而不还兮,恐功久而坏败。何操行之不德兮,政治失中而违节④。阴气辟而留滞兮⑤,厌暴至而沉没⑥。嗟乎,惜旱大剧⑦,何辜于天无恩泽。忍兮啬夫⑧,何寡德矣。既已生之,不与福矣。来何暴也,去何躁也。孳孳望之⑨,其可悼也⑩。憭兮慄兮⑪,以郁怫兮⑫。念思白云,肠如结兮。终怨不雨,甚不仁兮。布而不下,甚不信兮。白云何怨,奈何人兮。

【注释】

①咎:过错,罪责。

②唐虞:古代的贤君尧、舜。烈:功业。

③三代:夏、商、周三个朝代。

④中:和。节:法度。

⑤辟:开。

⑥厌:多。暴:忽然。

⑦剧:烈。

⑧忍:狠心。啬(sè)夫:汉代的乡官,掌狱讼和赋税。章樵注云是田畯之神。

⑨孳孳(zī):努力不息。

⑩悼:悲哀。

⑪憭(liáo)兮慄兮:憭慄,凄怆。

⑫郁怫(fú):也作"佛郁",心情纠结不安。

【译文】

心怀怨恨不能停止啊,暗自把罪责推给在上位的人。偏偏没有听说尧、舜的功业啊,还有夏、商、周三代的风气。时俗不同无法返回啊,只怕时间长久功业败坏。为什么操行与前贤不合拍啊,政治失去中和并违背法度。阴气大开而留滞啊,忽然来到使阳气沉没。哎呀! 痛惜旱灾太剧烈,我们有何罪过苍天这么没有恩泽。狠心啊啬夫,怎么这样缺德呀! 既然生育了我们,却不赐给我们幸福。来时何其猛烈,去时何其急速。殷切盼望下雨啊,情形很是悲哀。一片凄怆的景象啊,人们心情纠结不安。思念白云兴起,愁肠如结啊。最终怨恨不下雨,太没有仁爱了啊。浓云密布却不下雨,也太不讲信用了啊。怨恨白云有什么用,对人又有什么办法啊。

簴 赋

【题解】

本篇全文已经散佚,首段以《艺文类聚》卷四十四所载录为底本,次段以《古文苑》四部丛刊本为底本,末段以《太平御览》卷五百八十二所载录为底本。簴(jù),悬挂钟鼓的木架。因其残缺,贾谊作此赋的意旨不明。

　　牧太平以深志①,象巨兽之屈奇②。妙雕文以刻镂,舒循尾之采垂③。举其锯牙以左右相指④,负大钟而欲飞。

【注释】

①牧:《贾长沙集》作"考"。《方言》十二:"牧,察也。"与"考"同义。

②屈奇:奇异。《文子·符言》:"老子曰:圣人无屈奇之服、诡异之行。"

③循:通"修",长。采:采饰。

④锯牙:指钟鼓架子上木板刻成的像锯齿的形状。

【译文】

考察太平来表达深远的志向,像巨兽形体那样奇异。全身雕刻着奇妙的纹饰,舒展长长的尾巴彩色的纹饰下垂。锯牙相对向上高举,背负大钟想要高飞。

妙雕文以刻镂兮，象巨兽之屈奇兮。戴高角之峨峨①，负大钟而顾飞②。美哉烂兮③，亦天地之大式④。

【注释】

①峨峨：高峻的样子。

②顾：思念。

③烂：灿烂。

④式：范式，模式。

【译文】

全身雕刻着奇妙的纹饰啊，像巨兽形体那样奇异。头戴高角高高竖起，背负大钟想要高飞。美丽而又灿烂啊，并且是天地间最大的范式。

攥挛拳以蟉虬①，负大钟而欲飞。

【注释】

①攥：握。挛拳：拳头。蟉虬(liú qiú)：盘曲的样子。

【译文】

紧握双拳相互盘曲，背负大钟想要高飞。

中华经典名著
全本全注全译丛书
（已出书目）

读通鉴论	素书
宋论	新书
文史通义	淮南子
老子	九章算术(附海岛算经)
道德经	新序
帛书老子	说苑
鹖冠子	列仙传
黄帝四经·关尹子·尸子	盐铁论
孙子兵法	法言
墨子	方言
管子	白虎通义
孔子家语	论衡
曾子·子思子·孔丛子	潜夫论
吴子·司马法	政论·昌言
商君书	风俗通义
慎子·太白阴经	申鉴·中论
列子	太平经
鬼谷子	伤寒论
庄子	周易参同契
公孙龙子(外三种)	人物志
荀子	博物志
六韬	抱朴子内篇
吕氏春秋	抱朴子外篇
韩非子	西京杂记
山海经	神仙传
黄帝内经	搜神记